纸短情长：
中国人的爱与幸福

黄海波 著

山西出版传媒集团 山西教育出版社

图书在版编目（CIP）数据

纸短情长 ：中国人的爱与幸福 / 黄海波著. — 太原 ：山西教育出版社，2024.6
ISBN 978-7-5703-3922-8

Ⅰ. ①纸… Ⅱ. ①黄… Ⅲ. ①社会生活-概况-中国-现代 Ⅳ. ①D669

中国国家版本馆 CIP 数据核字（2024）第 086296 号

纸短情长：中国人的爱与幸福

责任编辑：刘晓露
复　　审：郭志强
终　　审：赵　玉
装帧设计：陈　晓
印装监制：蔡　洁

出版发行：山西出版传媒集团 · 山西教育出版社
（太原市水西门街馒头巷 7 号　电话：0351-4729801　邮编：030002）
印　　装：山西新华印业有限公司

开　　本：890×1240　1/32
印　　张：10.25
字　　数：204 千字
版　　次：2024 年 6 月第 1 版　2024 年 6 月山西第 1 次印刷
书　　号：ISBN　978-7-5703-3922-8
定　　价：59.00 元

序　言

平凡的重量

作者花费两年多时间反复阅读永浩、宛秋这对平凡夫妻的书信，写下了他们平凡的故事。读着《纸短情长：中国人的爱与幸福》，品味着，思考着，我忽然领悟了“平凡”那不同寻常的价值，感受到“平凡”对于个人、历史的沉甸甸的重量。

我们都生活在平凡的世界里。我们都把自己的智慧、才能用于处理日常生活的细枝末节上，在貌似不变却时时不同的琐碎事物的交替中不知不觉地走完一生。那么，这是否意味着人都只是顺从某种规则行动的木偶，犹如机器上的螺丝钉？回答是否定的，世界本无恒定规则，生活不按常理出牌。人的每一个细小动作都具有创造性；人在平凡的日常中创造着自我，创造着世界。那么，这是否意味着人都只需要安然做事，坦然度日，犹如在平静的西湖上悠然划船？回答是否定的。平凡生活的“负面清单”上写着贪婪、骄奢、卑鄙、狡猾、奸诈、恶毒等一长串词语，如何做好“负面清单”的管理？需要自我修炼，需要扬善抑恶，一句话，需要以平凡的行为弘扬“平凡的美德”，让其带来心灵的平静、良好的社会秩序与有序而向善的生活世界。

作者在永浩、宛秋夫妻的书信中读出了“平凡的美德”，也读出了“平凡”对于个体生命与美好生活塑造的价值。

平凡的生活世界需要用双手创造。

永浩、宛秋处在一个物资极度短缺的时代，食品、衣物、房子、家具，这一切最基本的生活资料都难以确保，如何才能过上正常的生活？他们不怨天怨地，不消极等待，不求神拜佛，自立、自强、自助，硬是靠着自己的一双手，勤俭节约，坚持不懈，学着制作各种生活必需品，让生活得以顺利进行。1973年春节前后短短的日子里，永浩的哥哥永杰竟然打了整套家具，他在给永浩的信中写道：“春节后我利用业余时间做了几件木器。在一个半拉木匠的帮助下，打了1对箱子，1对箱座，1个一头沉办公桌，还整了1个圆桌，2个菜柜，看起来水平还不低。东北这个地方和关内不相同，每家都摆有箱柜的，打木器成风，每家都有木器摆设。经过两个月紧张的业余劳动，咱们的木器也差不多了。”

像当年无数妇女一样，宛秋学会了毛线编织，而宛秋的妈妈更是织绒线的行家里手。在1973年的通信中，她们反复讨论着给孩子打毛线衣的事。她们知道北京市场上的毛线花色多、价格比较便宜，就想方设法去北京购买。宛秋更是绞尽脑汁从箱底找出旧的毛线或者毛衣，以节约购买毛线的成本。宛秋在给永浩的信中写道："在大橱的底下一格，可能在那儿，包里用白布包着好多旧毛线，其中有一种紫红色的毛线，是我以前的一件细毛线衣，我记得我拆了一半，还未拆完，你把已拆好的毛线和未拆好的毛线均拿来。妈妈说给晓岩打件细毛背心肯定够用，放在家中也浪费，我想也是。你尽量在几个包内多找找。""妈妈可给晓岩把那件蓝毛衣拆了重打……晓峰有件红的粗毛衣，太小了，那颜色和晓岩带来的毛裤差不多。这毛裤是开裆裤，而且还小，我想把晓峰那件毛衣拆了，和晓岩的毛裤合并打件毛裤。晓岩的毛裤线不好，拆了就没多少线了，那件毛衣和这件毛裤合并，就能打件较大的毛裤了。再找橱内有否这种红毛线，若有的话一块带来。我想妈妈既然提出能给晓岩打细毛背心，重打毛裤，就充分利用这个机会，以后回去又忙，我也没多少时间。"读着这些书信中的文字，真的感叹宛秋等人为了平凡的生活而做的不平凡的努力。

在这里，宛秋们不平凡的努力不只是满足了基本的物质生活需要，更塑造着自我的人生，展示了自我的力量，从而获得难以名状的审美享受。细细研读这些书信，我们可以从中感受到那种流露着自豪感的自得其乐。世界永远不可能满足人，任何时候，人只有依靠自己不平凡的努力，才能创造平凡的生活。用自己的双手，用自己的智慧，用自己的才能，努力着，创造着，平凡的生活，才能让人乐在其中。

平凡的家庭和谐需要用爱滋养。

和谐的家庭都是相似的，动荡的家庭各有各的原因。永浩与宛秋的家庭可以称得上是一个“平凡的和谐家庭”，作者读了这些通信以后，写下这样一段话：“宛秋和永浩都受过高等教育，在国家级研究所工作，从事的又是同一专业，在工作上可谓琴瑟和鸣、比翼双飞；从他们通信的频率上能看出两个人的情感如胶似漆、你侬我侬；处理与双方大家庭的关系时，两个人都做到了不偏不倚、有情有义。好莱坞2004年出品的电影《复制娇妻》中所描绘的理想家庭莫过于此。”那么，永浩与宛秋之间真的一直没有矛盾、冲突吗？当然不是。俗话说“舌头与牙齿也打架”，夫妻吵架是正常的。开门七件事，柴米油盐酱醋茶。家庭过日子，事事要关心，事事要处理，夫妻之间哪可能事事都保持一致？不同的看法，不同的态度，甚至对于话语的误解、表情的误读等，都可能引起关系的紧张。1973年，宛秋出差到上海做实验一年多，当年年底，宛秋收到了永浩措辞严厉的信，其中的一些文字使她的心凉透了。永浩写道：“今天上班后，我听到了一些消息，我认为你最近有许多事做得不怎样，为了入党只替自己打算，根本不考虑别人。……我真没想到你是这样一个人，为了自己的利益，为了给领导一个好印象，耍得我团团转。我实在不知你是怎样想的，既然你不愿意回来，为什么要我在这里做工作，让我到处去讲，而你却到处散布自己不愿意回来的信息呢？”另一句话更刺激了宛秋的心：“跟你说句实话，以前还是非常想你能早日回来，可是现在对你这个人看得比较透了，你想做的只是替自己打算，根本不把别人放在心里。”

被丈夫误会，宛秋如何应对？她意识到误会闹意见，解决不了问题，只能伤感情，便接连写了4封长信，心平气和地讲明情况，无微不至地关心呵护着丈夫，就如同什么事情都没有发生。终于，1974年年初，永浩被宛秋字里行间的爱打动了，回了信，写道：“一场接一场的风波就让它过去吧，这可能就是生活的规律。”

永浩和宛秋夫妻有两个男孩，大的叫晓峰，小的叫晓岩；小的出生于1968年。由于永浩经常出差，带小孩的任务主要落在宛秋身上。如何带？两个“光榔头”着实令宛秋头疼。永浩和宛秋在通信中不断地讨论着“如何带”的话题。在“听不听话”的问题上，永浩的观点有点儿“站着说话不腰疼”，认为可以“多让晓岩在弄堂里玩，不要老是待在家中”。永浩对孩子的调皮行为，如玩烟盒、玩牌等都十分包容。当然，永浩也非常关心孩子的安全，强调“要与小朋友搞好团结”，不能“老同别人吵架”。永浩还要求宛秋给孩子“要多安排事做，不能怕他累着，也不能因为他不干就不让他干，任他的性子，那是不行的。如果他不干就再给我来信，或干脆把他赶出去，不给他饭吃。他有本领自己出去，不在家中”。宛秋把父亲的信给晓峰看了，晓峰伤心地哭了一场，说：“我这么想爸爸，爸爸还要赶我。”宛秋安慰晓峰说他听话就不赶。

宛秋天天管着两个男孩，两个男孩的吵架令她操心。有时候，宛秋实在没有办法了，不得已动手打几下。有趣的是，宛秋慢慢懂了，不完美正是平凡生活的常态。1976年5月，永浩出差期间，宛秋写信告诉他：“两个孩子好时也挺好，打架时也挺厉害。我也习惯了，也不怎么生气了，看来是没法阻止他们打架的，看他们玩得好好的，一转眼就骂起来和打起来，反正两个脾气都不好，晓峰也够厉害的。不过放心吧，还是不打架的时间长，因而惹我生气的时间也就不长。”或许宛秋的故事正印证了民间所说的“打是亲，骂是爱，不打不骂不相爱”。两个孩子永远是永浩和宛秋的亲骨肉，从书信的文字里可以读出他们对两个孩子的爱。

平凡的人际关系需要用关切塑造。

“君子之交淡如水”道出了平凡人际关系的丰富内涵。关系的“淡”意味着平凡、平淡，但是，“淡”的人际关系却十分流畅、持续、和谐、温顺，如缓缓流动着的水一般。如何达到这样的人际关系？需要有“君子之交”的美德，一种平凡而朴素的美德。读着永浩和宛秋的书信，我们慢慢发现，处理人际关系的“平凡的美德”内涵丰富，其中引人关注的是永浩和宛秋夫妻以真诚之心关切他人，乐于为他人付出。20世纪70年代，物资短缺，家家都为柴米油盐愁，户户都为穿衣治病烦，永浩和宛秋能够经常出差到上海等物资相对丰富的地区，于是总免不了带上亲戚、朋友、同事的“购物清单”。正如宛秋信中所写“出差就是这样，给别人办不完的事”。物资越紧张，购物越难，与当今点点手机屏幕就可以下单购物截然不同，那个年代，有时为了购诸如缝衣针之类的小物件会跑断腿。永浩和宛秋面对着海量的购物之托，怎么办？他们将心比心，急他人之所急，总是尽全力去做。这里摘录宛秋信里的一段话，可以看到，他们为亲戚、朋友办事，不仅乐意，还认真仔细："关于别人托买的东西尚未买全，我总觉得别人托了我，要尽量给办到。秀珍托买小孩的棉皮鞋，由于冬天已过，没有皮的，偶尔见到有翻皮的（咖啡色或黑色），但要5元多，你是否问问她要不要，我觉得太贵了。她给的钱基本用完，只剩0.8元，但如果她要，可以给她买。问她黑色或咖啡色是否均要，如不要大概今年买不成了，除非我在这儿过冬天，那时再买。另外老吕的包，你再问问她也行。听老程说，新华或陈莎莎的包就是老吕要的样了，你看看何样，告诉我也行。"

购物，购物！张三要这个，李四需那个，很多物品都是"生活急需"。永浩和宛秋出差任务繁重，时间有限，如何能承受这些"办不完的事"？他们暗地里也会相互抱怨一番，也会商量着解决方案，但正如作者在书中所写——他们"一边说帮人买东西出力不讨好，一边又继续接单。私下抱怨几句，转过身该帮的忙一定要帮。'人家提出来的，尽量满足'，这大概就是永浩和宛秋所代表的多数中国人的真实心理状态吧"。

心态约束着行为，对他人的关切不断形塑着他们平凡的人际关系。

平凡的审美品位需要敏感的心灵。

爱美之心，人皆有之，美是一种生活态度，是深深嵌入于日常生活细节中的人的属性。美在无数人与自然、人与人的互动中萌发，在人的衣食住行中展开，尤其在穿着与日常用品方面，衣、物作为生命的展示而特别引人关注。

美的本质是求新、求变，但审美的尺度长短不同，审美的视野各有差异。当某种新的设计面市的时候，少数敏感的心灵能及时捕捉到一种“平凡的审美品位”，即其对于当下、明天、未来无数人的生活方式有更新的价值，他们行动起来，让“时尚”迅速成为大众共享的审美体验，推动“时尚”成为“流行”的生活风格。

宛秋就是这样有着敏感心灵的人。这不是一种超然，而是善于感知“平凡的审美品位”的潜能，犹如“春江水暖鸭先知”。书中列举了宛秋很多这样的例子。1970年春，中西式罩衣刚刚面市不久，宛秋就意识到这种新的服饰将取代无性别的灰色、蓝色春秋两用衫，急急写信给永浩，想做一件中西式罩衣。20世纪70年代初，市场上出现了式样新颖的猪皮鞋、牛皮鞋，宛秋就要求永浩去购买，自己要一双，让永浩也买一双。宛秋看到年轻人穿网球鞋，就要给儿子晓峰购买，她问：“不知晓峰的脚尺寸是多少码？我想给他买双白网鞋，因为红小兵有时候需要穿白鞋、白衣、蓝裤。”1973年，丝袜刚上市，“穿在脚上就像没穿一样”，上海买不到，宛秋就写信叫永浩在北京想办法给自己买，还帮朋友买。永浩接到宛秋的信以后，四处打听，终于有一天早上得知西单商场有售，赶紧去排队。“那种袜子也非常难买。那天早上西单商场卖，共卖800双，但起码有300人排队，且限量，叫单丝袜。大部分是上海人在排队，一个人只能买1盒或0.5盒，每双2.5元，咖啡色，可能就是你说的那种袜子。”永浩看了现场销售的盛况，知道自己怎么都不可能买到，只得悻悻而返。几乎就在同时，宛秋在上海给永浩抢到了一件抢手货——腈纶毛衣。

特别让人难忘的是1972年。作者在书中提道：

> 从1972年起，大熊猫成为全球喜闻乐见的图案。那一年，美国总统尼克松访华，周恩来总理宣布赠送美国人民隆重的国礼——来自四川宝兴的大熊猫玲玲和兴兴。同一年，大熊猫康康和兰兰作为中日邦交正常化的和平使者，被送往东京的上野动物园，由此在全球掀起了一股大熊猫热。作为中国文化的重量级IP，大熊猫被印到了各种商品上，于是宛秋有机会在商店里遇到这样一款印着“白熊猫花”的人造革手提包。
>
> 宛秋和永浩在信中虽然从未提及“时髦”二字，但大到的确良衬衫、中西式罩衣、人造革包、皮鞋、白网球鞋，小到假领子，无不流露出那个时代流行文化的独特影迹，耐人寻味。

当永浩和宛秋的自我选择出乎预料地成为那个时代流行文化的时候，他们的行为因具有普遍性而成为“历史的瞬间”。他们都是平凡的人，与杰出人物的精彩表演不同，他们似乎都默默无闻，但恰恰是无数平凡人的“相似性”在生活世界的风云际会中交互组合，构成了历史前行的动力。在茫茫的历史大河中，他们每一个人都像一颗水珠。每颗水珠都微不足道，不像大河表面的波浪多姿多彩，令人炫目，但无数平凡的水珠形成的潜流却能合成难以抵御的巨大力量，支配着历史大河流动的方向。

平凡塑造着世界历史的可能性。

每一个平凡的人，恰恰因其平凡而对历史有所贡献；每一个平凡的人，因而也可能成为观察历史的“透视镜”。翻开这本书吧，认真读一读作者为我们整理的书信中那些平凡的人写下的真实的平凡故事吧，努力从平凡的人的平凡故事中读出当代中国人的爱与幸福吧！

复旦大学发展研究院当代中国社会生活资料中心主任

张乐天

2023年3月26—29日，于上海阳光新景寓所

目　录

绪　言

一、关于书信的情况

自从2019年到上海拜访张乐天老师之后，一直在努力寻找机会，希望在张老师的指导下完成一项工作，作为迈入社会学的第一步。

我是一名记者，从年轻时候起就对日常生活的细节充满兴趣，受追捧的大人物、大事件在我看来难免千篇一律，反倒是每个人的衣服鞋子雨伞、蛋糕饺子大饼，都可以写成一部部的小说。秉持着这种观念，2018年8月，我把对平凡事物的热情从新闻纸移到了展厅里，与太原本土公益文化组织"时尚回响"的志愿者们一起筹办了"庆祝改革开放四十周年——时尚回响"大型实物展，3000余件展品全部来自市民的捐赠，那些旧箱子、黑白电视机、泛黄的旧书本，虽不能言，却无一不在把人带向轰轰烈烈的时代。很多观众握着我的手，含着泪说："谢谢你把普通人写进历史。"

2021年，我们策划了"流水华年·寻找钟楼街"沉浸式怀旧主题展。展览以一位太原人的日常生活账为线索，把过去几年太原市民捐赠的上万件旧物进行了梳理，从中选出与账本对应的单品进行组合排列，呈现出20世纪50年代至90年代太原人日常生活的基本状态。为期两个月的展览吸引了130多万观众，效果不俗，这也激励我把目光投向多种形式的民间文书，从生动的细节、具体的景观出发，用社会学的视角进行分析和解释，继而看到开启现代生活后，中国人民在内外合力的作用下，精神世界里强韧的连续及激烈的决裂。

作为复旦大学发展研究院当代中国社会生活资料中心主任，张乐天教授收藏有海量的书信，听到我的期望，他慷慨地一下子甩给我十几组通信。经过我和志愿者吴宏涛、纪斌、岳春青、吴保元的筛选，最终选定了永浩与宛秋的这组信件。

通信从1970年12月11日永浩到上海出差，给妻子宛秋写信开始，持续到1996年4月22日，宛秋的大姐宛春自上海家中写信讲自己陪父亲去植物园看郁金香花展和盆景展为止，共401封。包括永浩与宛秋夫妇二人的通信181封，与上海、鞍山、济南等地亲戚的通信157封，与同事、同行、学生的通信56封，宛秋与精神科医生的通信5封，其他2封。

二、通信里涉及的主要人物

这组通信的核心是永浩、宛秋夫妇。他俩同为中国科学院化工冶金研究所的科研人员，于20世纪60年代初结婚，育有两子，晓峰和晓岩，构成那个年代典型的四口之家，住在北京中关村一带单位分配的宿舍里。27年时光里，在单位，他们是吃苦在前的骨干，坚持学习，不断进步，中年时成长为带硕士研究生的高级研究员，直至光荣退休；在家里，他们把幼儿园的小孩培养成名牌大学的毕业生，为两边的老人养老送终。

他们两个人经常出差，有时候开会，有时候进行技术交流，有时候到外地帮助当地的工厂做实验搞生产，短则几日，长则一年，其中1973年至1975年最为频繁，3年时间里两个人一前一后赴合作单位上海冶炼厂进行技术试验，出差时间均在一年左右。在一次次的离别期间，他们保持着频繁的通信，这使得我们有机会在半个世纪后，得以进入他们家庭生活的最深处，审视他们无意间展现出的对婚姻、家庭、金钱、教育的态度。

宛秋和永浩的婚姻关系是中国在由传统社会走向现代化的过程中很有代表性的婚姻关系。他们自由恋爱，因为爱情而组成家庭。他们在同一个单位工作，职业角色相似，经常在信中讨论业务，斟酌如何处理人际关系，夫妻共进退。他们在家庭中地位平等，在养育孩子上有同等发言权，在家庭支出方面两个人友好协商，偶尔产生嫌隙，处理矛盾的过程也时时闪烁出理性的光芒。

长子晓峰，生于1963年前后。他学习认真，会主动做家务，能坚持锻炼，曾获得游泳健将称号，缺点就是脾气大，容易和小朋友发生冲突。1975年，他考入中国人民大学附属中学，学习期间被诊断为精神分裂症。在突如其来的灾祸面前，他的家庭没有放弃，而是选择让他坚持科学服药，用强大的精神力量和现代医学思维直面疾病的挑战，因此晓峰得以在最大程度上恢复正常生活。晓峰于1986年大学毕业，分配了理想的工作。

次子晓岩，生于1968年。他生性顽皮，经常惹父母、哥哥生气，让带他的奶奶不胜其烦，但他聪明、爱读书，与人特别亲近，带给父母层次丰富的情感体验。1990年，他从清华大学毕业后，分配了好工作，薪金高，福利好，还很快赶上了双休日试点的社会进步。所有的亲人都相信他会有一个光明的未来，找到一个理想的妻子。

永浩是山东济南人，在家中行五。他通过读书实现阶层跃迁，在北京得到了一份稳定、体面的工作，并与同事宛秋组成小家庭。在老家济南，有永浩的大哥一家，大哥被下放到平阴一所学校管理图书，出场不多，几次都是他设法在平阴买特产——山东落花生，让宛秋从上海回北京路过济南车站时捎上。1986年退休后，他回济南与家人团圆，结束长年两地分居的生活。他的家里，4个孩子当中有3个生活在济南市区，林熙、林辉、林岚，都在工厂上班，表现优秀，在单位很受重用。二女儿林岚是知青，在青海兵团找了对象，花了很长时间才适应了高原气候，1983年全家顺利调回济南。大哥家还有一个孩子叫林宏，在济南近郊种田，改革开放初期专门给永浩和宛秋写信报喜，说家里粮食丰收的事，还把亲戚当中所有在北京打拼的人的通讯录写给永浩。平时济南家中由长子林熙主事，遇到婚丧嫁娶的大事或逢年过节，林熙会代表全家给各家亲戚写信。

永浩和四哥永杰最为亲近。在外形上，永杰和永浩很相像，声音也十分相似，以致1980年永杰借出差机会到上海拜访宛秋的大姐宛春时，宛春说只听声音，还以为是永浩来了。

永杰1959年于北京工业学院汽车专业毕业，1970年由北京调到鞍山钢铁厂（以下简称鞍钢），先后在鞍钢汽车总队、鞍钢汽车公司、公司运输处、运输部运研室任工程师。其间还短暂地到大集体——鞍山客车厂挣了一段时间的活钱，后来因为客车厂经济效益下降，又想办法调回鞍钢，1989年退休。永杰对家庭生活充满热情，在院里种菜养鸡，自己打家具，和孩子们一起看电视、打麻将，乐在其中。退休后热衷与亲朋好友分享各种保健知识。

四嫂美娟在鞍山市中心医院当外科大夫，工作能力突出，时常有外地医护人员前来观摩学习，送些大米白面以表敬意。1991年，55岁的美娟被提拔为外科麻醉组组长兼任手术室组长，被评为副主任医师，延迟到60岁退休。

让永杰遗憾的是家里除晓凤成绩不错，晓芳、晓玉学习都很吃力，她俩两次高考遭遇失利后，家长终于认清现实，放弃让她俩继续补习的想法，而是按政策安排到鞍钢的大集体就业，收入甚至比厂里的正式员工还高。因为不用再逼迫孩子学习，孩子高兴了，大人也不再生气，家庭气氛很欢乐。1987年，两个孩子都转成鞍钢的合同工，算是捧上了铁饭碗，永杰非常满意。

永浩的三哥三嫂一家生活在南京，有两个孩子，林铮和林钢。1975年奶奶带晓岩到南京小住，三嫂喜欢晓岩，经常搂着他睡觉。当时林钢已是20多岁的人了，还是小孩脾气，把晓岩的玩具都藏了起来，每天惹得晓岩哭，连奶奶也管不了。无论如何，孩子们都长大了，1975年2月，林铮从农村被调回城里，进了南京电力仪表厂工作，林钢被分配到淀粉厂。

永浩的母亲没有工作，也没有固定收入，轮流住4个儿子家，每家每月寄10—30元赡养费。无论在北京、济南、鞍山，还是在南京，奶奶不仅帮忙带孩子，给全家做棉鞋、棉衣，缝被子，同时还负责家中稀缺商品的采买。在济南、鞍山，奶奶还时常代表全家进行重要的外交活动，在换房子、维修公共设施等重要时刻，奶奶出面，柔中带刚，是邻里们又敬又怕的厉害角色。“老太太的嘴可厉害啦，能讲道理，谁也不怕，敢上大街、市委去吵吵，所以他们害怕，怕面子扫地，没有办法干生气。我和美娟都装红脸，说些和好、团结的话。”（1973年4月20日，永杰给永浩）永杰很信奉“家有一老，如有一宝”的俗语，曾在信中坦承：“老人多活两年就给我们带来两年的好处，看来家中没个老人也真不方便。老锁门，不像个家样。”（1975年年底，永杰给永浩）

宛秋是上海人。父亲刘骅是高级会计师，收入不菲，家中常年用着一位阿姨，买菜、烧饭、洗衣服，但姆妈闲不住，就算是腿脚生疾、行动困难，每天也要下楼劳作一番，锅子、水壶经常擦得雪亮，织毛衣，做饭，根本闲不住。宛秋的长姐宛春一家也在上海工作和生活，平时把孩子交给老人带，周末时大家庭团聚。宛春在一所学校教授化工专业课，丈夫剑荣也是老师。2人育有2子，晓巍、晓屿。孩子的年龄与宛秋家的晓岩接近，能玩在一起。宛秋还有个弟弟，在外省插队，因为离异，也把女儿小兰放在上海家中，全家人小心翼翼地待这个孩子，生怕弟弟只身在外太过牵挂。

宛秋并不是一个人在北京战斗，她与小姐（即二姐，永浩和宛秋称她为小姐）宛夏都在北京成家立业，相互帮衬，让父母放心不少。信中有关宛夏的笔墨不多，只知道她身体不好，做过多次手术，本人在穿衣服、吃东西上相当讲究。宛秋从上海捎回东西，总要先挑出最好的给小姐。二姐夫珈佩在冶金部工作，最高当过劳资司的司长，曾在永杰从大集体调回鞍钢本部的过程中发挥了重要作用，因此永杰一家说起二姐夫来格外尊重。小姐家两个孩子，晓辰和晓岳，学习成绩优异，都考入清华大学，毕业后赴海外留学。

虽然我们不赞成地域黑，但也不能否认地理人文环境对人的塑造。永浩一家正如人们普遍想象中的山东人，本分老实。四哥永杰提到家风时曾说："我看人活这一辈子，操心没个完，真得操一辈子的心，但人要心宽的话，就都不是什么操心的问题。我记得小时候咱姥爷在烟口袋的一个小木牌上刻着他的座右铭——‘学吃亏’，我现在回想这3个字，很有意思。学吃亏，遇事不怒，这表明了一个人的修养，这也是养身之道的重要信条。咱有时办不到，遇事不冷静。”（1987年4月19日，永杰给永浩）

而宛秋的父亲刘骅则是典型的上海人，特别要样。虽然已是80多岁高龄，争强好胜之心丝毫不输年轻人，得知宛秋评上了高级研究员，高兴地写信祝贺："这真是值得庆祝的一件大事，家中都开心得不得了，是全家的光荣，这样使爸爸的腰杆挺得更直了。虽然薪水加得有限，但给精神的安慰却很大，我的退休老同事提起来都说很不容易，问是我培养的吗，我说主要是她自己的努力。"（1990年9月28日，父母给宛秋）

书信中涉及的日常生活细节是本书关注的重点，所以永浩与宛秋与同事、同行的通信虽占比并不少，但基本上属就事论事，很少流露人物的情绪，也基本不涉及价值选择等重要的社会生活元素，因此这部分的人物关系略去不表。

三、书信中涉及的重要话题

为了便于读者理解信件中提及的生活细节以及背后的社会发展状况，我们把所有的内容打散后进行了分类解析。

第一辑"四口之家"，共5个话题，包括描写永浩和宛秋感情生活的"同志爱人""吵架"，有关孩子教育培养的"孩子听话"

“好好学习”，以及“晓峰病了”。

第二辑“柴米油盐”，共5个话题，“收入与开支”梳理出永浩和宛秋的工资收入、单位福利以及各种支出，在“家当”中可以看到他们通过添置大大小小的家具和各种电器改善了生活，“DIY达人”“超级代购”“过冬”3个话题则展示出那个时代人人必备的生活技能。

第三辑“家庭餐桌”，共5个话题，包括“肉蛋奶”“买肉”“粮食和粮票”“水果和蔬菜”“吃糖”，从中可以看出食品从紧缺到丰富的过程。

第四辑“社会交际”，共5个话题，包括“过节”“调动工作”“林熙结婚”“地震了”“内有照片”。过年过节、结婚生子是亲戚走动、人情往来的关键时段；而调动工作、遭遇地震这类突发事件，则是对关系亲疏的重大考验，是每个人日常生活里的重头戏；“内有照片”描摹了在特定的历史阶段，人们用寄照片来表达思念和牵挂的美好方式。

第五辑“有滋有味”，共3个话题，包括“赶时髦”“的确良衣服”“茉莉花”。无论是对赶时髦的综合呈现，还是对的确良衬衫、茉莉花的聚焦，每个时代的人都有自己对幸福生活的理解以及独特的实现方式，描绘出一幅幅兴味盎然的风情画，继而让读者想象出几个家庭五彩缤纷的日常生活。

四、小人物，大时代

这组通信记录了永浩和宛秋私人生活的点点滴滴，同时也反映出他们所处的风起云涌的时代。

在商品匮乏时，他们惦记着把家中的粮票、布票、工业券邮寄给更困难的亲人，不厌其烦地一次次去商店问询，购买大大小小的紧俏货。

永浩到美国做研究、宛秋赴南斯拉夫学习，能够获得这样的机会，固然要归功于他们多年坚持学习英语、日语、法语的非凡意志，同时也反映出国家留学政策日趋开放的变化轨迹。

晓岩随宛秋去上海时，带着完整的打预防针的记录。这些记录包括：注射卡介苗初种、复种，种牛痘，注射百白破（百日咳、白喉、破伤风）疫苗第一次、第二次、第三次、加强，注射乙脑疫苗第一次、第二次、加强，注射麻疹疫苗初种、复种，注射脊髓灰质炎和流脑疫苗第一次、第二次、加强，等等。孩子接种防疫针的记录在幼儿园、街道都可以查到。新中国成立以来，逐渐形成了中央、省、地市和县4级疾病预防控制体系，传染病大规模暴发、流行病事件减少，公共卫生领域的“中国模式”取得的巨大成果，通过晓岩打预防针的记录可以反映出来。

1975年8月11日，林熙在给永浩、宛秋的信里提道：“天桥已建成通车，全长818米，横贯南北，桥宽18米，能并行4辆汽车，桥下是9孔桥洞。铁路桥洞最宽33米，天桥两旁设有通行自行车的副通道，两旁还有人行通道，比原来雄伟壮观得多了。前几天美国议员团来济南参观访问，曾到黄河游玩，来回经过天桥。”（1975年8月11日，林熙给永浩、宛秋）平淡的文字讲出了济南城市风貌变迁、中美关系好转的政治新闻。

1990年秋天，第11届亚运会在北京举办。这是我国第一次承办大规模综合性国际运动会，全国人民通过购买奖券、捐赠、志愿服务等不同方式，为这次盛会贡献出自己的力量。“北京中关村有个体育馆，你就近去看节目很方便，有好的节目可以去看看，这次亚运会中国办得很好，我国收获很大。”（1990年9月28日，父母给宛秋）

1975年辽宁海城发生地震、1979年农民种上了自留地之后口粮够吃且有余、1980年7月1日全国实行邮政编码、1988年春天上海暴发由吃生毛蚶引起的甲型肝炎、1991年7月全国性发大水、1995年开始实行一周5日工作制，都出现在这组通信中，有的直接影响到个体生活，有的只是为了丰富东拉西扯的闲聊内容。读信的过程就像在考古，如果阅读者有充分的知识储备，就能看到一幅广阔的纵贯南北、横跨东西的历史画卷，或详或略的细节无一不耐人寻味。

之所以用两年多时间反复阅读这组信件，并从各种角度对细节进行剖析，是因为我们相信如信件这类民间文书，因为并无意于著史，书写于当时，事后也未经涂改，反而更具有纯粹的真实性，只有赤裸的事件和直接的感受。永浩和宛秋的故事很生动，却没有太多奇特之处，这也是我们看中它的地方。正因为它不奇特，所以才能用来代表千千万万跟他们相似的人。理解了他们的生活，也就理解了一部分的中国。

山西时尚回响城市文化交流中心志愿者吴宏涛、纪斌、岳春青、吴保元在信件的筛选、整理过程中做了许多工作。在此深表谢意。

第一辑

四口之家

话题

1

同志爱人

宛秋和永浩是双职工，这个如今听上去颇有些年代感的身份，在20世纪60年代却代表着一种先进的家庭模式。双职工意味着这家的女主人是在国有企事业单位有编制的正式职工，在法律层面上，与男主人在经济、思想、权利上是完全平等的。传统的以父子为核心的纵向家庭关系转向了以夫妻为核心的横向家庭关系。

虽然我们不能从信中确定宛秋和永浩的母亲是否缠过足，但可看到两位老人的活动范围基本局限于自己的小家庭，做饭、带孩子、采买食物等。而宛秋这样的新女性则和丈夫一样接受了高等教育，掌握着等量的专业知识，面临同样的工作压力，挣着同样的工资，领着同样的补助。双份工作、双份收入的双职工家庭模式打破了“男主外女主内”的传统分工。

这事希望你大力帮助，要不我没资料，实在难以应付。（宛秋）

宛秋的大姐宛春就职于上海本地一所高校，学校里几位化工专业的老师得知宛秋——国家级研究所大咖要来到上海指导实验工作，希望向她就流态化问题求教一番。宛秋很慷慨地把手头上的资料借给几位老师，结果老师们反映说看不懂，要请她讲一次课。很多时候这看似在办公事，实际上通过私人关系更容易办成，所以就由宛春出面邀请，不料宛秋竟为难起来了。

1973年12月28日，她向丈夫求助："我每周回去，大姐老提此事，我老推脱，弄得我真不好意思……这次干脆给写了一个讲课提纲，看来推不掉了。我现在一来资料不全，二来最近也确实开始忙了，要做小实验了。我想那本日本人写的书，你基本看完了，这本书比较新，你也基本全翻出来了。是否能根据此提纲，利用几个晚上帮我摘录一些（当然不限于这一本书的内容）……这事希望你大力帮助，要不我没资料，实在难以应付。"

永浩很快就准备好宛秋需要的资料，以挂号信的方式寄给她。1974年1月11日，宛秋写信给永浩，感谢他花费这么大精力整理材料，"据小姚说你花费了不少时间，还开了夜车呢。其实也怪我没说清楚，实际上用不着这么详细的材料，因为大姐的同事过去从未接触过流态化，对他们普及一点儿好，如果讲太多的公式，他们也不懂，我预备所有内容给他们讲半天，再多讲也没时间，不过你这些材料留着我看看也不错。”

永浩为宛秋准备了题目、提纲，宛秋学习后希望永浩就第2、3、4、6道题进一步阐释。

“我在这儿准备第1、5题，我想怎么也应在暑假前给讲了，要不拖在下半年多不好。”（1974年6月12日，宛秋给永浩）

永浩和宛秋的通信中，有关工作的内容大约占三分之一，每封信里或多或少都会提到实验内容、实验指标、研究方向、参与人员，也会第一时间把珍贵的学习资料寄给对方。

宛秋给永浩寄去平均数和显著性差异法用的公式及例子。

永浩给研究所递交了一份实验报告，需由专家组修改通过。宛秋一直紧盯进程，要在第一时间把修改过的报告给永浩寄回去，信中说：“老郭已修改……我明天再让小姚快点寄去吧！”

永浩在工作中要用到试电笔。宛秋通过同事仲礼领出来，看单位里谁最近要去上海出差，帮忙给永浩带过去，“老蔡还不知何时走，最近也不知谁走。如果你急用，是否要由邮局给你寄去？可来信告诉。”

得知同事小钱已被列入出国人选中，永浩马上写信把这个消息告诉宛秋，他道：“不要把东西借给他了，如计算尺、书籍等，免得以后不好办。”

永浩向同事小松要来了宛秋需要的讲义，告诉宛秋：“已放在我这里了，我在这里看看，等我回去时带回……老阎要的流态化资料，还没拿来。”

“昨天车间召开了一个会议，决定从3月25日到6月份进行全流程联运稳定运转3个月……可能这段时间事情较多，如果人不在也不好。若在我回京时有人也去北京，利用他的车票把行李托运走，那我就在南京等地参观。如果只有我一个回去，不买通票，行李不好托运，那就不去马鞍山参观了，当然我争取是前者。”（1975年3月11日，永浩给宛秋）

永浩在信里还提到一位姓董的同事专程到上海解决了实验中的高压问题，他写道：“他准备星期天（16日）乘14次列车离沪，17日到京，我托他将40W、30W、20W及15W小陆要的白灯管各带回一只，他已答应了。他手中东西不多，但给微微带一个小孩……虽然老董说不用接站，我看还是让小陆去接吧，不过日光灯管还未买到，准备明天去买。燕婷等人的糖及小李的车把，我回去时带回。”

夫妻二人无话不谈，信马由缰，工作和生活中的大事小情混杂在一起，毫不违和。

不过你也不要担心，他这样只能自讨没趣，我是不会计较这些的……（永浩）

1970年，小钱比永浩提早几个月到了上海，他给永浩写了一封热情赞扬、开口闭口请教的信。蹊跷的是当永浩本人到上海后，小钱又表现得十分傲气。于是永浩对小钱的为人处世产生了看法。

宛秋帮他分析小钱的性格，耐心地说："对于小钱这个人，我和他相处时间不短，过去一起在三班搞半导体，在上海冶炼厂又相处一年，确实感到他是有点儿傲气，说话有时不注意方式方法，但也有年轻人的朝气，看法尖锐，善于写文章及批判稿，尤其能经常向支部汇报，很得支部信任。正由于后面这些方面，他才不能看到自己的缺点，越来越长了傲气。"

宛秋担心永浩的情绪会受到影响，安慰他说："你要是知道他就是那个脾气，对谁都这样，也就不会去计较这些了。因为这是他的致命缺点，他对谁都这样，否则只有增加你的痛苦。"

永浩习惯于稳扎稳打，预备熟悉一段情况后再写报告向支部汇报。宛秋提醒他："小钱经常向支部汇报。前天我看到上海冶炼厂写给支部的一封信，很像他的字。你不写信跟支部说说你的看法及工作情况，谁知小钱又写些什么呢。"她建议永浩早日将工作情况向支部汇报："当然信中不要提对小钱的看法，因为刚去不久就向支部汇报小钱的事不太好，怕会给支部一个不好的印象，团结搞不好。总之我希望你早日给支部去信，汇报汇报情况。因为老金、老朱均向我问起你那里的工作情况，而我又讲不出太多。”

永浩和小钱住在冶炼厂2楼的同一间宿舍，他告诉宛秋自己想搬下来一个人住。宛秋反问他：“小钱意见如何？当然一个人住安静，晚上可看看书，也自由一点儿，但对驻站工作不利，另外是否会给小钱一个错觉，认为你不愿意和他住，是否会有碍团结？你可和他解释解释，说你想多看一些书才搬下来……3月前只有你和小钱两个人，还是要注意团结吧！若无原则问题就互相让着点儿，若是原则问题也该给他指出。”

永浩向小钱借资料也碰了壁，宛秋不让他在这个问题上纠缠，而是建议道：“向马鞍山的老岳借，他还是较谦虚的，也比较好相处。他从一开始就一直在现场，后来转走，我对他的印象还不错，是个实干家。”

永浩被成功地说服了。“接到你的信，内情尽知。关于和小钱的团结问题，我主动与他搞好，但看来有些困难，有时主动跟他提问题，都感到有些不受欢迎，但他对其他人都谈笑自如。这些事我不准备向支部汇报，反正我不会与他长期工作。我的工作总是由我安排的，他不理也不会影响我的工作。我已给支部写了一封信，主要是谈工作和我自己的工作安排及计划，但最后也提了一句——在写报告的时间上与小钱有分歧……其余的问题都没讲。今后我想每两个星期给支部写一封信汇报。”

永浩从学校直接分配到研究所工作，有时候不可避免地暴露出知识分子不合时宜、不谙世事的弱点，比如某些同事爱吹牛、爱出头露面，他就很看不惯。1974年，他到上海不久，就感觉到年轻同事小姚比较难处，在信中跟宛秋说："已有几次出现矛盾，当然是对工作中出现问题的看法。刚来时，他就安排我写报告，我没有同意。写完报告后，我建议寄回去，让家里提出意见，修改后打印，他不同意给家里看，说要等写完直接在此处打印。对于实验中出现的问题，他不提自己的看法，但总是不同意我的分析。制作返尘器时，我刚来不了解情况，他不盯在保养班，在关键时刻却进城一天半，而让我盯在那里，总之不太好处……不过你也不要担心，他这样只能自讨没趣，我是不会计较这些的……反正我在这里的时间也不会太长，不会同他长期工作的。"

对单位领导的作风，永浩也看不惯。1971年7月20日，他写信跟宛秋说："现在看来老金就是这么一个人，总是希望给别人扭个劲，你想这样就偏不让你这样，这样才能显示他的权威吧！不管怎么说，领导决定，也只有服从。碰上这么一个领导，能有什么办法呢。"他表面上妥协，心里分明是不服气的。

宛秋身上则有着上海人爱面子又现实的特点，面对复杂的人际关系，心态更为平和。她告诫永浩不能一心只关注小实验："更不能自己不写信向支部汇报，而却让小姚讲，让他汇报，这又算得了什么呢？小姚又不是组长，也不是党员，也没得到支部重用，由他汇报你的想法，还不如你直接写信给支部汇报呢。”

1975年年底，所里派永浩到沧州出差，这次还是和小姚同行。宛秋了解到他和小姚在沧州的工作情况后，提醒道：“在所里，大家说起你们在沧州的工作，以小姚为主。我想一方面是小姚好表现自己，另外老庄也怕你太强，用他来压住你。在这种情况下你怎么办呢？我看一方面你还应积极工作，积极配合；另外也要主动一些，有新的设想、体会、建议、看法，积极在组内提。”宛秋不仅在感情上为永浩抱不平，还在实际操作上为他提出了建议。

永浩深知自己不擅长处理人际关系，所以养成了做事小心谨慎的习惯。1974年4月6日，临近宛秋自沪返京的日子，永浩提醒她：“你仔细想想，回来的时候有什么东西是要交接的，不过就是公款和公用的东西，这些在你走之前一定要弄清楚，不然就会被动。这些东西交给一个人管理就行了，大概不会没有人接吧！若实在无人接，就全带回来，谁去时谁再借，不然出了差错就不好了。”

世界上没有完美的个体，所以我们才需要寻找一个合适的伴侣，这样两个人才能达到互补的效果，人生因此臻于完美。

我考虑你出去真比我出去好，男同志方便些。另外我看从设计、设备能力讲，你也比我强得多。（宛秋）

在社会交往方面，宛秋胜出，在专业方面，永浩有着明显的优势。

1972年4月22日，永浩曾在给宛秋的信里提到两个人正在共同翻译一本书，按信件内容判断，宛秋当时在外地做小实验。永浩建议她："如果晚上有空看书，在业务学习时是否可把那本书上我没有翻译的几章翻出来？我已翻完了第1、4、5、6、8章，以前你翻出了第3章，现我正翻第12章，还剩第2、9、10、11、13、14、15章。你能否把第2、9、14、15章翻出来？我把第10、11、13章翻出来。不知如何，来信时告之。若全翻出来，用起来就方便了。"永浩的指导细致到连用什么纸都替宛秋想好了："翻时要用像这封信一样的白纸，或这样大的纸，以便以后统一好保存。"

1975年，研究所有一个去阿尔巴尼亚支援生产的差事，人选未定，全所的人都想争取。永浩和宛秋私下里猜测所里会派谁去。永浩在信里神秘地告诉宛秋："今天晚上下班，在路上老刘碰到我，突然问起我，你是什么时候出差的，他讲要跟支部商量一下，是否可让我去探亲。我问他3月前你应该回来了吧，他没讲话，只是笑了笑，我不知道这话是什么意思，以后可再问问他。但是我在猜想是否定你出国了，不然的话，为什么过春节后还不让回来。当然这只是一种猜想。"

没有根据地猜测了一通，永浩又说："说实话我也不是没有想到出国的好处，如果能让咱们两个人一起去，把孩子放在上海或者济南，我能摆脱家务的重担，而且两个人又能在一起，那我也就没有什么意见了。但是这是不可能的，因此希望你也不要去，免得又要我一个人挑担。”

权衡利弊，宛秋主动放弃了这个机会，她告诉永浩：“上次在信中谈到此事，是因为小姐在写给上海家中的信中提起你不喜欢我出国，妈妈就问我会不会出去。父母亲都说出去不好，这么长时间扔了家，扔了孩子，责任重大，又辛苦。我告诉他们我不愿意去，而且女同志不会让出去，所以我认为有必要在给你的信中提此事，以使你放心，没有怪你拖我后腿的意思。”

自己出去，把永浩和两个孩子扔在家里，她于心不忍。更重要的是，她认为永浩的工作能力强，出去会更有收获。“出国当然我们要分开，而且两个孩子的负担会加重，但也不是没有好处。我考虑你出去真比我出去好，男同志方便些。另外我看从设计、设备能力讲，你也比我强得多。目前援阿项目到今天已不是工艺问题，完全是些设备问题，出去也是个锻炼，是个培养机会。”

宛秋是新中国培养起来的新一代知识女性，在工作中能独立挑担子，同时还保留着中国传统女性隐忍、牺牲的美德。

永浩和宛秋努力学习，在工作中表现优异，他们共同为出国默默创造着各种条件。时间到了1978年，去阿尔巴尼亚的人选还未落实，但中国迎来了更大的发展机遇，永浩和宛秋也萌生了去欧美发达国家进修的想法。这是后话了。

中华儿女有壮志，革命生产走在前。（宛秋）

1975年3月7日，三八妇女节的前一天，宛秋告诉永浩："明天……所里将组织女同志进行赛诗会，并表演节目，我的诗也将在会上朗读。"宛秋创作的诗歌题目是《中华儿女有壮志》，其中有"灾难深重数千年，妇女受压苦连连……中华儿女有壮志，革命生产走在前"等诗句。幼稚的诗作虽然在文学上没有很高的价值，却从一个侧面反映出那个时代女性的理想和追求。

1950年5月1日，《中华人民共和国婚姻法》正式颁布实施，共8章27条，废除了包办强迫、男尊女卑的封建主义婚姻家庭制度，实行一夫一妻、男女权利平等的婚姻政策，保护了广大妇女的权益。后来，毛泽东提出"妇女能顶半边天"的口号，男女平等的观念在中国深入人心。按信件中提到的永浩和宛秋的工作年限，可以判断两个人都是20世纪60年代初期的大学生。那时，新中国已经度过了十几个生日，女性受教育程度、劳动参与度显著提升，婚姻关系也呈现出时代风貌。宛秋和永浩共同学习，共同进步，感情超越了一般意义上的夫妻，在战斗中结成了同志般的牢固友谊。

在他们的通信中，极少卿卿我我，几乎每封信里都会谈到专业问题，彼此还经常给对方买刚刚出版的新书。

"星期日进城时，我买了清华编的《科技英语常用词组》，0.69元1本，共3000条，挺好的。我买了两本，原想让四室去的人给你

带去，但今天才听说人已经走了，等以后有机会再说吧。”（1973年5月22日，永浩给宛秋）

1974年，宛秋建议永浩买一个半导体，“6管或7管的，30元左右即够。若买了，你目前还可用它听听外语或新闻、音乐，解解闷。”

1982年，永浩在美国进修时，托来自南京的访问学者给宛秋带回一副耳机，告诉她用的时候用绸布把耳机包起来，以免把耳机上的塑料弄脏。

1978年3月18日，全国科学大会在人民大会堂召开，确立了国家尊重知识、尊重人才的根本方针。永浩和宛秋的学习、工作热情空前高涨。1979年，永浩写信请德国和美国的公司邮寄管式炉资料；1981年永浩赴美国斯坦福大学进修一年；1984年，永浩和宛秋分别开始带研究生；1985年，宛秋赴南斯拉夫学习；1990年、1991年，宛秋和永浩先后评上研究员。他们志同道合，为简朴的日子赋予光彩，共同克服了“造原子弹的还不如卖茶叶蛋的”这种人生挫败感，相互鼓励，不计得失，像两朵相互追逐的浪花，忽儿你追我赶，忽儿齐头并进，浪漫而坚定地向着远大的目标前进。

话题

2

吵架

宛秋和永浩都受过高等教育，在国家级研究所工作，从事的又是同一专业，在工作上可谓琴瑟和鸣、比翼双飞；从他们通信的频率上能看出两个人的情感如胶似漆、你侬我侬；处理与双方大家庭的关系时，两个人都做到了不偏不倚、有情有义。好莱坞2004年出品的电影《复制娇妻》中所描绘的理想家庭莫过于此。不过正如电影里有妮可·基德曼的反抗，宛秋和永浩的婚姻生活也不可能一帆风顺。1973年年底，两个人莫名其妙地吵了一架。如何正确地吵架，如何得体地表达自己的观点和感受，如何优雅地结束纷争，才是最能展示夫妻情商的高潮桥段。

“今天上班后，我听到了一些消息，我认为你最近有许多事做得不怎样，为了入党只替自己打算，根本不考虑别人。首先是，你在前几封信中说，让我给支部说你要回来，你自己不好写信要求回来，我给支部说了后，你最近又写了一封不知什么内容的信，今天老金对分析人员讲你不愿意回来，要在上海过春节。另外听仲礼讲，你认为春节前上海不用去人，可能仲礼就这样给支部讲了。另外，不知你对明华讲了些什么，现在分析组的人全都议论不止，认为是我一定要接你回来，而你根本就不愿意回来，弄得我在这个问题上非常狼狈，现在是满城风雨。我真没想到你是这样一个人，为了自己的利益，为了给领导一个好印象，耍得我团团转。我实在不知你是怎样想的，既然你不愿意回来，为什么要我在这里做工作，让我到处去讲，而你却到处散布自己不愿意回来的信息呢？”（1973年11月19日，永浩给宛秋）

跟你说句实话，以前还是非常想你能早日回来，可是现在对你这个人看得比较透了，你想做的只是替自己打算，根本不把别人放在心里。（永浩）

宛秋和永浩所在的研究所，总部在北京，在全国多地设有分支部门和试验性质的工厂，到外地出差是常态。1973年2月，宛秋由单位派往上海，在冶炼厂做实验，时间长达一年零三个月。这也是宛秋和永浩相互通信最集中的时段。两个人写起信来，一般都是先聊工作进度、学习情况，再交换对孩子成长的看法，以及商量如何解决具体的生活问题，洋洋洒洒两三页纸是常态，有时候六七页还意犹未尽。虽然他们不习惯说“我爱你”，但字里行间一直在“撒狗粮”。而永浩的这封信里充满了指责，甚至是对宛秋人格的否定。

“最近这次给支部和给我的信中，既然从工作考虑，那么为什么还提出春节回来的条件？我想，如真从工作考虑，应该像我前面写的，应让出国人员参加实验，你不应该积极争取参加实验。跟你说句实话，以前还是非常想你能早日回来，可是现在对你这个人看得比较透了，你想做的只是替自己打算，根本不把别人放在心里。”在信尾落款处，永浩署了全名“王永浩”，而不是平时的“永浩”。

1973年11月23日，宛秋参加完上海大厦的会议，回到宿舍，已经是晚上9:30了。收到永浩在11月19日写的这封信，她回信道：“觉得有必要立即给你写一封信，解释不必要的误会。我不记得我17日的信详细说了些什么，但我现在回忆起来，好像没有不愿意回北京的意思；第二也没有因为不让女同志去阿（阿尔巴尼亚）而不高兴，这两件事不知从何而来？不然你再把我写给你的信寄给我看看，我究竟是怎么写的。”

在信中，宛秋努力复盘上封信自己哪句话说得不好，以致惹恼了永浩。“知道你腰痛，又让你生炉子，可能是我考虑不周到。我主要认为有炉子方便些。最近带回点儿花生与栗子，怕坏了，想让你们烧点儿吃。另外也觉得太冷，生炉子在家烧水，你腰痛用热水袋方便些，我并不是想让你每顿烧着吃，这样当然太累了。”

永浩没有给宛秋回信，更没有把宛秋那封惹祸的信寄还给她。现在我们作为信件的研究者，以“上帝视角”来看看宛秋17日的信里到底写了什么。“前后给你带去了2.5斤糖，小姐的裤子1条，2斤花生，及我和晓岩的几张照片，也不知收到没有。花生是小陶出差给我带回来的，可能有点儿湿，你可以晾一晾再炒给晓峰吃，他也挺馋的，不要留了，以后坏了也可惜。没生火，就借人家的炉子用用吧。天冷了，生起火来吧，用点儿热水也方便，晚上还可以在家烧点儿饭吃。”

“从我让老王回去带了一封信开始，一共给你写了4封信，才收到你的一封信。我算了一下，从十一接到你的第一封信到现在已经17天了，才接到你的第二封信，我还以为你或者晓峰病了呢。”看来永浩情绪低落已经持续了一段时间，只是宛秋还没有察觉。

在17日的信的结尾，宛秋轻描淡写来了一句：“今年看来我回不去了，因为从老王的信中看明年才能回去，我估计明年春节左右。”这只不过比元旦前回京的原计划晚了一两个月，不是什么大不了的事，所以宛秋只是简单陈述了这种可能性，没有更多解释，便以“秋”为落款草草结了尾。现在看来，正是她以为无关紧要的这段话，把永浩忍耐已久的怒气点燃了。

看到永浩以为自己不想回北京，宛秋耐心解释："上封信大概谈到了老王来信说我今年不会回去的事。这事怎么谈起的？是这么回事。由于大伟、明华两人与小陆为保健事吵架，闹不团结，我把此事反映给支部，希望支部能派一个强有力的领导干部，提到让老朱来或四室派一人来。谈到我能力有限，支部就让老王写信给我，除了鼓励我好好干，还提到你明年回来以前支部是不会派老朱去的，四室也不会去人的，所以我知道支部今年不会让我回去。"总而言之一句话是"工作不允许"。这是客观情况，要摆在第一位。中国人普遍认同集体主义精神至上，服从单位的安排天经地义。

那宛秋自己有没有不想回北京的主观动机呢？"要说我回去的动力不大，也可能是因为上海有个家，又十几年没回来，这次机会难得，又带着孩子来，也确实有点儿心思，也挺留恋上海的家，所以觉得再拖一两个月回去没什么问题。"句句都是合情合理的大实话。

刚到上海不久，宛秋曾经表示过对自己在上海的工作、生活、学习状态非常满意。周一至周六，父母在家帮忙带孩子，宛秋道："晓岩现在还好，我不在家时不算调皮，很听话，爸爸也经常带他去玩，也看电影，也在弄堂玩。妈妈说他饭量比刚来时好些，当然还和那两个孩子没法比，因此妈妈也注意他的营养，一般不让他吃零食，或少吃，尽量不让他在饭前吃，因此妈妈说他吃饭还有规律，现在多酶片和钙片不断地吃，也能起点儿作用。看来他在外婆家很自由，吃得好，玩得好。”落款处无时间，据上下文判断，这封信约写在1973年3月。

晓岩习惯外婆家的生活，宛秋平时在冶炼厂可以放心工作，每周六回家。“这样就有足够的时间，晚上看看书，这样你、我都能看些书，确实比在北京的学习条件好多了。我想如有机会可以多在上海住些日子，你看呢？”摆脱日复一日的家务劳动，仿佛重回自由自在的学生时代，宛秋打心眼里享受在上海的这段时光。

“上海英语广播讲座讲得挺深，是高级班了。另外从今年3月又开始进行日语广播讲座了，每天早上、中午、晚上都有日语、英语广播讲座。我想这是个挺好的机会，如能坚持半年也等于跟上所内的日语课了，另外还可听英语，因此我想买一个可以戴耳机收听的半导体收音机，6元左右，这样一面省钱，一面也不影响三班倒的同志休息，只有自己能听到，因为价钱不贵，只6元。”（1973年5月24日，宛秋给永浩）

“我在上海很安心，晚上能看些书，目前工作也不太忙，晓岩过得也很愉快。另外上海最近又开了法语初级班，预计一年学完，所以我现在除了学日语外，还学法语，这真是好条件，所以我实在想在上海多待些日子。”（1973年5月24日，宛秋给永浩）

不需要准备一日三餐，没有孩子打扰，宛秋兴奋地拥抱着世界上最宝贵的财富——可以自由支配的时间，制订出高效的外语学习计划。

“听说你在北京工作搞得不错，老王来信也提起让你考虑多方面的工作。现在的环境，你是能多看些书多考虑问题的，晓岩回去后条件就没那么好了。”“晓岩不在家了，虽寂寞一点儿，但对你们两个人学习大概会有好处吧！”在她的想象中，永浩和晓峰在北京的工作和生活也是相当自由宽松的，至少是平静如水的。同时她也很清楚，这一切回到北京就会戛然而止，那么就让这一天来得更晚一些吧。

在信件末尾，宛秋明确向永浩表示，自己完全没有春节不回北京的打算。“我当时和老金表态是说参加一阶段普矿实验，但也说了春节左右一定得让我回去，不信你可问老金。说实话，要说前一段我还想在上海留一段时间的话，自从这儿同事之间闹不团结后，我的情绪也一直不高，更不想在这儿待了，但也不知怎么办，因为所里也没考虑让谁来换我。别以为我在这儿日子好过，日子真不好过。”

遭遇“无妄之灾”，宛秋彻夜难眠，但她没有以牙还牙、以暴制暴，也没有哭哭啼啼，而是尽量心平气和地消除误会。“看了你这样一封信，说实话我实在很难受，我简直想象不出信中究竟写了什么惹你生这么大的气。你如能将我17日的那封信再寄回给我，我可能能给你更详细的解释，消除误会。不知我这封信能消除你的误会吗，还是增加误会？也不知是能使你消气呢，还是使你更生气？本来我们已是10多年的夫妻了，我什么事都不瞒你，有什么就说什么，写信也是心里怎么想的，就怎么写，也不考虑措辞，写完就算，也不检查有什么合适不合适的。我想反正给你写嘛，潦草通顺与否也无所谓，信中有什么不合适的地方你可以提出呀，干吗生那么大的气，这对身体、情绪、工作都不利。”

在这封信里，宛秋的表达分为5个层次：一是我很关心你，不想你劳累；二是我在上海的日子确实很惬意；三是我估计你在北京的工作生活也挺不错的；四是我没有不想回北京的意思；五是提醒永浩生气不能解决任何问题。信件既分析了客观原因，也表达了想要解决问题的主观意愿。宛秋有理有节的外交手腕着实了得。

永浩，我希望你不要生气了。一气一个月不来信，也达不到商量的目的。（宛秋）

宛秋写于12月23日晚上的信足足有6页纸，寄出去却没有得到回复，为了尽快得到永浩的谅解，她隔天提笔写了第二封信。“现在我不知怎么来解决这个问题，你可问老金我是否向他们透露过想回去的想法，老金走时我曾向他说我只想参加一阶段大实验，最晚春节要回去。”“上次老苏来时曾透露说室里要派老夏来，而且很快会来，但不知何时来，估计他不会在元旦前来了，总之这儿不派一个领导来我是回不去的，我想除了我给支部写信问问此事外，你也向老夏打听打听是否已派他来换我，什么时候来。两面都努力做工作，问题就好解决了。”宛秋担心自说自话没有说服力，便以同事来旁证自己从来没有任何不回北京的想法。

她建议两个人一起努力来促成她早日回京。“我可以写信问老金、老夏何时来换我。你离所里近，我看也可去老金那儿打听打听何时让我回去，还可透露我想回去的意思。现在设计改造事不多，你就说我回去还得联系幼儿园事。”这个建议具有很强的实操性，诚意满满。

宛秋乐观地估计：“春节以前是肯定会让我回去的，只有两个月左右的时间，也不算长。当然春节前还不让我回去，你也不能来，那我当然要提出回去的想法，也不能老留在上海，我也是想家的。老离开家也不是办法。”信的最后，宛秋劝永浩不要再怄气了，她说：“我最近情绪也不好，有一些事信中也说不清。这样怄气两个人情绪都不高，也解决不了问题，有什么想不开的事，还希望能多通信，解决误会。”

1973年11月29日、12月2日、12月5日、12月26日，宛秋给永浩写了4封信。

“又寄去一信，想来收到了吧。不知腰痛如何？又接到我的信后，不知情绪如何？我想说消气了吧？我是有充分信心于春节前能回去的。”（1973年11月29日）

“关于我要在上海留一段的事，已去了两封信进行解释，看来也没有必要再解释了，但我也估计你并未谅解，还生我的气。从你这么久不给我写信、问你这么多事不给答复就可以看出。因为虽然腰有问题，简单写几句总可以吧。”（1973年12月2日）

“不知为何老是接不到你的信……问了几次你的腰的情况也不回信，问是否能把竹椅带回接站，也不回答，看来是没什么好写的了，那就随便你吧。”（1973年12月5日）

“永浩，我希望你不要生气了。一气一个月不来信，也达不到商量的目的。你还不如现在开始给晓岩联系上幼儿园的事，先交一两个月的费用，那么春节后不久，如让我回去，他就可以入幼儿园，省得大冬天带一个孩子来回上班多不方便。永浩，我也不知为何你最近老催着我回去，当然要说不想那是假话，但怎么做对工作、对个人均有利，也不会有什么太不好的影响，我们还是要考虑的，你说是吗？尤其作为室筹备组的成员、组长及现场负责人，不得不考虑这些。”（1973年12月26日）

永浩一直没有回信，宛秋问能不能去车站接托同事带回的竹椅子，让他给晓岩开定粮证明，问该买2.7尺幅宽还是3.6尺幅宽的白棉布，等等，他均不予回答。

两个人闷闷不乐地过了元旦。1974年，新的一年来临。1月11日，永浩终于给宛秋回信了：“来信收到了，一场接一场的风波就让它过去吧，这可能就是生活的规律。”

来信收到了，一场接一场的风波就让它过去吧，这可能就是生活的规律。（永浩）

永浩承认，他就是对宛秋长期在外，不争取回来有意见。“不用说一家长期不能在一块，孩子的抚养问题又落到我头上了。说实话虽然你是做妈妈的，但是这样的苦头你还一直未尝到……这次在上海虽然带去晓岩，但也用不着你操心，晓峰虽大了，但还总得要人照顾，吃、穿、住、学习总得管吧，总得操心吧，再加上我身体有时也不好，这样就显得累了。这些事我一说再说，大概你也觉得听厌了，如果真是这样的话，那只能说明我以前的信中所讲的‘不会体贴人’是对的。有时我一想起这些事来就感到烦恼。为什么我这些话你总是听不进去，而对别人的问题却想得那么多，那么周到？这些问题在你看来可能属于个人问题，属于个人主义小圈子，但是我认为你因为没有在上述的环境中生活过，就不知其中的苦处。”

宛秋和永浩的原生家庭环境不尽相同，宛秋的父亲是知识分子、公司高级职员，母亲是能干的全职主妇，家里有保姆，而永浩的家庭相对贫寒，父亲早逝，母亲没有收入，兄弟几个全凭努力和好运，读了大学，有个不错的职业，但要论底子，还是不能和家境优渥的宛秋比的。

1973年11月19日，永浩给宛秋写信发泄了一通：“今后你不要一封封地写信给我，说些口是心非的话，免得我浪费时间和生气。”明显有些气急败坏，失了风度。写着写着，他又恢复了一点儿理智：“我越写越生气，越写想的问题越多，越写越后悔，不写了。”

为了避免不可挽回的后果，他硬生生止住了冲开堤坝的洪水，决定闭口不言，才有了接到宛秋的信而不回复的事。

气消了，他对宛秋的称呼也恢复了平时的亲昵。“秋，我们都希望你能早日回来。晓峰经常问我妈妈什么时候回来，其间老金来过几次，晓峰问过老金，有时在食堂见了咱们同事，他也问，因此，有一些人经常骗他，跟他开玩笑。”用孩子打亲情牌还不够，他接着说：“此前我还看点儿书，最近不知怎的，书也看不进了。晓峰一人也没有什么伴，一般就让他早睡了，有时我也懒得同他讲话，这样就显得更加冷清了。因此能早回来就争取早回来，不要考虑这考虑那了。”他用一幅冷冷清清、凄凄惨惨的画面，含蓄地表达出对宛秋的思念。

风波过去，两个人和好如初。甚至因为宛秋面对冲突积极应对，表现出足够的成熟和理性，从而加倍赢得了永浩的尊重，他们的感情纽带更为牢固了。永浩不再反对她留在上海再工作一段时间，只是温和提议：“以后去上海的机会挺多的，不一定采取去一次就待很长时间的办法，应该争取多去，而时间不要太长。”

通过吵架这件事，两个人用不同方式表现出了对婚姻生活的重视。永浩思念宛秋，盼着她早日归来，所以会因为她把归期延后而大发雷霆；宛秋担心永浩因为和自己生气而影响身体和情绪，一直在积极主动沟通，以期尽早消除误会。纵观整个吵架过程，宛秋的表现可圈可点。面对永浩的无端指责，她不卑不亢、不吵不闹，没有为了哄对方高兴而无原则地认错或迁就，而是不断从亲情、工作、声誉等不同角度唤醒永浩的同理心，最终以女性温和优雅的方式赢来了宝贵的和平。

宛秋所在的援外实验工场春节期间不能停，实验照常进行，大家都不能休息，她也就没能如愿在春节前回到北京。

“我看这种情况还是暂时不回去，等一等，估计春节后不久会有人来换我的，等交接清楚后再走。我估计所里这是为了照顾我俩情绪，因为你的情绪不好，前一阵腰也不好，所以我前些日子也写了一封信给支部……所以支部让我春节回去的决定，看来也是勉强的，传出去估计也会有不好的影响。说我来上海也是积极要求的，现在又这么急着要求回去，来了不到一年，回去两次，如果这样说会对支部不利的。”宛秋分析说，所里是出于对职工家庭的维护才会有让她春节回北京的安排，如果她真的回去，肯定会造成不好的影响。

“另外今天开了开车誓师动员大会，准备12月30日早上开始点火、烘炉……这是关键的实验，今年上半年主要完成混合实验，并写出实验报告。”一位同事回家探亲，春节后才回来，还有一位同事1月上旬要生孩子，宛秋认为自己作为目前的负责人，在实验正紧张的时候——有好多设备是这次改造新改动的，放下工作回去过年不妥。

通过吵架，永浩对宛秋有了更深的理解，所以那个春节两个人虽然一个在上海，一个在北京，却过得平安祥和，没再发生任何家庭矛盾。

“春节过得好吗？不知这几天都是怎么过的？姐姐家去了吗？几个新电影看成了吗？正好年初一早上接到你的信，因此代我向全家拜个年。”1973年大年初二（1月24日），宛秋在冶炼厂宿舍给永浩写信道：“工段里知道我上海有家怎么也不肯排，说让我休息，经再三要求，给排了两个中班，年初一（23日）、年初二（24日）下午2:00—晚10:00，还要提前20分钟开班前会，因此今天上午我就懒得回去，接着下午再上一个中班，明早回去，初三、初四休息两天。所以我也算过了一个革命化的春节。”宛秋的语气轻松跳脱，永浩的情绪也很正常：“你春节不回来，后来我想想也做得对，给组织、同志们留个好印象。为了工作不回京过年，也省点儿钱，当然也可能会让你以后早回。”

你来后，可以一块逛逛百货公司，看看可以买点儿什么合适的东西。（宛秋）

永浩和宛秋在信里无所不谈，工作和买东西占了很大成分，看似平凡细碎，却时常给人以隽永优美之感。平铺直叙中流露出的思念以及对爱人的疼惜，格外动人。

1973年6月15日，宛秋到上海工作后，给永浩写信说：“在这儿一切都很好，如果你来了那有多好。离家两个多月，很想念你。”

用一个月时间，宛秋重新熟悉了这座她从小生活的城市。她写信给永浩，兴奋地说起上海的衣服及布："花样多极了，有各种各样的富纤布，1寸布票可以买1尺。"走在宽敞明亮的百货公司，看到漂亮的衣服布匹，她想象着永浩就在自己身边，两个人一边欣赏着一边说着话。"我也很希望你能来一次上海。一方面这是个好机会，可以看看爸爸妈妈及全家，晓峰也可以看看，及在上海玩玩，我们全家可团聚一堂。另外我也想，你来后，可以一块逛逛百货公司，看看可以买点儿什么合适的东西。"

爱一个人，爱的其实是那个和他在一起时的自己。宛秋像一个小女孩那样，心情雀跃，叽叽喳喳地和永浩说着自己一点一滴的感受："我总觉得好不容易来一次上海，应该买点儿便宜及好的东西回去，而我自己又怕买不好，两个人好商量一点儿。"

看到柜台里摆着一对枕套，她会忍不住微笑，在信里和永浩商量："要不要买一套？那枕套好看极了。"

1974年3月4日，宛秋已经在上海工作了近一年，终于要回北京了。她想来想去，觉得永浩应该趁她在上海的机会来探一次亲："一方面可在上海家中团聚，另外从上海回京时，又可在济南待几天。当然如果我们能赶在一块回去更好。"

她连永浩来了以后吃住行的问题都想好了："我的屋子可住，我们晚上可住在这儿，白天你可去玩儿或回家。""小李的自行车留下了可骑，他出差去株洲了。这样，还可有车费补助。"她让永浩去找老金谈谈这些情况，如果领导让来，尽量争取早来：“一方面有地方住，一方面省得来晚了，我又做完实验，快回去了也不好。”信的结尾处，她满怀期待地写下：“等着你和晓峰来上海的好消息。”

虽然永浩的上海之行未能实现，但是在宛秋的想象中，她和永浩已经手挽手走过了上海的无数条大街小巷。

1974年4月25日，宛秋终于和晓岩一起乘坐火车回到北京，与永浩、晓峰团圆了。平静而甜美的日子只过了半年，永浩再次由单位派驻上海，夫妻二人又开始了两地分居的生活。

20世纪六七十年代，为了工作，夫妻两地分居的现象非常普遍，全国有上百万户家庭只能在春节时短暂团圆几天。宛秋和永浩虽然在一个研究所上班，也同样为了工作聚少离多。在长时间的分居生活中如何保持相互信任，维持亲密关系，永浩和宛秋的吵架风波为我们展示了一个优秀范例。

话题

3

孩子听话

在中国传统家庭，听话是对孩子的一个基本要求。乖巧懂事，不惹是生非，能省去家长的很多麻烦，将来融入社会也会比较顺利。永浩和宛秋在书信中提到孩子，最常用到的评语正是“听话”或者“不听话”。遇到孩子调皮，当然要及时纠正；同时，身为受过高等教育的知识分子，他们又懂得一些当代教育理念，所以希望孩子能在一定程度上保持个性。如何在二者之间达到平衡，对于任何时代的家长，都是一个考验。

> 他最近挺听话的，不像以前淘气了。我回去时也不太缠我了，但他还是想回北京，真逗人。（宛秋）

把孩子带出家门，借由他人的眼光来评判，对家长来说无异于一次大考。1973年3月22日中午，宛秋带着晓岩在北京站上车，经过一天一夜的旅行，于3月23日下午到达上海。这一路上，晓岩表现怎么样？“火车晚点1小时左右。在火车上，晓岩感觉比较新鲜，到处走走看看，也不讨厌，在车上吃饭也比较好，也可能是坐火车高兴，也可能是在家吃的药起了作用，饭量比在家那几天好些了。到站后火车还未停，就看见了父亲和晓巍两个人在站台上等着接我们。父亲叫了一个小汽车，很快把我们拉到家中。”

宛秋在给永浩的信里，说晓岩在旅途上的表现还比较令人满意，至少做到了“不讨厌”。甚至她担心的不好好吃饭的毛病也好些了。

住进外婆家，宛秋开始默默观察自己的孩子。

“大人白天都上班，只有外婆与大姐家的孩子晓巍、晓屿在家。晓岩不感觉陌生，就是特别调皮。那两个孩子又胖又高，但是很听话。晓岩又瘦又小，特别调皮，和那两个孩子也团结不好，自己独霸家中所有的玩具玩，一不高兴还在地上打滚。这些坏习惯都是在家中没有教育好带过来的，妈妈说也可能是因为我在身边撒撒娇，说我一上班可能就会变好的。但愿如此吧，要不真是受不了。”（1973年3月25日，宛秋给永浩）

宛秋觉得自己对晓岩的家庭教育很失败。在信中她回忆爸爸曾经说过的话：“对待晓峰、晓岩不能太偏待，虽然一个大一点儿一个小一点儿，但都是孩子，吃东西均得有。说我们准是太偏晓岩了，而造成了晓岩的坏脾气。”独霸玩具、一不高兴就在地上打滚，在家里时这些毛病都能忍受，甚至还有几分可爱，出门以后，跟别人家的孩子——晓岩的表兄，即宛秋大姐的两个孩子相比，宛秋才意识到孩子在成长过程中出现了问题。

宛秋告诉妈妈和大姐：“等我上班后把他的脾气给管一管，吓唬吓唬他，实在淘气就揍一顿。我不在真可能给管好了，要不像这么淘气，只能提前送回北京或者在上海找一个幼儿园送去。”写到最后，宛秋很无奈地向永浩承认道：“过些日子看看再说吧！”

宛秋在冶炼厂上班，住在厂里的宿舍，周末才回家。晓岩很快就适应了新环境，何况家里还有两个年龄相仿的玩伴。宛秋告诉永浩：“晓岩挺好，就是活动量太大，嗓门也大，动作也多，又长不胖，来后倒没什么病。”她说：“由于刚来时感觉新鲜，外婆也做些新鲜东西，所以晓岩饭量比在家那几天大多了，但愿能长久保持。”

妈妈不在身边时，孩子果然更听话一些。“自从我住在厂里，每周六才回去后，反而不如我在时闹了。妈妈说也不用吓唬他，和他说些好话，就还能听话，当然比起那两个孩子来还差点儿。”“我不在家时不算调皮，很听话。爸爸也经常带他去玩，也看电影，也在弄堂玩……上个星期日我带他去外滩看大轮船，他可高兴了。”宛秋高兴地告诉永浩，说妈妈和大姐都表扬了晓岩，说这孩子挺听话。

宛秋还注意到不听话的晓岩总是很有主意。“家里3个小孩一起玩，晓岩总是头儿，指挥这个干这个，那个干那个。那两个孩子也不如他精，任他摆布。家里人均说他聪明。妈妈、爸爸、大姐均说3个孩子不打架，他是小孩的王，说他有主意，动脑筋，主要是那两个没有太多主意，所以也喜欢听他的。孩子们之间没有什么矛盾，说我不在家时挺高兴的。”

最初的新鲜劲过去后，晓岩开始缠着妈妈，不想让她上班。“我一回去就缠住我，昨天早上我6:00起来后不知怎么他也醒了。外婆给他支了一个小床，紧挨着大床，他哭得厉害，要跟着我上班，怎么哄也不行。最后大姨妈吓唬他，要用大棒子打他才算止住哭。我还是担心他今天晚上能否顺利睡着。”

有一天宛秋早上走时，晓岩哭得厉害，竟然吐了一次。“我每周六回家后就跟我撒娇，就不听话了。连着两个星期一，早上我走时，他都醒了，哭闹，影响大伙休息（因为我6:30就离开家）。”宛秋心疼晓岩，又不想惯着他的毛病，不得不下狠心：“这个星期再试试，如还这样，我预备以后每星期六回来，星期日晚上就返厂。”

晓岩淘气，平时笑哈哈的，很快习惯了上海的生活，宛秋注意到后，告诉永浩："他最近挺听话的，不像以前淘气了。我回去时也不太缠我了，但他还是想回北京，真逗人。""晓岩挺好，现在据家里人说，比刚来时听话多了，我在家时也不如刚来时撒娇了。"

对于撒娇这种不听话的表现，宛秋表面上抱怨，其实内心还是有点儿小得意的。平时见不到妈妈，星期六看到妈妈回来，晓岩特高兴，宛秋给永浩讲述："抱着我就笑出声来了，看来还是和我最亲。不用说你们想他了，一到星期六我也想早点儿回去看他。他看见我也特别亲，抱着我亲我，还叫我小宝宝，真逗乐。因为外婆经常叫他小宝宝，他就这样叫我了！"

为了让晓岩在上海顺利成长，外婆每天做好吃的，外公给他买电影票，又陪他到公园玩，去外滩看大船。大姨扮演的是严肃的权威角色，看到他不听话，会严厉地训斥。在几方力量的共同影响下，晓岩在上海的一年表现算得上是差强人意。

1974年冬天，晓岩随奶奶一起到了南京永浩的三哥家。1月20日，宛秋收到三哥的信后，给在外出差的永浩汇报说："看来晓岩够淘气的，经常惹咱娘生气。三哥说他们劝咱娘何必为小孩生气，晚上把孩子交给我们，你不用操心。咱娘还是要管，如他经常抱鸡，咱娘也不高兴。有时咱娘因他不听话要管他，他就说'你敢，你敢'。上次我寄回一封信，说让咱娘与三哥三嫂管管他，不听话可以打他，这封信晓岩不让念，真逗人。又说早上穿衣服没有20

分钟不下来。”

“听三哥的话，感觉晓岩够调皮的了，我看比在北京还调皮。”宛秋分析孩子为什么变得这么不听话，她道：“全家都对他好，没有一个人唱白脸，能治他，不像在上海，还有大姨妈能治他。”特别是三嫂会哄孩子，因此晓岩喜欢他三大娘，有时晚上还让三大娘搂着他才肯睡。三大娘会带孩子，晚上讲故事、小人书给晓岩听。

宛秋在给永浩的信中还提到晓岩晚上养成了要听故事才睡觉的坏习惯。睡前听故事居然成了坏习惯，可能宛秋担心这样会拖累家人吧。

“三嫂还想带晓岩，让咱娘放手给他们带，咱娘省点儿心，省得有时还生气。咱娘还不愿放手。”本来宛秋和永浩还担心因为奶奶疼晓岩而引得三哥家的矛盾，直到接到三哥写来的几封信后才确定，是晓岩调皮引得奶奶生气，继而全家不得安宁。

1974年12月25日，又接到寄自南京的一封信后，宛秋担心晓岩有点儿管不住了，写信跟永浩说：“信中说晓岩很任性，有时惹咱娘生气……让家里管管他，不要由他任性。”

宛秋打算让永浩出差回京时看看情况：“若咱娘管不了他，老为他生气，也不好。”实在不听话，就让永浩把晓岩带回来自己管。

1975年暑假期间，永浩把晓岩送到济南的奶奶身边。这时候晓岩进入了叛逆期。8月11日，侄子林熙给永浩、宛秋写信，很委婉地告诉两个人：“晓岩身体还不错，没有生病，夏天天热，饭量还是不大，不过身体是可以的。他近来比较调皮，在院里好打仗，奶奶说他，他不听，还骂奶奶，叫他回北京他又不愿走。奶奶原想到阴历年让他回去，正好上学，但他不听话。五叔来沧州工作时，能否回家一趟，带他回北京？如果回北京暂时有困难，可来封信，批评批评他。”

近来全家都挺好吧？工作很忙吧？晓峰、晓岩都听话吧？（永浩）

有一个听话的孩子，是中国家长共同的梦想。综观永浩和宛秋的通信，经典的问候语往往包含3层意思：“近来全家都挺好吧？工作很忙吧？晓峰、晓岩都听话吧？”

“晓岩上幼儿园的事怎样？比在济时胖了吧？听话吧？”（1975年10月13日，林熙给永浩、宛秋）

“五弟出差回来没有？晓峰在家听话吧？一定能帮不少忙的，要培养他们一个勤劳的好习惯。”（1975年6月28日，永杰给永浩、宛秋）

中国人总说“隔辈亲”，其中就隐含着对爷爷奶奶会无底线溺爱孩子的担心。老人也不会因为当了爷爷奶奶就放弃培养一个听话孩子的梦想。当晓岩取得好成绩时，宛秋的父亲刘骅在祝贺晓岩的同时，批评一直在身边的外孙晓屿不听话：“小学毕业了，中学要到合肥去读。在上海读不好，一来他不听话，读书不努力，不自己主动用功，做作业时得有人陪着看牢他才做；二来他是借读生，被歧视（说得好听点儿是对他要求高）。可能我这样说不妥当，因为他太皮了，上课做小动作，妨碍别人听讲，老师经常告状。”

“听话”的标准并非一成不变。小时候，听话的标准是不要太调皮捣乱，少惹大人生气；长大一点，要读初中了，要求更多地集中在读书、交友、承担责任等方面。

1973—1974年，宛秋在上海工作期间，时刻关注着晓峰的学习成绩，对他的点滴进步都给予及时奖励。

“问晓峰好，告诉他，他这次挺乖，所以买了1斤糖奖励他，希他好好学习，继续前进。”（1973年10月4日，宛秋给永浩）

“我托小田把所有同事托买的东西及自己的东西用1个大绿包均带回了。1包12板铅笔和1小包香橡皮（大的买不到），及1包盐炒豆和1小盒果脯，是给晓峰的。由于晓峰学习努力，有进步，我买了铅笔及好吃的奖励他，希望他继续努力。”（1974年12月25日，宛秋给永浩）

“让晓峰好好学习，我已给他买了不少航空模型呢。”（1974年2月8日，宛秋给永浩）

换永浩到上海工作后，宛秋一个人在北京带两个孩子，对晓峰听话的期待更高了。“自你走后，晓峰还比较听话，能帮着干点儿事，自己的衣服要自己洗，每天晚上洗脸洗脚。一般8:30即上床，听完《金光大道》，9:00即闭眼睡觉。现在每天6:20即起床，6:30

几个小孩约好跑步，不知为何这么早……今天全校测验1500米，晓峰得了全班第二……最近他不和别人打仗，和同学们团结，看来还好。”信的最后，宛秋又叹息着提起了晓峰的学习。

“就是不太愿意复习功课，有时硬说，他才复习一点儿。”（1970年12月11日，宛秋给永浩）

“还挺听话，知道孝顺我，就是不愿复习功课。”（1974年11月17日，宛秋给永浩）

“晓峰还算听话，就是很少复习功课，每天复习很短的时间，就爱玩烟盒。我不想让他玩，他说爸爸还让我玩呢。我又想，一个人不玩这些，干什么呀？也就不管了，现在功课少，复习一会儿他就懂了，不想再复习，也没办法。”（1974年12月25日，宛秋给永浩）

主动承担家务、每天早上坚持锻炼，这样的晓峰还是无法令宛秋完全满意。对学龄儿童来说，学习好才算听话的真义。

“晓峰还算听话，但不够用功，督促他学习太难了，每次只复习一点儿时间，总说懂了。我也没办法，反正一学期过来了，仅靠这么几天也不行，我还是一直在督促他复习功课。”（1974年12月31日，宛秋给永浩）

“晓峰最近还听话，就是爱玩牌。最近他们4个人经常玩牌。因妞妞妈妈请假回去探亲，她爸爸有时上夜班、中班，不在家，4个人晚上就在妞妞家打牌。我管着他，不让他每天去，但管多了也不行。实际上今天开始放假了，白天他们玩你也不知道，我看就让

他玩吧。只要盯着他，让他完成作业和不打架即可。”（1975年1月25日，宛秋给永浩）

“让晓峰注意安全，并经常叮嘱他要好好劳动，遵守劳动纪律，好好写日记，争取当上劳动积极分子，早日加入红卫兵。还要告诉他，晚上复习复习功课，特别是英语，否则以后上课全忘了。别总看小说。”（1975年4月11日，宛秋给永浩）

不得不承认，做永浩和宛秋眼里的好孩子，难度还是相当高的。

对于孩子听不听话，家长们并没有统一的标准。晓岩住在三伯家时，不知为什么特别爱抱鸡，每次总要惹奶奶生气，而宛秋的态度就有些纵容：“到南京后，他对家中养的母鸡很感兴趣，老是想抱它，摸它。看来这是他的一个好玩意儿了。”

> 我看还是得让他在外面皮，在弄堂内玩，不要老在家中。（永浩）

作为父亲，永浩对孩子不听话的容忍度更高一些。1973年，晓岩刚到上海时，宛秋总担心他不听话，4月12日永浩写信建议宛秋：“多让晓岩在弄堂里玩，不要老是待在家中。晓岩一去爸爸妈妈受累了。我看还是得让他在外面皮，在弄堂内玩，不要老在家中。在弄堂内玩，不用大人陪着，否则太累了。”

永浩的建议得到了响应，晓岩在弄堂里玩得很疯。在5月16日的信里，宛秋告诉永浩：“晓岩挺好，就是调皮。前几天有一天傍晚，晓岩和小兰两个人自己出去了，穿过了好几条马路，天都快黑了，弄得全家人出动才找回来。这多危险，车压了或被坏人领走如何办？所以自己在里弄玩不行，还得有人看着，真伤脑筋。”永浩并没有为此大惊小怪，只是让宛秋提醒孩子注意安全。

永浩对孩子调皮、玩烟盒、玩牌都很包容，所以晓峰在反抗妈妈的管束时，经常拿“爸爸说可以”作为挡箭牌。但是涉及晓峰和邻居的孩子发生冲突，永浩马上就认真起来。1975年2月22日，宛秋告诉永浩：“放假后，孩子们比较散，经常几个人一群打群架。晓峰经常是挨欺侮的……大虎、小虎、王建等经常欺侮他。当然他脾气不好，也经常打人家。大人不在家，也管不了这些事，所以我倒是盼望早日开学，事就少多了。”

永浩在回信里很认真地谈到晓峰的问题：“告诉晓峰要好好听话，已经这么大的孩子了，不听话，老同别人吵架，哪能行呢！应该接受以往的教训，你要多安排他做一些家务事，例如买菜、蒸饭、打扫房间等，这也是我让他做的。要经常说说他，不要对他放松，这个年纪最容易出问题。不要让他与不三不四的孩子玩，要与小朋友搞好团结，不能自以为是，要商量着玩，实在玩不到一块就自己玩。”

永浩在信里一再重复着说：“要多安排事做，不能怕他累着，也不能因为他不干就不让他干，任他的性子，那是不行的。如果他不干就再给我来信，或干脆把他赶出去，不给他饭吃。他有本领自己出去，不在家中。”

宛秋把永浩的信让晓峰看了，晓峰伤心地哭了一场，说：“我这么想爸爸，爸爸还要赶我。”宛秋安慰他说，你听话就不赶。

永浩经常出差，面对逐渐长大，变得不那么听话的孩子，宛秋恩威并施，不得已时甚至祭起了家长的绝招——揍。

“两个孩子经常惹我生气，老吵架。你走后一周内，只有两个晚上未吵架，其他5个晚上都在吵。多半是晓岩不对，看来脾气已经惯坏了，很难改，我也狠狠地揍了他两次，过后稍微好点儿，但过了一天又忘了，实在令人操心。”（1976年3月7日，宛秋给永浩）

宛秋努力说服自己接受不完美的孩子，而两个孩子自己也在逐渐成长。

“晓岩本周得到一面红旗，他们组就他一人得了，全班共14个人得到红旗，他很高兴，我也很高兴。他们俩最近不太吵，比以前好点儿了。”（1976年4月4日，宛秋给永浩）

1976年5月，永浩在沧州出差，29日，宛秋在信里告诉永浩：“两个孩子好时也挺好，打架时也挺厉害。我也习惯了，也不怎么生气了，看来是没法阻止他们打架的，看他们玩得好好的，一转眼就骂起来和打起来，反正两个脾气都不好，晓峰也够厉害的。不过放心吧，还是不打架的时间长，因而惹我生气的时间也就不长。”

尽管有时候嫌孩子们不听话，但宛秋和永浩对他们的爱从来没有动摇过。不久，宛秋就带孩子去公园，还给他们买了布鞋和军帽。

话题 4

好好学习

直到1999年，《中共中央国务院关于深化教育改革全面推进素质教育的决定》颁布后，素质教育才逐渐成为人们的共识。坚持体育锻炼、听收音机、订阅杂志、看小说、广交朋友、接触社会、分担家务……这一切都是被鼓励的，总之就是养成良好的学习和生活习惯。永浩和宛秋一家，早在20世纪70年代，就无意中成为素质教育的践行者。在考试成绩之外，孩子游泳、跑步、阅读、参与社会交往，都会被父母默默地加分。

1972年2月11日，刘骅和夫人的心情极为愉悦。这天晚上，由他执笔，给女婿永浩写信：“你和晓峰的来信都收到了，一切都知道了，我们很高兴。尤其是晓峰能够写信，并且写得很通顺，真是可喜……告诉他，我们很欢迎他来上海玩。”

信写得通顺，字迹整齐，当然你肯定花了功夫帮他修改了。（宛秋）

这是晓峰第一次写信，随永浩的信一起寄给了在上海工作的宛秋。宛秋读后立刻被惊艳了，写信跟永浩说：“我看这封信，是他花了一些功夫写的。信写得通顺，字迹整齐，当然你肯定花了功夫帮他修改了。看到晓峰的学习成绩很好，测验成绩不错，考试卷也整齐干净，还做了展览，我很高兴，这样我出差在外也安心，用不着成天担心晓峰的功课。晓峰确实长大了，一天天懂事了，要告诉他坚持好好学习，放暑假可考虑让他来上海玩，见见外公外婆。这封信星期六我回家时带给外婆、外公、大姨妈等看看，他们一定会夸奖晓峰进步很大的。”

宛秋兴奋地向永浩描述全家人一起读晓峰来信的场面：“全家人从父母到晓巍、晓屿，无不感到惊奇，都认为不论从文章内容及字迹来看，四年级的孩子均写得太好了。姐夫说他们初中一年级的好多人，字写得均不如晓峰。外公说咱家的孩子学习均好，晓峰也很特殊，所以还要让晓峰继续努力。”

写信看似是一件小事，实则综合了一个孩子的思想、情感、表达等各项能力，永浩和宛秋此番晒娃行动大获成功。外公和外婆马上回信鼓励，邀晓峰到上海玩。

读宛秋和永浩的通信，能够明显感觉到作为高级知识分子、为人父母的两个人并没有一味“鸡娃”，晓峰和晓岩的生活相当丰富多彩。

晓岩和晓峰在课余时间可以听收音机、看小说，爸爸妈妈还会设法买课外书让他们看。

“晓岩身体好吗？学习好吗？要督促他好好学习，别老听收音机及看小说，在功课做完后再听及看。”（1973年9月21日，宛秋给永浩）

“我预备给克原和秀珍买《红小兵》，因为秀珍也早就想要了，这样，连晓峰一块寄3份吧……不知北京每期均有《十万个为什么》吗？家中全吗？若北京缺哪几期，也来信，我在这儿买了补上。”（1973年2月19日，宛秋给永浩）

“晓岩挺好，勿念！他真是挺聪明的，小人书《三打白骨精》，他听几次就都能讲了。”（1973年，无具体日期，宛秋给永浩）

“晓峰的几本书，包括《高玉宝》《闪闪的红星》，都不知道放到了何处。捆起来放在屋外橱内了，还是卖了？晓峰想看，我找了好几遍也找不见，你知道在哪儿吗？”（1974年12月31日，宛秋给永浩）

在独生子女家庭成为社会主流形态之前，孩子从小就是父母的帮手，男孩子挑水、搬砖，女孩子缝纫、清理卫生，晓岩和晓峰也不例外。特别是晓峰，除了偶尔贪吃糖果、和晓岩打架之外，行为举止已经像一个成熟理性的大人。宛秋在北京一个人带孩子时，给永浩写信："自你走后，晓峰还比较听话，能帮着干点儿事，自己的衣服要自己洗，每天晚上洗脸洗脚。一般8:30即上床，听完《金光大道》，9:00即闭眼睡觉。"

"晓峰在寒假期间也帮我干了点儿事，蒸饭买肉，收拾家，这次100块大煤、50块小煤，不等我回来就给我搬上来了，结果累得胳膊痛了好几天。"（1975年2月22日，宛秋给永浩）

从上面简单的描述中，不仅能看到晓峰已经萌发出吃苦耐劳的特质，还能体会到这个孩子的时间管理能力很强，把生活、学习、休息安排得井井有条。

1973年，晓峰升到五年级，父母要同时出差，他们做出了一个大胆的决定——留晓峰一个人在家。

"听明华说这次准备让你参加太原的全国流态化会议，我很高兴，支持你去，这是个学习锻炼的好机会，你应该努力争取去。晓峰的问题我想不大。反正他已在食堂吃饭了，托同事和邻居晚上都照顾一下，给打点儿开水，另外教晓峰如何上钟弦，如何开闹钟铃，否则早上不知道时间上学会迟到。给他留足粮票及菜票，再给他点儿现金用。"（1973年9月13日，宛秋给永浩）

“最近好多人都患流行性感冒，咱家谁也没得病。”（宛秋）

1977年12月，晓岩被评为三好学生，全家人都很高兴。“三好”指“学习好、思想好、身体好”，永浩和宛秋对两个孩子的教育一直都是按这个标准来进行的。

1952年，毛泽东为中华全国体育总会成立题写了“发展体育运动，增强人民体质”。中国的大中小学校都建起了操场，围墙上用红漆刷上了这句题词。在一年春秋两季运动会的入场仪式上，伴随着《运动员进行曲》，喇叭里传出广播员铿锵有力的声音——“发展体育运动，增强人民体质”，这句话激励着中国人用最短时间甩掉了“东亚病夫”的帽子。

永浩和宛秋正是在这样的社会氛围中成长起来的知识分子，他们深刻理解体育运动对健康体魄、健全人格的塑造作用，因此注重体育锻炼成了他们的新家风。

从永浩和宛秋的通信中可以看出，至少从1971年开始，晓峰就坚持每天早上跑步，还在全校的1500米测验中，得到了全班第二的好成绩。

“晓峰现在每天6:20即起床，6:30几个小孩约好跑步，不知为何这么早？这样我也就早起，6:30—7:00左右给他做饭，6:50—7:10我锻炼20分钟。晓峰自从锻炼后，身体好点儿了，没有感冒。今天全校测验1500米，晓峰得了全班第二。”（1971年7月20日，永

浩给宛秋）

晓峰还沉迷游泳，并取得了令人惊叹的成绩。1972年11月13日，宛秋的父母在信中说："晓峰的身体变得这样结实，真是使人高兴，尤其是游泳，很快就能够上健将级，可说是以前没有料到。"

孩子在体育锻炼上的自觉性，甚至让母亲自叹弗如，表示要向孩子看齐。

"晓峰锻炼有效果，胖了点儿，饭量也大了，抵抗力也强了点儿。晓峰现在每天早上去跑一圈儿，20分钟后就回来了。我早上坚持锻炼还不如晓峰，有时做饭时间不够就不去了，看来还得坚持。"（1974年12月25日，宛秋给永浩）

"晓峰早上还坚持锻炼，我最近有点儿咳嗽，没有锻炼。"（1974年12月31日，宛秋给永浩）

到1975年，晓峰对体育锻炼的热爱有增无减。这一年6月17日，宛秋给永浩写信时，对此居然有些怨言："晓峰已开始游泳好几天了，每天都想去，我也管不住他，但我经常叮嘱他要注意安全。这次100块大煤，他趁我上班时给搬回了，还肯干。就是有时不听话，如今天天气比较凉（昨天刚下雨），我不让他游泳，另外劳动很累，也得让他睡觉，他就是不听话，硬要去游泳，我说写信告诉爸爸，他也不怕。"

1975年，晓峰升入了人大附中，学校中有单双杠、独木桥、爬杆等体育器械，2月22日，宛秋给永浩写信："晓峰爱好体育，加上来回走路，所以饭量增加点儿了，身体看起来也好点儿了。就是一天来回4次，走路一次半个钟头，也够辛苦的。"

看着孩子每个清晨奔跑在路上的身影，父母怎甘落后？永浩给宛秋讲述自己和晓峰的锻炼过程："6:00去跑步，晓峰6:30去。早上跑一跑倒挺好。我沿着图书馆前的马路，经82楼（指中关村百货商店——编者注），到32路汽车路线上，再返回。晓峰沿着图书馆前的马路，到小学校前的马路跑一圈。晓峰晚8:30左右睡，我是晚10:00—10:30睡，中午2:00上班，再睡一会儿还可以。不知你还坚持锻炼吗？睡觉好些了吗？若有条件还是锻炼一下为好。"

全家人相互带动，取得的结果令宛秋引以为傲，她开心地给永浩写信道："最近好多人都患流行性感冒，咱家谁也没得病。"

尤其晓岩在市重点中学，竟能考考第一名，真叫人可爱。（刘骅）

1978年后，宛秋和永浩的研究工作趋于稳定，出差少，通信自然也就少了。关于两个孩子的信息，只能从他们与亲戚往来通信的只言片语中得知。

"晓峰已分到了人大附中，已经填了入学登记表……今年大部分小学毕业生上的都是戴帽中学……我希望晓峰能分到学英文的一

个班。”（1975年1月20日，永浩给宛秋）

“看到晓峰的考试成绩后非常高兴……我在千里之外向晓峰表示祝贺，晓岩的成绩也不错，也要再接再厉。”（1982年11月12日，永浩给宛秋）

“很赞赏北京的4个孩子（指晓峰、晓岩，以及小姐家的两个孩子——编者注）读书竟能有这样的好成绩，真是难能可贵。尤其晓岩在市重点中学，竟能老考第一名，真叫人可爱。”（1982年9月中旬，父母给宛秋）

1986年，晓峰在大学毕业前到景德镇实习，开启了独立工作和生活的人生新篇章。他在处理好日常事务之余，还时刻牵挂着家里——好不容易来一趟瓷都，他想给家里买一些瓷器，包括工艺品、茶具和餐具。他写信征求母亲的意见。

宛秋接到信，既欣慰又感动，回复晓峰：“你给晓岩买了火花和邮票，他很高兴。关于瓷器，有2—3元的罗汉像，我倒想要1个，但怎么拿回来呢？若不好拿，我看只要1套也可以……你看着办吧。若参观时能买些小美术品，不占地方，又便宜，倒可以买一点儿，这种东西送人可以。”

“关于买瓷器的事，上封信中也谈到了。由于路途遥远，不太好带，弄不好会打碎，另外你带的东西又多，已经够累赘的了，上次已买了1个罗汉像，我看挺合算的，可留做纪念。其他东西，如茶具1套也不好拿，餐具更贵，东西更多，更不好拿。我看如果好拿的话，可买1个大茶壶，1.66元，或1对花瓶，2—3元即可，不好拿就算啦。不知其他人买些什么？别人怎么带回？如有小的、便宜的东西，好带的就少买点儿，或者大家都认为好的、都买的东西，也可买。当然要买价钱最多几元的，不要买10元以上的东西。”

说话间，宛秋已经把晓峰当作大人对待了。

1986年8月9日，远在上海的外公外婆得知晓峰分配到满意的工作，特别高兴，马上写信祝贺：“晓峰分配的单位太好了，尤其是晓峰本人满意，真是难得。1. 所学与分配的工作对口太不容易了，直到现在，学非所用的现象仍不在少数。无用武之地，才能怎会发挥得出来呢？2. 路途近，交通方便。如果我没记错的话，上班路程不远。3. 最难得的是晓峰本人满意。我们大家向晓峰和你全家热烈祝贺。”

1986年，晓岩考上了大学，他需要做的第一件事就是参加军训。

“晓岩开学前先军训一个月，我们都觉得很好，这既能激发学生爱国心，又能锻炼强壮身体。”宛秋的父母得知后，立刻写信表示理解和支持。

1990年，晓岩大学毕业。外公外婆十分欣慰，就在当年7月23日，给永浩和宛秋写信：“晓岩分配的工作，我们都很满意。好好工作，前途无量……晓岩休假时让他来上海玩玩，多年未见，我们也很想念他。”

至此，两个孩子都上了大学，分配到理想的工作，圆满实现了“好好学习，天天向上”的人生信条。

话题

5

晓峰病了

识人之初，往往很肤浅，只会看到他的穿着谈吐。再深一步会了解他出身于什么家庭，从什么学校什么专业毕业，从事什么工作，收入多少。要想了解一个人的内心是否成熟，往往要经历一些事情，特别是突发的、不好的事情。一个人有没有掌握自己情绪的能力；有没有面对成败的心态；面对缺憾的时候，能不能设法化解，以实现内心的圆满……当一个人能够对这些问题做出肯定答复时，我们会看到他成了自己命运的主人。

“关于晓峰休学一年的决定，我认为挺好的，有病就得治，尤其是初期时，治疗效果更好，治愈得也快。”1981年12月18日，永浩写给宛秋信里的这段话，仿佛天上砸下来的巨石，在这个宁静幸福的小家庭中掀起了巨浪。

> 目前阶段一定以治病为主，不要急于看书，等病治好，功课就没有问题了。（永浩）

晓峰生了什么病？这封信里并没有说。直到1982年9月24日，北京的刘大夫给宛秋回信，提到了自己对晓峰病情的诊断：

1. 晓峰目前的表现可能以思想问题为主，但不能排除有一定的病态成分。

2. 所用药奋乃静仍照量用，而其他诸药不一定常规用，能减的就减，若睡不好宜服硝基安定或舒乐安定，每晚1—2片。利眠宁久吃不佳。

3. 若情绪总不高，也可试服多虑平（25 mg片剂），每次1—2片，晚上仍服奋乃静，用一阶段如不理想，考虑全换别的药。

4. 平时的思想开导、鼓励仍要做。也要促他多与同学们去玩玩、常上街等，继续与社会接触。

看来，晓峰的症状一是情绪低落，二是睡眠不好，而且这种情况已经持续了一段时间，是不是达到了病态的程度，目前还不能准确判断。

晓峰好似得了人们口中的“神经病”或者“精神病”。在民间，人们是不太分得清这两种病症的，所以把看上去神志不太正常的人都称为“神经病”或者“精神病”，或许前者更侧重行为，后者强调思想，但不管是哪一种，都会令个人前程尽毁，家庭蒙羞。

不幸发生时，永浩正在美国以公派学者的身份做研究，得知晓峰将因病休学一年的决定后，斟酌再三，给出了几条建议：

首先，要放下学习。“有病脑子用不出来，还要用脑子去记，去学新东西，会感到特别吃力，费了很大力气，也学不好，对病的治疗也不利，所以说休学一年是很对的。尤其是晓峰很年轻，一定得把病治好，这对他今后的生活是有利的。”

至于晓峰落下的功课，永浩并不担心。“目前阶段一定以治病为主，不要急于看书，等病治好，功课就没有问题了。我回去后可以给他补习。其实功课并不难，尤其是大学课程并不难学，反而小学、中学的课难学，因那时年纪小，有些理解不了，老是转不过弯来，大学课程，这种现象较少。”看书的话，永浩提议道：“不要急于看科技书籍，可看一些科普的东西，不要太用脑子记、理解等。”避免加强大脑的负担。

其次，是合理安排时间。晓峰休学在家，并不是对他放任不管。闲则生事，所以更要坚持严格的自我管理，科学合理地安排时间。“现在是晓峰要积极配合医生治病，按时吃药，生活有规律，自己给自己制订一个作息时间表，如起床、吃饭、听广播、看电视、玩、看小说、听英语广播、锻炼身体、睡觉等，学着按这张表安排自己的活动。”

永浩尝试着给晓峰制订了一张作息时刻表：“我建议晓峰7:00—7:30起床；7:30—8:00听新闻、吃饭；8:00—10:00进行文娱活动，学拉二胡、听广播、听歌曲；10:00—12:00看小说、学英语，进行体育活动；12:00—下午1:00吃饭；下午1:00—4:00睡觉；下午4:00—5:00进行文娱活动、体育活动，看书；晚9:30睡觉。晓峰可按这个表试试，如果有问题再改。”

永浩认为晓峰休学在家期间，要全面安排各种活动，不要一天只做一件事，他说：“如一天到晚看电视或看小说或睡觉等，一定不能太单调了。”他让宛秋给晓峰买一个初学者使用的二胡，大约3—4元的那种，五道口商场就有，让晓峰学着拉二胡，晓峰会一辈子感到快乐。学二胡的事，永浩并不是随口说说，而是很认真地设想了晓峰在学习过程中可能遇到的问题，比如：“初学一定很困难，要慢慢坚持练习，等能拉出一支歌时，就会感到有兴趣了。”永浩自己应该学过拉二胡，他想起自己曾买过一本关于二胡的书，就在家里，让宛秋把书找出来；他还叮嘱宛秋可以请楼上老汪给晓峰指点一下。不一定经常找他，几次就行。永浩的指南非常详细，可操作性非常强。

永浩担心晓峰的病是由孤独引起的，所以不能让他总是一个人待着，于是想到了看电影这样的家庭娱乐项目。“我看每两周，或每个月，你们3个人可以去外面，如五道口、海淀工人俱乐部或中关村俱乐部，看一次电影。一定要学会调剂自己的生活，这样就不会觉得枯燥了，晓峰可先试一试。”从看电影，永浩又想到了看电视。家里那台老电视机的显像管早就出了毛病，他告诉宛秋：“一定要去买1个新的显像管。我在国内时，如换一等品大约40元，换二等品大约30元。我看可以换1个二等品，用1—2年没有问题就行。如果那台录音机能带回去，那就更好了。”

永浩人在美国，内心对晓峰十分牵挂，他把自己对生活、生命的理解转化为具体细微的建议。他告诉宛秋：“锻炼身体很重要，你可教晓峰打太极拳。晓峰可在阳台上（中午天暖时）做哑铃操（要从学校把哑铃拿回来），每天要晒晒太阳。总之，生活上要有规律。一定要严格完成自己给自己规定的事情，这样就不会感到无事干而烦恼了。”

一个人生活在世界上，不可能不得病，不是这种病，就是那种病。不要怕生病，而要怕不能正确地对待病。（永浩）

宛秋同志：

我刚自北戴河回来，才看到你的信，虽马上复信，但也晚了一周，请见谅。

细看信中所述，有几点提供参考：

一、诊断问题——恐仍为精神分裂症，此症可有强迫症状，因此在治疗上不能轻易按单纯“强迫性神经症”治疗。

二、目前病情——就所述如只怕见人、气喘，而无原来那些不正常现象，又自知有病（指对最初症状有批判能力），就非原病加重，在治疗上加大剂量就不合适。若确系原病未愈，有发展，才可加强药量，但是否像安医那样用药，我们无这种用法和经验。

三、如何处理——不管哪种原因，都宜常带他外出和支使他独立干点事儿（如买菜等）、去锻炼，药物全混着吃不见得好，倒不如改改别的药，如氟哌啶醇、舒必利等，可与安医大夫共商一下。

1982年6月28日，刘大夫写给宛秋的这封信，斟酌着给晓峰的病定了性——恐仍为“精神分裂症”。

在不同的文化中，都存在着对精神分裂症患者的歧视。程度最轻的是淡漠无视，在精神分裂症患者的世界里，“神经病，别理他”这句话几乎无处不在。如果发生在小孩子的世界，患者则可能成天挣扎在恶作剧或被取笑辱骂之中。更不幸的患者则会遭受拳打脚踢，甚至更严重的灵与肉的双重伤害，成为校园霸凌的受害者。曾经的晓峰学习成绩优异，爱好广泛，坚持锻炼身体，能主动承担家务，这样的一个孩子被诊断为精神分裂症，对他的家庭来说，无异于天塌了，但纵观永浩和宛秋的通信，没有惊慌失措，没有一句怨天尤人的话，更没有指责对方，他们在最短的时间内接受了现实，努力用积极的态度对待病情，寻找有效的解决手段。

永浩告诉宛秋："对病不用着急，只要按时吃药，按时看病，按照医生的意见办，什么病都可治好的。尤其是他还年轻，身体正在成长，不是衰退，更好治。一定要树立信心，不要悲观丧气，只要自己心情愉快，就会得到更好的治疗效果。要经常去看医生，要与医生配合。"

因为担心被排挤被嘲笑，精神分裂症患者往往选择逃离人群，但离群索居显然不利于病人的康复。永浩鼓励宛秋和晓峰要有信心："关于晓峰，只要注意这个问题，慢慢可以改过来的。因为这种病，其主要表现就是性格孤僻，只有慢慢地接触人，接触社会，经常给他讲人与人之间的关系，生病不要背上包袱，慢慢会改正的。"

他告诉晓峰，不要太在意别人的目光，和邻居的关系不要搞得太紧张了："他们不管做什么事，只要我不理他就是了。要多想人家也不是故意同我们作对，同他们已住十来年了，一直相处得也不错，我认为他们不是不识相的人。晓峰要注意这点，晓峰可以不理他们，不看他们，不同他们说话、接触就是了，不用管他们之间的事。"

他让晓峰学会磨炼自己、控制自己："不要老是任性，遇到不顺心的事，听到不顺耳的话，或做了不愉快的事后，要冷静，要加以分析，找找原因，吸取教训，不要放在心中，解不开这个疙瘩，老是闷闷不乐，整天想这些事，这样就不好了。要学着健忘一些，不要老记得很清楚。"

永浩相信："人的个性是在不断变化的，不会一成不变的。"他希望晓峰交朋友："有话要说出来，不要藏在心中。可把人请到家中玩玩，包饺子或吃中饭；也可以出去看看电影，或去打打篮球、排球、乒乓球等；冬天还能出去溜溜冰。不要老待在家中。"

永浩很清楚以上的建议都是自己单方面想出来的，他更想知道晓峰本人的想法，所以希望晓峰给他写一封信来，说说与人接触时自己是怎么想的，为什么总是避开人。是因为怕别人说他有病？还是认为别人对他都不怀好意，看他的笑话，讥笑他，甚至骂他，侮辱他？还是认为别人总是用好奇的眼光看他，对待他？

"希望晓峰给我写封信，描写一下，对这个问题是怎么想的，并希望他能多给我写信及时讲讲他的想法，不要怕跟父母讲话。"永浩感慨地对宛秋说："这里（美国）的人就比较开明，父子或母子的关系不像我们国内那样，有些话不好说，且小孩对大人总是有些怕。这里均无此表现，往往大人小孩随便说，无拘无束。"

他在给宛秋回信的结尾处，专门给晓峰写了几句："一定要有信心把病治好，这点很重要。一个人生活在世界上，不可能不得病，不是这种病，就是那种病。不要怕生病，而要怕不能正确地对待病。你这种病对人的折磨也是较厉害的，折磨你的思想、精神……”很遗憾，这封珍贵的信件未能完整地保留下来，这段话戛然而止，但即使短短几句，仍然能够让人真切地感受到父爱的分量。

自费看病，可能生活上开支要大些，紧张些，你们以后可少向济南寄些钱吧，我和咱三哥多寄些就行了。（永杰）

在宛秋和永浩的通信中，并没有过多地涉及诊治过程，反观他们与外地亲人的书信往来，倒更能看出晓峰的一些病情变化和诊治的细节。

永浩的四嫂美娟是鞍山一家医院的医生，她在晓峰发病初期就给出了治疗方案：“1. 口服维生素B1（营养神经）；2. 针灸穴位，鱼际、阳白、下关、颊车、迎香、地仓，大致这么多（按摩有效），将来可以恢复，按此图操作即可。”

之后美娟请教了本地最权威的精神科医生，提出了新的医治方案：“本来应该早些时间给你去信和寄药的，因为这里各个精神病院都没进癸氟奋乃静注射液这种药，医药公司西药批发部也未进，医院病人也很少使用这种药物，而被一种新的药物安度利可注射剂代替。这种药效果比原来的好，见效快，可以不用吃药，连续使用

3年就可痊愈。”

问题是这种新药很贵，每月要花50多元的药费。永杰告诉永浩，给孩子治病要紧，不要太考虑花钱的事。钱不够，大家一起想办法。“不知单位能否给报销，你们再看看，合计一下。若用时我这里想办法给弄一点儿，你们也想办法弄一点儿，若能报销那就更好了。”“自费看病，可能生活上开支要大些，紧张些，你们以后可少向济南寄些钱吧，我和咱三哥多寄些就行了。若需要用钱可来信，因我这里两个小孩儿都工作了，每个人的收入都在100元以上，虽然他们都不给我们，自己买穿积存，但现在我们的花费要少多了，生活上比以前好多了，彩电、冰箱也都买上了，女孩儿将来结婚也不需要花大量的钱。”

晓峰病情好转，分配工作后，1986年9月7日，永杰在给永浩、宛秋的信中，专门与晓峰交流如何适应新环境：“人从学校出来进入社会，在环境上是一个很大的转变，必须适应很长的时间，才会慢慢地习惯。社会不如学校那么单纯，人情社交关系都得从头学习，这些东西从书本上是学不来的，必须善于观察和思考。工作后，神经衰弱的状况比在学校减轻多了吧？环境改变，药量可适当调整，根据发生的周期性，掌握规律，要在发病前两天加大服量；轻时，可减少服量。环境变化的影响很大，若处在愉快的环境中，慢慢地就会好的。”

宛秋的父母不懂医学，但也设法给予了一些建议。1984年6月

28日，父亲写信道："你们锻炼时领着晓峰一起去，别让他一人在家，多让他出去走走，散散步，避免有孤独感。我很想念晓峰。要注意就医、用药、锻炼身体。""要让晓峰心胸开朗，开心，有空经常陪他到公园或马路上散散步，当然现在你们还没退休，不能陪他出去，只能星期天陪他出去，这也好，能保证每星期出去一次也很好。现在可以陪他到昆明湖游泳，记得他小时候爱听故事，可买故事书让他闲时看，总之别让他老闲在家里。""你放假期间陪晓峰到香山公园游玩一次，我觉得有机会多陪他玩玩，这样能使他精神愉快、身体健康，比一天到晚闷在家里好得多。"

人类的无数经验证明，在遭遇灾难时，那些能获得可靠的系统性支持的人，更容易生存下来。晓峰生病让一个小家庭仿佛置身于风雨飘摇中的小舟，随时可能被倾覆，所幸整个大家庭给予这个小家庭以温暖的帮助和慰藉，为事情赢来了转机。

> 心胸开阔点儿，没有什么了不起的大事，最多也就是让人说不好、不是、不行等，这有什么了不起的呢？要学得脸皮厚一点儿。（永浩）

得到家庭的有力支持，晓峰的情况发展得怎么样？

1982年11月12日，距离刘大夫的最终诊断已经过去5个多月，宛秋在给永浩的信里附上了晓峰的考试成绩。永浩接到信后非常高兴，回复道："这是晓峰战胜病魔后取得的一个很大的战果。希望晓峰一定要再接再厉，克服自己孤独的个性，多和同学说说话，多接触社会，多交些朋友，听妈妈的话，并为家里多做些事，分担家里的一些劳动，努力把功课学得更好。”

很显然，经过一段时间的治疗，晓峰已经重新回到大学校园，和同学们一起读书，参加了考试，并取得了优异成绩。

真正令永浩高兴的并不是成绩本身，而是孩子在生病的情况下还能继续读书，并取得好成绩。在这个过程中，晓峰表现出的强大意志力殊为珍贵，永浩说：“不要为了几分争，意思不大，分数只不过是一个参数，反正你在大学内，只要能通过毕业就行了，不要把分数看得过重。不像晓岩，晓岩还得上高中、大学，需要高分数，你只要能通过即可。”

对晓峰来说，更重要的是增强自己与人相处、融入社会的能力。永浩建议他先不要急于接触熟人：“可先到商店逛逛，到颐和园走走（当然是在不吃药或减少药量时，这样不至于由于药力使得你在昏昏欲睡的状态下出远门）。先避开熟人，等心情舒畅后，再慢慢地接触熟人，然后再进一步去串门。可一步一步地，不用着急，但一定要去做。目前可以去看看电影，担心碰到熟人，可以去海淀工人俱乐部。当然，现在不要骑车子去，一定要多接触人。”

永浩教晓峰如何建立稳固的心理防线，他叮嘱：“个别人是会看你的笑话的，这当然是正常的，因为你也会看别人的笑话，但是多数人还是与人为善的，这是对周围人的基本估计，这个思想一定要牢牢记住，人与人之间总是会互相帮助的。不要老想别人的坏处，经常想别人对你的帮助，你就会感到亲切的。”

在信的最后，永浩忍不住又补充了几句：“不要什么事都放在心中，不要老去回忆往事，事情做过就过去了，就完了。如果回忆也就是想想，哪些事值得吸取教训，以后改正；哪些事做得对，值得发现。心胸开阔点儿，没有什么了不起的大事，最多也就是让人说不好、不是、不行等，这有什么了不起的呢？要学得脸皮厚一点儿。”这不就是现在的“90后”和“00后”常说的“钝感力”嘛。

晓峰工作挺好，去厂里不发愁了，情况也可以，晚上回来后也愿意和我谈谈工厂的情况，我们关系也挺融洽，放心吧！（宛秋）

1984年，晓峰随同学们赴景德镇实习。这是他第一次离开北京过集体生活，将独自面对生活和工作中的挑战。宛秋很不放心，所幸晓峰很快就写回信来。

读信时，宛秋最关心的是晓峰的情绪问题。看过信后，她给晓峰回信：“从你的信中看出你的情绪很好，你写到只要保持乐观的情绪，一切就都好办，我们很高兴。看到虽然施工噪音大，你也能睡好觉，我想除了累外，情绪好也是主要原因。希望你在实习的过程中一直能保持乐观的情绪。”

得知晓峰情绪稳定、工作正常，宛秋开始像一个中国母亲那样关心起孩子吃饭、睡觉等琐事来，她写信道：“不知999厂条件好吗？住宿条件怎样？蚊帐支起来了吗？饭菜如何？睡觉如何？气温如何？很挂念，下次来信说说……在外注意身体，冷热自己注意，晚上冷就盖棉被，热就盖毛巾被。去买1小袋（0.5斤装）洗衣粉，经常洗洗衣服。”

在具体的工作方法上，宛秋也给晓峰提供了参考意见，她说：“克服一切困难，少想其他事，多花精力于实习过程。将过去的几次北京实习报告也补上，忘了可问同学。另外在生活上尽量习惯起来，和大家多交谈，一起玩……要坚持吃药，如有些痛也要及时治疗吃药，自己带的药没有，可到厂医院看。”“我们相信你会克服困难，习惯这样的集体生活。这一个月如能顺利过去，你也算打了一个大胜仗，我们盼望你的好消息。”一切如宛秋所愿，晓峰一个月的实习顺利结束了。

1985年，晓峰分配到一个很好的工作，全家人都为他感到高兴。1986年，宛秋在给永浩的信里提及：“晓峰工作挺好，去厂里不发愁了，情况也可以，晚上回来后也愿意和我谈谈工厂的情况，我们关系也挺融洽，放心吧！”看到这里，想必读者也都为晓峰松了口气。

从来没有一帆风顺的人生。中国人常把生活里难以逾越的困境称为“坎”，有些人会被坎绊住，终其一生都在抱怨命运的不公，而永浩和宛秋在面对变故时不惊不慌，不卑不亢，努力掌握着生命的航向，勇敢地承担其后果和风险，显示着生而为人的尊严，令人肃然起敬。

第二辑

柴米油盐

话题

1

收入与开支

找对象时常提到的标准是“三观要正”。三观是指世界观、人生观、价值观，其中价值观就包括了对金钱的态度。虽然中国人普遍认为面对面谈金钱有失风雅，但过日子离不开钱，越是回避，钱就越容易成为夫妻失和的导火索。事实上金钱观是决定一段关系能否长时间平稳运行的一个关键因素。

从宛秋在1973年4月2日写给永浩的信中可以看出，宛秋月工资为69元，永浩月工资为62元。那时候人们没有外快，没有兼职收入，没有理财产品可以买，工资就是他们全部的收入来源。

> 出差第一个月每月补助15元（每天0.5元），4个月以后每天补助0.25元，每月7.5元，这些钱都统一由所内寄给我。（宛秋）

用老百姓的话讲，宛秋和永浩属于双职工，两个人都有正式工作，挣双份工资，养活两个孩子。当时更普通的家庭收入结构是丈夫在大厂挣工资，妻子在街道工厂工作，有微薄收入可补贴家用，家里养好几个孩子，所以宛秋和永浩家的日子算是很不错的。

当然，理论永远是灰色的。永浩和宛秋听上去挣的是死工资，但要是从信件的字里行间看得更仔细些，还能找出一些蛛丝马迹，显示他们的家庭收入不仅仅是69元+62元。

夫妇俩时常出差，出差时有地方补助。

“出差第一个月每月补助15元（每天0.5元），4个月以后每天补助0.25元，每月7.5元，这些钱都统一由所内寄给我。”（1973年3月28日，宛秋给永浩）

宛秋和永浩所在的化工研究所少不了做化工生产试验，属于特殊行业，所以每个月单位会给一线职工发保健费。

“上个月开始发保健费了，原则是过去有的现在有，过去没有的无论再怎样也没有。根据仲礼讲，全国组过去是有的，因此现在我们就有保健。我们是7.5元，报了一个半月，你们组也是7.5元，报了两个月，他们也给报了两个月，因此上月光拿到保健费共26元多，又特地告诉我，3月的保健费已在所内领了，不要再领3月的了。”（1973年4月12日，永浩给宛秋）

1972年，单位的保健费一度涨到10元。1973年4月17日，宛秋给永浩写信：“过去这是按1.2元算，所以1月不到5元。这个标准是过去他们自己订的，但所内有统一规定后，按所内标准，估计问题不大。”为什么涨了好几元？“因为这儿比所内毒多了，各种气体加上高温。”

看来这笔收入是以健康为代价换来的。

国有大厂以及一些公家单位，每年都要发劳保用品，包括工作服、翻毛皮鞋、棉线手套、帆布手套等，品种和数量因工种不同而略有区别，但这都属于职工的普惠福利。为什么说那个年代进工厂对普通人来说是最好的职业选择？劳保用品就是其中一个很重要的原因。穿的时候仔细点儿，省出来的劳动布工作服可以改成两用衫，棉线手套拆成线可以用来织线衣、线裤，帆布手套可以拿到商店里换棉布，要是嫌翻毛皮鞋笨重、不洋气，不妨用砂纸打掉翻毛，厚厚涂一层鞋油，就成了亮面牛皮鞋，相当阔气。

永浩和宛秋并非坐办公室的案头知识分子，他们常年在实验室或者一线工厂工作，有充分的资格领取劳保用品。1973年，研究所的后勤部门给劳保科写了封介绍信，内容是这样的："永浩同志因工作需要，赴上海援阿实验厂工作3—5个月，需要工作服1套，工作皮鞋1双，雨衣1套。"宛秋也在信里提到自己已经攒了好几双再生布手套。

永浩和宛秋享受医疗费报销制度，包括普通的门诊、住院，报销制度对医院也没有过多限制。

"知道你的腰又扭伤了，真是不幸，去冬今春你的腰伤一直很厉害，上次腰扭后没好多久，这次又扭伤了，这下又很厉害，又躺了几天，也不知那两天怎么过的，我又不在身边，是晓峰给买的饭吗？这次你一定要去彻底治一下。中关村医院正骨科好吗？如不好去五道口、中医研究院，不是都能报销吗？"（1973年2月19日，宛秋给永浩）

晓岩消化不良，食欲不振，经常要吃药。孩子的药费可以拿到家长的单位报销。

当时企事业单位职工看病都是先去单位或者厂里的卫生所，处理不了才会去医院。外出就医时单位会给职工拿一张"三联单"。三联单其实就是三页薄薄的白纸，记录着就诊人的个人信息和单位编号等。有了三联单，看病的费用，单位就全包了。员工本人的费用全部报销，子女的费用能报销50%，效益好的单位能报销100%。

职工普遍看病有保障，但是同时也带来一定程度上的医疗资源浪费。由于看病不花钱，个别和医生关系好、爱占便宜的人，便没什么大毛病也去医院开各种药。这些药除了有治疗头疼脑热的家用常备药，更有所谓的“好药”——价格高的稀缺药品。他们得到药后偷偷送或卖给别人。宛秋和永浩不是占公家便宜的人，他们只是很幸运地成为国家政策的受益者。

1973年3月28日，在给永浩的信里，宛秋提到晓岩到上海后有所进步：“妈妈和大姐说我白天上班，晓岩比我在家时好多了，不那么淘气，也听点儿话，就是饭量小。昨天星期二，不知怎么晓岩一早吐了两次，吓得妈妈让大姐（正好在家）带他到第六人民医院去看，打了一针葡萄糖针，打了一针止吐针，还给了点儿药水，后来很快止吐了，不知怎么晓岩最近这么易吐。来以前吐了一次，刚好几天就又吐了，来后我觉得他也没吃坏没乱吃，我告诉妈妈不能着急，晓岩就是这个饭量，能吃多一点儿就让他吃，他要不吃也不能勉强……爸爸妈妈都说最近带他到第六人民医院（儿科挺好）检查检查。我看也好，反正能报销，在家里能调理调理也好，现在我让家中坚持给他吃多酶片和钙片，小瓶鱼肝油最近缺货。”

“把我的医疗钱附上，你给报了吧。晓岩的在家中还未拿来，下次再寄去，反正他的要25日以后才能给报。”（1973年4月17日，宛秋给永浩）

“晓岩挺好，就是活动量太大，嗓门也大，动作也多，又长不胖，来后倒没什么病，一次刚来时，由于我早上走，哭得厉害，所以吐了一次。非得妈妈让爸爸带着看了一次，还有一次蚊子咬了耳朵，结果抓出脓水，看了一次，共1元多，也随信附上报销吧！”（1973年5月28日，宛秋给永浩）

“把晓岩最近的两张看病报销单寄去，趁这个月底报了，省得忘了拖住，明年又不好报了。最近晓岩感冒了，不太厉害，不发烧，就是有点儿咳嗽，喉咙有点儿哑，不好好吃饭，这星期日我带他去看了一次，开点儿药。”（1973年，无具体日期，宛秋给永浩）

“最近有晓岩的消息吗？晓岩去后一直未寄回医疗报销票，不知是没生病呢，还是准备以后你一起带回报销？上次我去信时提起孩子在外地看病，需有医生处方才能报，不知他们记住这点了吗？另外我怕报销得太多了，超过10元一下报也不行，你是否可写信时提出此事问一下，如有，是否请他们及时寄回，我去报销。”（1973年2月22日，宛秋给永浩）

晓峰注重体育锻炼，身体倍儿棒，所以信里一直没有提及这个孩子的医疗费报销问题。直到1982年，医生诊断晓峰患有精神分裂症，这意味着将有一大笔开销。永杰和美娟推荐了一种新药，并说此药见效快，就是太贵，每月要花50多元，不知原单位能否给晓峰报销，他们可以想办法弄点儿，还让永浩夫妇也弄点儿，若能报销就更好了。20世纪80年代，各单位开始切割社会服务功能，家属的医疗费能不能报销成了未知数。

出差时单位会报销交通费。宛秋在上海期间，一度因为宿舍紧张，单位允许她每周回家住两天，报销来回交通费。

“我的家离厂子还不算太远，有两辆无轨，22路与20路，均走这条线，总共0.2元，来回0.4元，一个月来回4次，也仅1.6元，不算贵。路上经过的地方均有热闹繁华的大公司，买东西倒方便。”（1973年3月28日，宛秋给永浩）

如果临时发生大项开支，职工还可以从单位支取互助金，借互助金救急。

“我还有点儿互助金，25元。重要的是还可以借互助费用呢，最后钱真不够，拖一拖再报销，也没什么了不起。”（1975年2月3日，宛秋给永浩）

工资、出差补助、保健费、单位福利，这就是20世纪70年代永浩和宛秋全部的收入来源。有些福利听上去只有几毛钱，似乎可以忽略不计，但考虑到当时的家庭收入主要用来解决温饱问题，可支配的部分极为有限，几毛钱的占比就不算低。

梳理信件中提到的家庭开支，主要分为两类。

第一类是每月的固定支出，比如吃食堂。从头至尾，宛秋和永浩在信里极少提及买粮油这一多数家庭中最主要的开支项目，他们家似乎很少开灶，全家四口人的一日三餐主要在食堂解决。宛秋在信中曾说：“我老担心你们在食堂吃饭营养不够……你和晓峰在食堂吃饭大概都吃不上鸡蛋吧，如有奶粉买，能否买两包，你和晓峰经常冲上奶粉吃，不生炉子也没法订牛奶。”

1974年的几封信分别提到研究所食堂和上海冶炼厂食堂的饭菜价格。在所里，食堂一般的菜是0.15元，1份好菜是0.25元。在上海冶炼厂，食堂则是：“0.1元的饭相当于所内0.15元的，一般0.1元可买1盘油菜，或者加1个很大的肉丸子，或加1个鸡蛋。大概伙食费中厂内还补贴一部分，所以不用担心我的吃饭问题。”

社会主义新中国鼓励妇女参加劳动，与之配套的社会支持包括单位建托儿所、幼儿园，单位办食堂，以家务劳动社会化的思路，把女性从繁重的家务劳动中解放出来。宛秋成为接受高等教育、有专业知识、不擅长家务的一代新女性。那时，即使是自己在家开伙的人，也会经常到单位食堂买馒头、包子这样的主食，回家炒个菜，就是一顿饭，省时省力。

信里为数不多几次提到家里买肉、蛋、蔬菜。一种情况是帮永杰买猪肉，另一种情况是永浩的母亲来到北京，住在家里，会去商店买鱼、肉、蛋和蔬菜。永浩和宛秋自己买的基本上是水果、饼干、杂拌糖、桂圆等零食，不属于必需品。

固定支出还包括晓岩上幼儿园的花费，每个月3.8元；晓峰每个学期要交的学费和书本费，具体数目信中未提及。夫妻二人给孩子订了月刊《红小兵》杂志，每本0.08元；永浩给自己订了一份《无线电》杂志，同样是月刊，每本0.17元。

第二类是非固定支出。一本清华大学外语教研组编的《科技英语常用词组》，0.69元1本，共3000条，永浩一下子买了两本，和宛秋一人一本。宛秋为永浩买了一个处理的猪皮手提包，出差用的，原价11.4元，7折后为7.98元；为永浩添置了1双棉皮鞋（翻皮咖啡色，里面是绒的），模压底，9元；夏天到了，给晓岩买了1条浴巾，4元；家里买了1对枕头套，3—4元；冬天太冷，给晓峰买了毛裤，6元。

类似以上花在衣服、书本上的钱虽然是临时性的，每年的支出总额却需要相对固定，否则很容易入不敷出。有时候会发生完全意料之外的开支，这种情况即使只有几毛钱，也令人不安。比如1975年6月17日，宛秋写信给永浩，说晓峰和同学约好，每个星期日要去颐和园游玩，她跟永浩商量："坐车太贵了，只好由别人骑车带。这个矛盾怎么解决？我又不能每周陪他去。"言语间，十分为难。

> 不知你那儿还有多少钱？我这儿只有20元钱了，还要支出到月底的吃饭钱。（宛秋）

宛秋和永浩绝非俗人，这里说的"俗"，就是对金钱斤斤计较。在他们的通信中，经常会提到钱，但从头至尾都看不到他们为钱焦虑，更不涉及如何搞钱，而是怎样合理安排支出。只有一次，宛秋被钱逼得有些狼狈。

1972年至1973年间，宛秋被派到上海工作了一年多。当时她的工资收入为69元，其中40元，她用于在上海工作期间的所有开销，余29元；永浩工资62元，再加7.5元的保健费，这样两个人的家庭月收入为98.5元。

“扣除房钱，幼儿园、水电费统筹（就算15元），还剩85元。”（1973年4月2日，宛秋给永浩）

“关于钱的事我的看法是这样，你每月给我寄40元，再加上我这儿的地区补助及保健费共15元（第一个月还要多7.5元），每月55元，给家中20元，我的伙食15元左右，另外还剩20元（当然还得扣除车费、零花钱），也能有些钱买东西。另外，你在家中，我想也能存些钱。”（1973年4月2日，宛秋给永浩）

看似安排得科学合理，每月还有节余，那实际情况怎样呢？

宛秋带次子晓岩到了上海，这是她到北京工作后第一次有机会回到父母身边住较长一段时间。她自己住冶炼厂提供的免费宿舍，而晓岩随父母住。永浩与长子晓峰留在北京。为了照顾晓峰，永浩把母亲从山东请到北京一起生活。一个家庭临时分成了两处，开支骤然增多。

宛秋回到了阔别多年的大上海，面对丰富的商品供应，产生了强烈的购物冲动。为了保持家庭收支平衡，她多次和丈夫商量，如何科学合理地用好家里的每一分钱。在信中她提及：“我想除了你们母子3人吃饭日用外，大概每月还能剩25元左右，不成问题吧。”“这样你在北京也能买些东西，若我这儿买东西多，也可多寄些来，我想这次是个好机会，别人老托带东西，而自己在上海却不买些便宜东西，可不合算。”

“听说老郭、萱萱买了不少东西呢，老王还买了6.38元1条的混纺毛裤呢，我看很好，也想买。又小林给了13元左右。关于我欠公家多少钱，只能预估，我记得来时只带了130元左右，自己的钱一点儿未带。车费是40.2元，老程说没钱用，把托运设备的行李单给我了，12.1元，因此他从我这儿拿去12.1元，加上可以报销的车费，连北京及上海的约1.5元，我及孩子看病2元左右，以上共56元左右。我用的较多。给你买了1件二合一（指腈纶加锦纶——编者注）的95公分的黑色的细毛线衣（这种均是95公分的，不出100公分的），店内说会越穿越大的。似10.6元为一等品，9.6元为三等品。我买了1件府绸衬衫，2.75元；给你买了1副手套，1.85元；买了些假领，就3元左右；给小孩和我买了毛巾、塑料杯、多酶片，1.5元；还给晓岩买了尼龙袜1双，1.8元；给晓峰买糖，1.5元；加上水果、车费等，所以现在还剩下50元左右。但还要扣除还巧华的12.55元及给秀珍的0.99元，共13.54元，因此，公家钱就剩35元左右了（上个月底给妈妈20元，4月份的20元尚未给，要等你寄来4月份工资再给妈妈）。这样若以150元来计算，就欠公家60元左右，我想这些钱还是补得过来的，若要碰上6元多的毛裤，似乎可给晓峰买1条，省得打了，我看你和我均不能缺毛裤，但不知你的毛裤寿命还长吗？倒是有102公分的毛裤。另外，我想给小姐买1双皮鞋，不要去问了，她会要的，她不要总有人会要。另

外，以后等有钱时我也想买1双呢，处理的牛皮的9元到10元，猪皮的7元多。”（1973年4月2日，宛秋给永浩）

这段书信太复杂了，100多元算来算去，只有他们自己才算得清楚，因为对宛秋和永浩来说，这是必须搞明白的家庭账目。

1973年4月19日，宛秋在写给永浩的信里提议：“我以后的补助（出差补助）及保健费，和其他同志的一块寄来好了，不要留在家中，这儿都一块寄来也方便，这样我也可以买点东西，另外每月再寄40元，作为我和晓岩的饭钱，当然多了也能留下买东西，或积累些留作补贴公款。你每月有7.5元保健费及你我工资，家中也足够用了。”

想必永浩对宛秋在上海突然大幅度增加花销有些不满。1973年5月6日，宛秋写信跟永浩解释了一番：“关于钱欠多少，怎么说，这个月刚寄来50元，加上保健费7.5元，这尚未寄来，但还要给妈妈钱，及饭菜钱，还要买多少东西也不知，无法估计尚欠多少。我想你也不用每封信均问此事，我没有买多少不该买的东西。我买的东西你也均知道，我想再过几个月就会补上，不成问题的，你不必着急。”

驻上海期间，宛秋写给永浩的每封信里都提到购物和入不敷出的财务困难。

“关于钱的事，我从所内借了150元，但我记得来上海前已用了些，大概只带了130多元上火车，现在只有1张车票及1张包裹单（设备），共52元左右能报销……由于这两个月买的东西较多，所以到6月底或7月初下次寄钱来以前，估计能剩30元，这样等于有了80元，我估计如不再买太多东西，每个月你还寄50元，再加上出差补助7.5元，保健费7.5元，共65元。扣除我及晓岩伙食费30元左右，尚能剩30元，这样再有2—3个月也就能把150元全部补齐。不知你家中经济如何，大概也很紧，不知道两个月是用完，还是能存点钱？说实话，上海东西真不少，也不敢再花钱买了，现在就得抠紧点儿。”（1973年6月15日，宛秋给永浩）

她在信中反复向永浩表态，说欠债不是大问题，1973年6月19日，宛秋对永浩说：“因我想我大概还得在上海待几个月吧！所以我慢慢地在这儿能把我那150元钱补上，以后东西大概也不会买很多了。”

直到国庆前夕，宛秋才沮丧地认识到出差在外真省不下钱。

“买了个8W灯管，花8.43元，以后找人带回，又去婆母家买了点儿东西花了些钱，再加上请他们4个吃也花了不少钱，看来出差在外真省不下钱。”“我这儿钱多就想买东西。如果一定要寄全工资，则我这儿存下也行。如不够用，再想法寄回。你看着办吧！”（1973年10月4日，宛秋给永浩）

买了很多东西，还带来了另外两笔支出——在上海火车站托运行李卷，5元；在北京站取上行李卷后，需要雇小三轮车才能把东西带回家，2元。

事实上，这个家庭收支不平衡的状况到1973年年底仍然很严峻。信中提及：“不知你那儿还有多少钱？我这儿只有20元钱了，还要支出到月底的吃饭钱。最近连着出差3次，并买了些东西，因此钱缺空不少，不用说买挂钟的钱了，买混纺布也不够，突然让我回去，车票的钱也没有。这两个月给我把工资全寄来了也不够用。我也没乱用，真不知怎么的，我准备下个月来钱后再买布，我想你那儿也不会太富余，箱子不要买了吧！如果还想给四哥买钟的话，那看来得给我寄钱来，否则有了也买不了。四哥那儿你是否写信问问他，他着急用钱吗？若不着急就先不给他寄钱，这儿看看还能买到钟吗？如他不要钟了或着急用钱，就把钱给寄去。”

“家里到现在为止共剩多少钱，希写信告之，以便心中有底儿。如果还有一些的话，那给寄点儿来吧，可以准备买钟及布，快过元旦了，也可能拿出点儿好东西，或三五牌钟来。”（1973年11月17日，宛秋给永浩）

一方面担心钱不够用，一方面又盼望着过节期间商店能拿出些好东西。在欲望和现实之间，宛秋十分纠结。

因为花销太大，宛秋甚至想让永浩说服晓峰放弃来上海过暑假的想法。1973年6月15日，宛秋给永浩写信道：“不来挺可惜，这是个来上海的好机会，以后我不出差，来的机会就少了，来了起码又要花40元钱。你的意见呢？”

永浩对宛秋的消费习惯整体上是接受的：“人都从上海买东西，我看你认为好的也买一些，这个机会难得，不管是大人小孩用的穿的，当然也要量力而行，如有特别好的当然也可借用一些钱。”当然，他也保持着一贯的理性，又说："我看你得算一下账，还欠公家多少，来信告之，以便给准备好。"

宛秋在1974年的春天回到了北京，这场家庭财政危机才算过去了。

今天我已给济南你母亲寄去10元钱了。（宛秋）

除了日常花销和偶尔购买衣物、书报，给双方父母寄钱一直是宛秋和永浩家庭支出的大项。

宛秋负责给老人寄钱。多数时间，永浩的母亲随长孙林熙在山东济南生活，在南京、鞍山、北京的三个儿子每个月分别给她寄10元生活费。每到开工资的日子，宛秋就惦记着要给婆婆寄10元生活费。

"工作紧张吗？注意身体及营养，钱如不够可写信告诉，我可托人带去，工资已发，这两天我就给济南寄10元钱去。"（1975年4月4日，宛秋给永浩）

"今天我已给济南你母亲寄去10元钱了。"（1976年3月7日，宛秋给永浩）

1973年，永浩的母亲到鞍山跟着四儿子永杰一家生活了一段时间。考虑到老人肯定要添置一些东西，那个月宛秋寄了15元。结果永杰写信说："来的信和钱都已收到，咱娘接到非常高兴，见到邻居也讲讲。咱娘说以后来钱不用寄15元，10元就行。"

看来每个月给永浩的母亲寄10元是常态。过年过节肯定要多寄一些，1975年春节，宛秋给婆婆寄了25元，比平时翻了一倍半。

宛秋娘家条件好，父亲是高级会计师，家里常年雇一位负责洗衣做饭的保姆，不需要儿女接济。不过逢年过节，孩子们总要表表孝心。

1975年1月20日，快过年了，宛秋在信里和永浩商量，过年给家里多少钱合适，她问："今年春节给上海家中多少钱？是由我这儿寄，还是由你那儿寄，不知你那儿钱够吗？请来信联系。"信的最后，她决定还是由永浩寄钱更合适："这次发薪后，你给家中（上海）寄钱吧，如果我给妈，她还不一定要，或少要，因我元旦买了点儿东西去，妈一直说我，讲了几次，因此以后我都未买东西，这次是否得寄40元或再多点儿，你决定吧！"

毕竟涉及丈夫和娘家两方面的关系，宛秋十分谨慎。5天后，她又写了一封信，解释自己为什么想寄40元钱回家："因为我经常回去，还得吃家中的。另外，妈妈还经常给我们带东西，再寄少了不太好。但再多寄，我们也不富裕。"

1975年2月6日，父母收到汇款后回信说："得知你和晓峰都很好，晓峰考进人大附中，离家不太远，我们很高兴。汇来40元早收到，你今年几处开支花费太大，不应该汇这么多给我们。"

1973年宛秋在上海期间，晓岩一直住在外公外婆家里，宛秋每个月给家里交钱。为了避免夫妻因为钱款生出嫌隙，她第一时间向永浩说明为什么每个月要向家里交钱："妈妈每个月只要我15元钱

（订奶就要4元多），加上我星期日去吃，是不够的，妈妈往上补贴的。妈妈知道我开销大也不肯多要，有时星期六回去我就买点儿东西给孩子，也花费点儿。”

“这个月底我已给妈妈20元钱，4月份的晓岩用钱，还包括我回家吃的，实际上并不多。我来了一周左右，已吃了4次鱼、2次排骨肉，每天早上还吃大饼、油条，水果不断，还吃鸡蛋，另外还要给晓岩订奶。”（1973年3月28日，宛秋给永浩）

为了维持两个家庭的微妙平衡，宛秋想着该给婆婆做件衣服。当时婆婆被接到北京，负责照顾永浩、晓峰父子的饮食起居。她在信中写道：“咱娘在家中也辛苦了，不知咱娘缺什么，你看以后给她做件的确良罩衫，还是丝绸或绢的衣服？听说上海有黑色的什么纺织品或丝绸，有的不要券，老太太做夏天衣服（褂子或裤子）合适，你可问问咱娘缺什么，喜欢要什么。她缺夏天衣服，你硬给她买回的确良罩衫，可能她也不愿意。我每次回家时均要经过几个大百货公司（南京路上），买东西倒方便。”又说：“咱娘岁数大了，别让她太累着。该给她买件的确良罩衫，或夏天穿的衣服。我想咱娘若不着急走，可晚一点儿做，现在经济不富裕，反正走之前一定要给她做一件。要买料子，大概就得在北京买，因为这儿无纺织券。”

永浩哪里懂什么丝绸或绢，对宛秋的提议不置可否，宛秋只好替他做主。1973年5月2日，宛秋在给永浩的信中这样写道：“给咱娘买一件黑的绢丝纺的裤料吧，买5.5尺就够了，因为裤腰不用该料，用其他布代替，略微省点儿。买老太太穿的，反正要黑的，你看着买吧。”

如果仔细品味宛秋写信时的遣词造句，应该可以感受到她对自己娘家，特别是母亲的每一份付出，理解得更加到位，对婆婆的态度则更多是出于对老人的尊重，同时也不希望丈夫感到自己有明显偏向。无论如何，她通过巧妙的安排，使得天平两侧达到了动态平衡。

你们那里工资改革了吧？我们这里正在进行方案摸底。（永杰）

20世纪80年代之前，职工工资差异主要取决于工龄。改革开放打破了大锅饭，工资分配不再是全国一个模式，注入了激励机制，工资条上多了“效益工资”“浮动工资”等新项目，人们的整体收入大幅度提升。

1985年11月18日，永杰提到了一个令人振奋的消息，在信中跟永浩、宛秋说：“你们那里工资改革了吧？我们这里正在进行方案摸底。”“你四嫂在医院工作还好，她这次工资给调到106元，还算可以。”而永杰本人因为一时冲动，离开鞍钢，进入大集体——鞍山客车厂工作，工资没调太高。1986年1月13日，他又说：“鞍山客车厂是一个大集体，生产任务、产值、利润都不可靠，受社会政策的影响很大，挣钱多就可以涨工资，有奖金，若企业亏损就有可能开不出工资来。从这次调工资来看，在鞍钢和我同级的可以调到130元左右，我在鞍客厂只能调到111元。”

1987年1月11日这天，宛秋在写给永浩的信中提及单位发了提成和奖金：“小田、小钱拿了1400元，燕婷也拿了800元，仲礼也拿了近1000元，大概1万元就能拿提成900元左右。因为去年不用上税，所以今年要上税就提不了那么多了，所以所里急忙在元旦前把能发的钱均发了。”

调了资，宛秋寄给两边老人的生活费也水涨船高。

“上次寄来的100元和这次的钱都收到了。咱家的小南屋今年才翻盖完，并打了井，屋子里比原来宽敞明亮了，奶奶还从你们寄来的钱里拿出50元，才把这个翻修活儿干完。”（1983年10月13日，林熙给永浩、宛秋）

同年8月，宛秋给上海家中汇款50元。父母回信说：“来信和钱收到，开学伊始晓岩学杂费数目可观，怎么又汇来这样多钱，估计会影响你们的生活，我们实觉不安！”

在连续的工资普调中，教师的收入增长速度不明显。1988年2月11日，宛秋的父亲心疼地说：“当教师的是有名的清苦差事，现在经过改善，虽然工资比以前增加了不少，但除了工资外，每月的奖金不过十几元，其他并无实物发给……研究单位的研究人员工作十分辛苦，待遇反而很低。《新民晚报》的短评说，造原子弹不如卖茶蛋，所幸这种情况领导已经注意到并表示这种不合理的现象一定要纠正。”

虽然还有许多不尽如人意的地方，但人们拿到手的钱明显多了，与此同时，各单位开始比着发实物，每次领东西，职工们都乐呵呵的。

“爸爸春节前这次领退休金单位多给了30元。另外，因为我年过八十，邮局工会派人到家慰问，带来蜂皇浆1盒，值4.5元。东西不在多少，但体会到当局对老年职工的关怀，也觉得精神愉快！你所发给的二三十元的春节副食品也算不错。现在各地都是单位收入多，职工的待遇就好，反之则差。”（1987年1月26日，父母给宛秋）

家中我们两个老人，有你爸的退休金100多元，满可维持生活，今后千万不要汇钱来。（刘骅）

自己的退休金涨了，家庭负担减轻，父母又心疼女儿，所以每次收到汇款都会在回信中劝女儿不要再寄钱来。

“在京期间，你已经花得够呛，尚未缓过来，你怎么又汇钱来，又破费，真不该。”（1987年1月26日，父母给宛秋）

“你们的经济情况，家中了解得最清楚，收入不敷支出，外加还要供个大学生，能勉强维持已经很不容易了。我们很觉不安。千万记住，若实在要表示心意，春节时寄三五十元就可以了。平时不必了，不听的话，则我们只好拒收了。”（1987年1月26日，父母给宛秋）

“你的经济情况，家中很了解，用微薄的薪水，供一个每月费用百元的大学生，真够吃劲的，真不该寄这么多钱给我们。你们过

得拮据，我们也过意不去。”（1988年2月11日，父母给宛秋）

1989年5月2日，收到宛秋寄来的汇款和信，父亲执笔写道：“好长时间未通信，很想念你们，汇款和来信都收到，勿念！鉴于汇款条是永浩写的，我当时就已料到宛秋出差在外地了。收到钱后本应及早回信，免得你们挂念，但后来一想大概要在上海买什么东西吧，不然汇这么多钱干什么？因而把回信推迟到接到来信以后，请原谅！关于钱的事，现在要向你讲清楚。家中我们两个老人，有你爸的退休金100多元，满可维持生活，今后千万不要汇钱来。”

宛秋有一个近乎完美的原生家庭，父母对她的爱既有知识分子的理性，也有中国式的温情脉脉，同时还能帮女儿维护好复杂的人际关系。

“来信和钱都收到了，我们常对你讲，家中可以维持中等生活，你们的生活也挺苦的，就不必经常给我们寄钱了。我们给你算过，你们的工资收入只能过很苦的生活，能维持你们的生活，不捉襟见肘，我们就放心了。永浩的母亲那儿倒是可以多寄点儿钱去，因为她老人家全靠你们赡养，才能度过比较愉快的晚年。”（1989年9月15日，父母给宛秋）

1992年，中国改革开放的总设计师邓小平发表著名的南方谈话，随后召开的党的十四大正式确立了中国建立社会主义市场经济体制的基本目标。全国掀起经商热潮，各行各业发展活力十足，因此有经济学家把1993年视为中国经济真正的腾飞之年。永浩和宛秋住的中关村，在1984年被冠以“中国硅谷”的称号后，这一年也进入了快车道。具体到个人收入，1993年全国职工年平均工资3236元，是1976年的605元的5倍还多。

1993年，宛秋照旧给上海、山东分别汇了款。父母收到汇款后，给她回信说：“家中经济情况现在改善了很多，80岁以上的职工退休每月补贴40元，另外退休金增加10%，平时开销足够，不需你们经常照顾。当局给你特殊津贴每月50元，这体现了当局对于有特殊贡献者给予的荣誉，值得高兴和自豪！”

父亲在信中没有提及宛秋汇款的具体数目，但显然这是一大笔钱。

“这么多钱给我们，我们深觉不安，妈妈硬逼我把钱给你退回，我对她说退回怕宛秋生气，这次收下，今后告诉她不要每次过节都寄钱来。因此你千万记牢，爸爸退休金足够维持两个人的正常生活，不要经常挂念我们，实在想表达心意顶多春节时少寄点儿即可，其他节日千万不要再寄了。”（1993年4月27日，父母给宛秋）

1996年，宛秋的母亲过世。那位跛着脚日夜操劳、帮宛秋带孩子、做大鱼大肉招待女婿、拿私房钱补贴女儿的老人走了，中国人的通信方式、汇款方式也开始更多地依赖电话、网络，宛秋、永浩与亲朋好友的书信往来至此戛然而止。

话题

2

家当

家当，广义上指一个家庭过日子用的所有东西，狭义上指一个家庭拥有的重要器物。家当可以是一套独立住房、纯实木家具、全套电器；也可以是一条扁担，一头挑着棉花套子，另一头挑着锅碗瓢盆；或者是《不见不散》里葛优住的那辆破房车。家当的定义随着时代而发生变化，有些东西现在听起来微不足道，却也曾经享有“家当”这样的显赫头衔。

一只锅可以是家当。

“不知南京卖砂锅吗？可写信联系一下，如方便是否买两个砂锅回来。”（1975年2月22日，宛秋给永浩）

老李也买了高压锅，煮饭特快且也好吃。他们说海淀商店星期日都有卖，我已和姐夫打招呼，如冶金部卖，给我们买个吧。（宛秋）

“关于买砂锅的事，咱母亲回济时给你带去个3号砂锅（口径约23厘米），你若是再要，等你来时再买个吧，现在没有大的，只有小的，寄也不好寄，只有带走。”（1975年3月4日，三哥给永浩）

“不知北京有钢精锅没有，有的话买个吧，北京产的，26厘米，两层箅子。钢精锅若没这种型号的就不要买了。林岚想买个铝盆，今寄去25元。”（1975年8月16日，林熙给永浩、宛秋）

“老李也买了高压锅，煮饭特快且也好吃。他们说海淀商店星期日都有卖，我已和姐夫打招呼，如冶金部卖，给我们买个吧。如果买不上，等你回来后我们也该买个吧。”（1975年1月25日，宛秋给永浩）

1964年，新中国第一口高压锅在沈阳试制成功，当时被命名为金鸡牌，后来改为双喜牌，享誉全国。工艺一直在变，不变的是人们对这一重要炊具的“神化”——用高压锅焖米饭，再普通的南方大米也能吃出东北大米那个味儿！当然，“神化”都是有现实基础的，压力锅在烹饪食物的过程中减少了水分的挥发，保证了米饭的含水量，所以口感好。高压锅还带来了一波科普热——人们那时才知道，在西藏高原生活的人，想喝口热水都困难，因为空气稀薄，气压不足，在珠穆朗玛峰，水烧到70多度就沸腾了。

20世纪60年代，双喜牌高压锅的年产量只有3000口左右，普通人家不可能买到。为了吃到更可口的炖牛肉，有些主妇要到邻居家临时借用高压锅，用过之后，洗干净擦干水分再给人家还回去，当然还要捎带送去一碗炖牛肉。70年代中期，沈阳高压锅的产量提升到30万口。这就是宛秋买高压锅这段故事的历史背景。

一块塑料布也可以是家当。

“以后回济南时，你看带点儿什么回去……你看要不要带塑料布床单，1条3.5元，颜色花样倒挺好，但一买就得买两三条，若把咱娘、林熙，还有大嫂、林岚都考虑进去，得4条……我又想买点儿塑料布铺在缝纫机上、放收音机和茶杯的小橱上、小饭桌上，这些东西你都量量各要多大。若以4.3尺宽计，要多少尺。我想买一种颜色，以后剪了铺上，布置一下美观一点儿，也花不了多少钱，3.5元1条，正好够个大床用。”（1973年2月19日，宛秋给永浩）

20世纪初，上海出现了生产塑料的工厂，但产量极为有限。1958年，PVC树脂在锦西投产，标志着我国塑料工业进入快速发展轨道，北京、上海、辽宁成为三大石化基地，塑料制品的种类日渐丰富，并进入寻常百姓家。塑料雨衣、塑料雨鞋、塑料糖盒等日用品，因色泽艳丽、易于打理而成为抢手的高档消费品。图案美丽的塑料布盖在桌子、柜子上，贫寒的屋子马上显得富丽堂皇起来，何况宛秋要买一张能盖住整张床的大块塑料布呢，这可真是一件奢侈的家当。

甚至一根绳子也能成为一件家当。永杰从鞍山给永浩捎去一个手提人造革旅行袋，他在1976年5月11日给永浩、宛秋的信中写道："里面有点儿绳子、一个麻袋和一些塑料袋。麻袋是送给你们用的，好装东西，平时可以放在床下。"永杰知道永浩和宛秋常常出差在外，绳子用来捆扎行李，可以反复使用。

> 你是不是想要买一个半导体收音机？上海6管和7管的30元左右就够了，你可以听听外语或新闻、音乐解解闷。（宛秋）

当然，更多时候，家当等同于一个家庭拥有的大件。在不同时期，中国家庭对于添置大件都有着强烈的渴望。所谓大件，往往是一个在心中酝酿许久、依靠积攒了相当长时间的资金方能实现的意愿，比如一个半导体收音机、一台电视机、一部可以连通遥远亲情的程控电话。

1958年，中国科学院半导体研究室成功将晶体管技术应用于民用，研究出中国国内最早的晶体管收音机。1958年3月16日，《人民日报》图文报道了新中国第一台半导体收音机诞生的消息。1958年夏天，哈尔滨新生开关厂开始进行国产袖珍式收音机的研制工作，9月28日，新中国9周年华诞前夕，松花江牌601型半导体收音机——新中国第一台全部使用国产元器件的半导体收音机发出了清晰洪亮的声音。1963年，我国已经能够生产8种半导体收音机。

直到20世纪70年代，半导体收音机始终是中国人获取外界信息的主要工具，上至国家领导人出国访问做国礼，下到普通百姓结婚做礼物，半导体收音机都是最时髦的电器，十分抢手。这一点也体现在永浩、宛秋与亲人的通信当中。

1973年2月19日，宛秋在给永浩的信中提及想买半导体收音机："我问小李了，他说这种成套的半导体收音机，北京比上海多而且便宜，上海既少又贵。他说据他了解上海只有6管的，而且不包括壳子，还要13元，4管和5管均没有。我想若13元还不包括壳子不合算，因为现在带壳的，外面卖的6管，也只有28—32元，即可买到。等我再回家打听打听，星期六日去店内看看情况再讲吧！若是上面讲的6管13元（不带壳的）的还要吗？"

1973年4月17日，宛秋在信中说："6元的单管半导体收音机，从去年十一后上海已不出了，目前上海卖的晶体管收音机均在28元以上，因此我从家中拿了一个用了。大姐有两个，一个大的一个小的，等不用时再还她吧！"

虽然有了从大姐家借来的收音机，宛秋仍不忘自己家也买一个。

1974年12月25日，宛秋征求永浩的意见："你是不是想要买一个半导体收音机？上海6管和7管的30元左右就够了，你可以听听外语或新闻、音乐解解闷。若不买就算了，如果要买，钱可以给你寄去。"那时宛秋和永浩一定已经有了更多的收音机品牌和种类供选择。

关于你信中谈的几年后电视普及的消息实在令人兴奋，那时一定争取早日买一个。（宛秋）

1958年是新中国电子工业史上的"大年"。1957年，天津无线电厂接到了制造电视机的任务，当时绝大多数设计师连电视机的模样都不曾见过，就拆了一台苏联产的电视样机。面对一千多个元器件，工程师、工人师傅们奋战两个多月，于1958年3月装配出第一台试验电视样机——北京牌黑白电视机。

经过一个多月的努力，1958年劳动节前夕，天津无线电厂赶制出15台电视机。这些电视机的前脸儿边框都喷涂了高贵喜庆的金黄色，前脸儿下方贴有"献给毛主席和党中央领导"的字牌。4月30日上午，天津无线电厂的领导携带着10台电视机来到中南海，向毛主席及党中央献礼。

为了鼓励研制出我国第一台电视机的国营天津无线电厂，国家特以首都"北京"的名字命名该厂生产的电视机，这就是天津产的北京牌电视机的来历。北京牌电视机填补了我国电视产业的空白，揭开了我国电视产业的发展序幕。就在中国第一台自主研制的电视机出厂后不久，我国第一家电视台，即现在的中央广播电视总台也诞生了（当时叫北京电视台），中国自此开启了电视时代。

1975年春节，永浩在走亲访友的过程中，听一位同事说，几年内电视机将会普及，他当天晚上在给宛秋的信里提到了这个好消息，宛秋简直不敢相信："关于你信中谈的几年后电视普及的消息实在令人兴奋，那时一定争取早日买一个。"

到1977年，中国每百人电视机的拥有量为0.2台。永浩和宛秋家里买到了一台9英寸黑白电视机。当时买电视机都要凭票，普通人家很难有机会。能买上电视机的都是有办法的人或者命运的宠儿——在单位抓阄抓到一个电视机号。

很快，12英寸、14英寸的电视机开始零零星星出现在寻常百姓家，9英寸屏幕显得太小了。怎么办？宛秋父母在写给宛秋的信中提到了能让电视屏幕瞬间变大的神器——电视放大镜。1977年12月12日的信中是这样写的："电视放大镜，看样子最近比较容易买到，看见很多人都买到了，它是玻璃制品，质脆易碎，邮局寄递，难保完整，随身携带最保险，有空来信，再给你买好不误。"

电视放大镜的效果如何？1979年1月26日，宛秋的父亲给永浩和宛秋写信："电视放大镜虽为正品，但质量不高，上面有气泡和条纹，好在不影响收视，我们试验过，我们让晓巍用木料和铅丝做了个架子，虽不美观，但很实用。"

除了大屏幕，中国人对电视图像也有了新的追求——要看彩色的。1970年年底，天津通信广播电视厂（原国营天津无线电厂）制造出我国第一台彩色电视机。1972年，北京电视台和上海电视台先后推出彩色电视节目，我国正式迎来了彩色电视的新时期。1977年12月12日，宛秋父母在写给宛秋的信中介绍了一种彩色屏："用照相底板那种物质制造的，放在电视机前可以保护眼睛，同时看起来有点儿像彩色电视，北京如果没有或很难买到，也可来信提及，以便在上海买。"永浩、宛秋和当时许多已经拥有黑白电视机的中国人一样，没有能力马上购买彩电，只能采取这种补救的办法，就是在黑白电视机屏幕前立一块彩色屏。

1981年，永浩被国家派往美国做访问学者，除了学习当时先进的科学技术，还肩负着为家庭添置大件的使命。

刚到美国的那一两个月，经济上相对紧张一些，因为需要买各种东西，永浩在信中写道："到月底为止，我已买了许多东西，如电视机（12英寸黑白）、打字机、望远镜、照相机的闪光灯、吹风机（理发用）、旅行用小钟表、3把台湾产的折叠伞、过冬用的皮鞋、12双袜子，给你买了1件风雨衣、2个计算器，还有一些旧衣服，仅打字机与闪光灯为旧货，其余均为新的，不过均是在打折促销时买的。同样一件东西，同一个商店，不同时间去买，差价可以很大。望远镜相当好，能放大7倍，是广角的，看得较远视角也较大。给你买的风雨衣是由两层布做的，外层为的确良布，颜色为土黄色偏红，里层为纯尼龙布，颜色是粉红色偏黄，总之很好看，价钱较便宜，原为42.8（美）元，后一再降到7.5（美）元，式样也挺合国情。我准备经常去看看，碰到便宜的就买下，等有人回去时带一点儿，去买东西也用不了多少时间。这里买东西还是挺方便的。这里东西很多，且都不算贵，如果你想买什么东西就来信。不用怕钱不够，反正彩电、立体声录音机和一般收录机、照相机等都会有的，当然如果政策有新变化，那就只能保证这几大件东西了。”

永浩在美期间，一直在留意回国时要给家里买的几大件。他密切关注着比他早回国的同事买了哪些东西，跟宛秋说：“老顾带回的电视、电冰箱就是我以后要买的，过几天等他的东西到货后，你可问他一下效果如何，质量如何，电冰箱耗电情况（电冰箱大小是否合适，这是最大号的），来信告诉我，可作为我订购时的参考。”在信里，永浩向宛秋露了点儿口风，说当时美国校方有意延长他的访学时间。一方面，永浩认为：“这可是难得的机会，这样每月可再得一部分钱带回去用，我估计3个月能省下450—500美元，合人民币就是1700元左右，这在国内是几年都省不下来的。另外名声也好，这不是我要来的，是人家看着我工作好，主动要我留下的。”问题是当时他已离家两年了，他又说：“我实在想念你们，再加上晓峰、晓岩也很需要我回去，可早日看到电视，因此我心中也矛盾，不过我想延长几个月，最多也就是6个月，这样可拿将近1000美元，这可留给晓峰、晓岩以后用，回去后我们全家可去外面玩玩，回上海、济南看看，还可去北戴河等地玩玩。”

按照当时的政策，出国人员在归国时允许免税带“八大件”——彩电、冰箱、洗衣机、收录机、照相机、缝纫机、自行车、手表，其中彩电位于八大件之首，特别受追捧。永浩面对延长访学时间的机遇犹豫不决，让孩子们早日看上进口彩电，也是他考量利弊得失的因素之一。

对于没有机会出国的普通中国人来说，想买彩电，还是得托人。永杰问永浩北京的彩电好不好买。1986年6月28日，永杰在写给永浩的信中道：“20英寸的日本进口彩电（日立、东芝、松下），价格1600元至1700元，美娟的一个亲戚借给咱们一部分钱，让咱们买一台，早点儿享受享受，在鞍山进口的都没有了，听说以后也不进口了，你看看北京有没有这种牌子的彩电，若有，可马上寄钱去，买下先放在你那儿，找个出差机会，我好捎回来，若暂时没有，就慢慢等机会，不要花费太多时间。”

1988年，宛秋的父母准备把家里的黑白电视升级为彩电。按原计划，他们是要宛秋帮忙在北京设法买一台彩电的，但考虑到现实因素，放弃了这个想法。

“关于电视机的事儿，我们经过详细研究后，决定还是在上海买合适，不在北京买了，原因：一、牡丹牌的北京产品，在上海修理起来不方便；二、照来信所说的价格，上海也能买到；三、长途运输也是件麻烦事儿，因此还是在上海找机会买算了。”（1988年6

月5日，父母给宛秋）

1991年，全国居民家庭彩电拥有量达到每百户16.2台。随着电视机的普及，人们渴望看到更加丰富的电视节目，于是许多住宅小区的楼顶上立起了形形色色的卫星锅，用于接收港台和国外电视信号。中国广播电影电视部陆续批准建立有线电视台，足不出户在家就能收看到几十个甚至上百个电视台的节目不再是梦想。

“两个房间，两台有线电视，任意选择地看。”（1996年2月11日，永杰给永浩、宛秋）

我这里是个大本营，为了联系方便，晓凤给安装了一部电话。（永杰）

1995年，永杰家里装了私人电话，8月25日，他给永浩和宛秋写信：“我这里是个大本营，为了联系方便，晓凤给安装了一部电话（鞍山号是5556**8）。每天他们有什么事时，就来个电话，省得不放心。”

在此之前，信件是人们的主要通信方式，只有单位才安装电话。1990年2月2日，永杰曾跟永浩和宛秋说：“若打电话，可打到你四嫂处，5532**8。”

20世纪90年代之前，私人安装电话仅限于高级干部家庭。80年代后期，中国陆续将自行研制的由电子计算机控制的程控电话交换机用于装备市内电话网、长途电话网和军事通信网。程控电话技术的成熟，极大地提高了电话的使用率，降低了使用成本，使私人安装电话成为可能。“楼上楼下，电灯电话”一直是中国人想象中的共产主义生活，所以面对当时高达3000—5000元的电话初装费，人们仍然趋之若鹜，永杰家的电话就是在这种背景下由大女儿晓凤安装的。

虽然装了电话，但永杰和永浩兄弟之间的联系仍然以信件为主。永浩应该是从来想不到给永杰打电话的，所以1996年2月11日永杰再次提及家里装电话的事：“我这部电话也是程控电话，鞍山号（0412）5556**8。从外地打电话必须加鞍山市地区号。”

在这封信里，永杰分别提到了有线电视、程控电话等家庭大件。这一年，中国城镇每百户居民拥有的彩电数量达到93.5台，固定电话用户接近1亿。从1995年到1996年，上海和北京的电话号码先后从7位升至8位。

这是永杰与永浩、宛秋的最后一封通信。平淡如水的文字间，一家人的日常生活跃然纸上：“自从搬入新房后，感到居住条件比以前改善了不少。冬天暖气可热了，外面零下十六七度，屋内总是20℃以上，大人小孩都不受屈，也很少生病。我在晓凤的厕所内安装了一个淋浴器，大人小孩洗澡都很方便。两台21英寸电视，小孩爱看动画片，在一个屋看，我爱看体育节目，在另一个屋看，互不影响。因增加了加密电视频道，他们晚上看外国影片，有时过了12:00。”

结尾处，永杰这样总结一家人当时的生活状态：“大人小孩都生活得挺愉快的。”

话题

3

DIY达人

如果把1949年以来中国人的日常生活用品做个展示，你会惊讶地发现，20世纪70年代的中国家庭集中出现了打造手工制品的现象——丈夫打家具、母亲做衣服、女友织毛衣、闺蜜们一起绣苫布……自己动手组装收音机，拿厂里的边角料给孩子做玩具，更是家长们的拿手好戏。

宛秋和永浩作为一对标准的同志爱人，是不屑于把大把时间花费在衣食住行这样的日常琐事上的，即便如此，这股强劲的DIY风还是透过缝隙吹进了他们的家庭生活之中。

我业余时间做点儿木工活，像书架、一头沉书桌、小椅子等，做得还不算差，挺有使用价值。（永杰）

永杰在鞍钢汽车公司运输处工作。鞍钢被称为“共和国钢铁工业的摇篮”，职工最多时达50万人，工厂建有自己的幼儿园、学校、医院、铁路、食品生产厂，构成了一个封闭的小社会，孕育出独特的社会风气。

20世纪六七十年代，工人收入好、地位高，在生活方式上一直领社会风气之先。

1972年，永杰在给永浩和宛秋的信里，提到厂里打木器成风，自己也成了半个木匠。

“这次晓巍回去时，我送给他一个大活扳子，我这里还有一个，想送给你用，还可以送给你两个木工用的刨子，我现在也学成半个木匠了，七零八碎的，都可以自己做了，虽不美观，但可使用。”（1972年5月14日，永杰给永浩、宛秋）

永杰1959年毕业于北京工业学院汽车坦克制造专业，1970年由北京调到鞍钢，在机修总厂汽车队主管汽车的技术工作。科班出身的他，能自己制图，动手能力又强，掌握了木工的基本技能后，手艺突飞猛进，到1973年，已经能自己打成套家具了。

“春节后我利用业余时间做了几件木器。在一个半拉木匠的帮助下，打了1对箱子，1对箱座，1个一头沉办公桌，还整了1个圆桌，2个菜柜，看起来水平还不低。东北这个地方和关内不相同，每家都摆有箱柜的，打木器成风，每家都有木器摆设。经过两个月紧张的业余劳动，咱们的木器也差不多了。”（1973年4月20日，永杰给永浩）

那一时期，人们高昂的政治热情开始褪去，家庭重新成为生活重心。想提高生活质量，首当其冲就是改善居住条件。当时大大小小的城市都经历了工业的迅猛发展，大量产业工人诞生。他们普遍住在工厂分配的宿舍区，要么是低矮促狭的平房，要么是简易的筒子楼，能摆下床和扣箱，就已经很像样了。买新家具？对不起，市场上根本没有。想要新家具，只能自己动手。

永杰的业余时间就是做木器活儿，每天晚上都很紧张，星期天一忙一整天。

“最近这3个月，做了2个单人床（带床头柜），1个双人床，1个大衣柜，衣柜的门上有2面大镜子（成本10元钱），衣柜下部的座上有4扇山水油画的玻璃，样式比较美观大方，在东北来说还算时髦，总价值在120元以上。东北这个地方，个人打家具成风，每个家庭都讲究摆设，咱们的家庭也成了上流的摆设了。有大衣柜、一头沉写字台、衣箱、箱座、圆桌等。把房间整理得挺像样子。”（1973年7月15日，永杰给永浩、宛秋）

自己做家具的程序十分烦琐，需要自己制图，熟练使用各种木工工具破木料、开卯榫，家具做出来还需要刨光、打泥子、反复多次上油漆，但永杰乐在其中。

“我业余时间做点儿木工活，像书架、一头沉书桌、小椅子等，做得还不算差，挺有使用价值。”（1976年5月11日，永杰给永浩、宛秋）

看得出来，他很为自己的手艺感到自豪，为通过劳动改善了家庭面貌而感到得意。

整日埋头搞科研的永浩和宛秋虽不会自己动手打家具，但也被卷入这股风潮之中。永浩的侄儿林熙在济南，通信中，他们多次提到打算在济南购买纤维板一事。永浩当时采用的应该是自己买材料请工匠师傅上门打家具的策略。

纤维板是一种复合材料，价格低廉，一般用作家具背板。在北京买不到纤维板，永浩托家人在济南看看。当时济南全家正在为林熙结婚买家具而犯难。林熙说：“济南木器不好买，很缺，一些结婚的木器都买不到。”于是只能选择自己打家具。林熙对木料以及其他材料的购买渠道非常熟悉，但那段时间纤维板太难买了。

“济南的纤维板也不好买，等好买时再买了寄去。”（1972年11

月12日，林熙给永浩）

一年过去后，1973年年底，纤维板才有了消息。

“你曾说要两张纤维板，最近林岚已从厂里买了两张，不知五婶何时回京，回去时在济南停一下，把这些东西捎去。”（1973年12月10日，林熙给永浩）

宛秋说自己如果只在济南待一两天，恐怕没有时间去办托运：“你是否写封信给家中让林熙或林辉办理一下，给送至清华车站……据了解托慢件要事先登记，等通知车才能办理托运。是否写信给林熙，让家中现在就办理吧，不要等我了，反正我也拿不了。”

在1974年1月13日林熙给宛秋的信中，可以看到，最后的解决办法是由林熙到济南东站打零担（指火车托运——编者注），往北京寄，虽然这样时间可能慢一点儿。

制作家具需要大量方木、板材，纤维板只是其中一个不甚重要的部分，尚且如此大费周章，可见当时自己打一套家具难度之大，但人们乐此不疲。这是因为做家具一方面能切实改善居家环境，另一方面能彰显出男主人有办法、有资源、有能力，是男性气概的综合显现，所以在工人群体中格外盛行。

永浩和宛秋的知识分子同事们也不甘落后，纷纷托宛秋在上海购买做家具的工具。

“我想托你买两把1.5寸的金兔牌上海产的刨刀，就是上在木头刨子上用的。请你有空出去溜达时帮忙选购一下吧，不胜感谢，带

款3元，祝好。”（1973年7月20日，月娥给宛秋）

刨刀很快买到了，只不过不是月娥要的金兔牌，而是光明牌(即金鸡牌)。宛秋回信说：“店里人说金兔、金鸡两个牌子都很老，都好。0.84元1把，我怕以后碰不到，是在厂附近一家小店买的。南京路的几家大店，什么时候去连光明牌也没有。我看若以后碰上金兔牌再买吧，反正不会浪费。”不会浪费是因为要她代买刨刀的人太多了，老曹、老金、老程，每人至少要了1把。

当时全国各地的人们都沉迷于打家具，从简单的小凳子开始，发展为“三十六条腿”——大衣柜、平柜、高低柜、写字台、餐桌、椅子等，每件家具四条腿，“三十六条腿”就意味着9件家具，这也成了当时年轻人结婚的必备硬件。

1973年3月，林熙准备结婚，他在给永浩、宛秋的信中这样描绘准备好的新房：“布置得确实不错，是父亲、林岚、林辉花了几天时间搞好的。墙壁已经粉刷得很白，林辉打的三抽桌，已漆得油亮，床南北摆着，靠南墙的床头上放着林辉打的小衣橱，桌子两头放着买的椅子。红黑色的桌面上，放着4只暖壶，以及茶壶、茶碗等。屋里安上了8W的日光灯，拉开后很亮。”林熙的新房里摆放着弟弟林辉亲手打制的家具，屋顶拉着一盏时兴的日光灯，亮瓦瓦的，就像他和新娘即将开始的新生活。

这毛裤是开裆裤，而且还小，我想把晓峰那件毛衣拆了，和晓岩的毛裤合并打件毛裤。（宛秋）

从宛秋和永浩及家人的通信中，可以看到这个大家庭中有4位女性在织毛衣，分别是宛秋的母亲、宛秋的大姐宛春、永浩的四嫂美娟，以及宛秋本人。

从宛秋母亲的年龄判断，她应该是在民国时期学会了织毛衣，上海人叫织绒线。20世纪初织毛衣这门手艺传入中国，开始在上海、天津、北京等大城市的时髦女性中流行开来，手工编织的毛衣、披肩与丝袜、高跟鞋搭配，构成了三四十年代摩登女郎的典型形象，宛秋母亲或许正是她们中的一员。在之后短短的几十年时间内，“织得一手好毛衣”硬是与“做得一手好针线”并列成为女性心灵手巧的比拼标准。到70年代，厌倦了完全没有性别特征的蓝色、灰色工装风外套，中国女性突然重新发现了编织之美，开始在办公室、车间休息室、公交车上织毛衣，甚至发展为单位一开大会，台下的女工就每人从布兜里掏出毛衣针和一团线，指头牵扯着各色毛线上下翻飞，给全家人织毛衣、毛裤、围巾、帽子、手套。

在鞍山市立医院工作的美娟带队下乡，特意带了灰色纯毛毛线，花两个月时间为永杰织了开口毛衣和毛裤。大姐宛春让宛秋在北京买绒线，准备为父亲织毛衣，信中写道：“颜色可深藏青（不要黑色，要深藏青）。如果深藏青色没有，就买略微深些的灰色，实在都没有的话就买米色。”就连一心扑在工作上的宛秋也买了8

两全羊毛手纺毛线，准备利用在冶炼厂宿舍的午休时间为晓峰织条毛裤："妈妈说这线还挺结实。就是手纺的粗糙些，颜色也有点差别，打毛裤没关系……我在这儿慢慢地打，明年回去时可给他穿。"

1973年，宛秋带着晓岩回上海不久，母亲就提出给晓岩和宛秋各织件毛背心，宛秋在信中写道："妈妈说晓岩缺件细毛背心，我也缺件细毛背心……说实话，晓峰也该打条毛裤，若妈妈有空慢慢地给打成也不错，以后回北京我哪有空呢。"

宛秋知道母亲的编织手艺了得，但她考虑买两个人的细毛线的话，又得不少钱。她告诉永浩，在上海买毛线要用专用券，所以最好在北京买，让人捎过来。当时每斤普通纯毛毛线的价格是十四五元，细毛线的价格在18至22元之间。

"我看要不先给晓岩买几两线，问问店里6岁到7岁的孩子细毛背心要多少……有便宜的话，就买便宜的，但要全羊毛的，细线即可，妈妈说土黄色的、苹果绿的、浅绿的都行，墨绿色的不好看。"（1973年5月2日，宛秋给永浩）

还没等永浩买到毛线，宛秋又更改了指令："在大橱的底下一格，可能在那儿，包里用白布包着好多旧毛线，其中有一种紫红色的毛线，是我以前的一件细毛线衣，我记得我拆了一半，还未拆完，你把已拆好的毛线和未拆好的毛线均拿来。妈妈说给晓岩打件细毛背心肯定够用，放在家中也浪费，我想也是。你尽量在几个包内多找找。"

宛秋绞尽脑汁盘点着家里有多少不穿的毛衣，这样就不需要买新毛线了。

“我看把剩下的绿毛线、黑毛线也带来，晓岩的绿毛线衣，妈妈嫌难看，嫌太粗，干脆拆了重打别的，晓岩的黑毛线衣也小了……你看着办吧!”（1973年5月6日，宛秋给永浩）

“妈妈可给晓岩把那件蓝毛衣拆了重打……晓峰有件红的粗毛衣，太小了，那颜色和晓岩带来的毛裤差不多。这毛裤是开裆裤，而且还小，我想把晓峰那件毛衣拆了，和晓岩的毛裤合并打件毛裤。晓岩的毛裤线不好，拆了就没多少线了，那件毛衣和这件毛裤合并，就能打件较大的毛裤了。再找橱内有否这种红毛线，若有的话一块带来。我想妈妈既然提出能给晓岩打细毛背心，重打毛裤，就充分利用这个机会，以后回去又忙，我也没多少时间。”（1973年8月20日，宛秋给永浩）

过了一个夏天，姥姥把晓岩的细毛衣、细毛背心均打好了。永浩和宛秋占了天时地利的优势，平时没少帮衬各家。亲戚之间不能明算账，但人情总是要你有来我有往的。1975年，晓岩随奶奶住在济南的那段时间，堂姐为晓岩打了一件毛背心。8月，林熙在给永浩的信中写道：“已穿上很长时间了，又给晓峰打了件花背心，给他寄去，也许今年还能穿几天。”

紫红色、蓝色、绿色、黑色，毛衣、毛裤、毛背心、毛手套，不分颜色，无关大小，再破旧的毛衣，经过拆洗，重新绕成线团，重新编织，都有机会涅槃重生为全新的毛衣。在买新衣服不仅需要钱还需要布票的时代，毛衣这一神奇属性为平凡日子带来了许多惠而不费的惊喜。

有时候毛衣穿得太久，线磨得很细了，甚至发生断裂，也难不住巧妇。在旧线基础上另外配一股新的细线，原本的单色线就成了花线；或者把几件旧毛衣还能用的线一起织，一段红一段绿一段黄……虽然是困顿生活中的无奈之举，但这样织成的毛衣在美学上却别有一番风味。

> 你那里需要什么东西，可来信说明。我能在厂里做的都能做，只要是需要的、常用的东西物件都可。（永杰）

20世纪70年代，市民生活变得十分活跃，男女老少利用有限的资源，以极大的热情进行劳动创造，打家具、织毛衣、组装收音机、做衣服、养鸡、种葡萄、做煤油炉……大家通过一点一滴的努力，让生活变得好一点，美一点。“我问你一件事，你对整流懂不懂？我组装了个半导体，需直流电源6V，别人给我买了个小变压器，8V、12V都有，主要是变直流的那套设备没有，有人说可用硅片桥式整流，有人说可用4个二极管（处理的0.1元1个），不知你懂不懂，若会，有条件时给我装个，若不会那就算了。我现在用4节大电池，半年多换一次，倒也可以用。”

永杰在1973年2月1日给永浩写的这封信里，提到了组装半导体，这可是那个年代有志青年最为经典的高尚爱好。小学生用几根导线、一只耳机做矿石收音机，成人组装更高级的半导体收音机。虽然那时候每个家庭都不富裕，但开明的父母每个月都会留给孩子几毛钱买组装半导体用的三极管。晚饭后全家人围坐一起听半导体，那时候广播电台节目中有了大量新创作的歌曲，如《打起手鼓唱起歌》（1972年）、《我爱五指山，我爱万泉河》（1973年）、《渔家姑娘在海边》（1975年）、《西沙，我可爱的家乡》（1976年）……这些歌曲优美欢快，有浓郁的生活气息，唱出了属于那个时代的浪漫。

宛春的裁缝手艺好。周日，宛春和宛秋逛街时，合买了宽面子的绢丝绸，宛秋给永浩写信："昨天星期日我和大姐合买了宽面子的绢丝绸，白色，9.3尺（出口转内销）。去染黑了，我和大姐套裁做裤子，黑裤子，夏天穿着凉快，又结实……姐给做也不要工钱，真合算。"

"上海布的确良又好看，又便宜，完全可在这儿买了布回去做。我已买了丝绸长袖衬衫料子，仅2.75元，由大姐给我做。"（1973年4月17日，宛秋给永浩）

"我的棉袄，大姐已给裁好了，妈准备给做……大姐给爸爸、孩子们及她自己均做了的确良裤子。她还会做大衣，大姐挺行。"

（1974年12月25日，永浩给宛秋）

大姐宛春会剪裁，母亲缝纫技艺好，有了这天作之合，家里每个人都跟着沾光，一年四季都有新衣服穿。

在鞍钢工作的永杰更是找到了生活的真义，他不仅热爱做家具，对其他DIY也充满热情。他曾托美娟的同事给永浩捎去自己种的向日葵和他自己做的一把不锈钢两用刀。

“可做菜刀和片刀用……由于在厂中偷着干，而且时间比较短促，做得粗糙，以后用的过程中慢慢磨磨就光些了。”（1976年5月11日，永杰给永浩、宛秋）

他问永浩能不能搞到煤油或柴油：“若有条件能弄到煤油或柴油，用起来较方便，我给你做一个煤油炉，以后捎去。”

他对养鸡、种葡萄产生了兴趣。

“这里其余都挺好，有5个母鸡，基本上都下了蛋，每天都能收两三个。今年又种了不少玉米、向日葵、豆角，看来今年的葡萄能结不少，我搭了个大的葡萄架，早就都上架了。”（1973年4月20日，永杰给永浩）

“今年我们买了20只小鸡，有庄河大鸡、芦花鸡，还有3只大母鸡都在下蛋。工作很清闲，回家来种园，整理家务，挺有意思。”（1976年5月11日，永杰给永浩、宛秋）

把母亲接到鞍山后，永杰在厂里专门打了一个鏊子，让母亲经常摊煎饼吃，这样的话，母亲在东北也能吃到地道的熟悉的山东美食。永杰还在给永浩的信中说："咱娘来到这里还行，还住得下，就是这里忙得要命，主要是喂鸡、买菜、做饭和管理小园子。喂鸡的任务量最大，每天要多买几次菜。今年养了不少鸡，除了去年剩下的5只大母鸡，今年又养了5只半大的，5只稍小的，还有4只小的，合在一起近20只鸡。到冬天挑一挑，剩下六七只好母鸡，其余的就吃了肉。这里副食供应还是差得很，肉鱼蛋特别少，主要是白菜。"

1977年1月2日，永杰在给永浩、宛秋的信里，颇有诗意地说："我们这里一切都挺好，工作都还是照常，生活上、精神上也比以前愉快，邻居互不相扰，厨房、厕所都是自用的，煤气也挺足，缺点就是4楼较高，再是这里鞍山自来水公司搞得不好，水压太低，自来水4楼上不来，每家都自己做了手压抽水机，每天早晚压一缸水够一天使用，自来水上不来每月我们都不缴自来水费。你那里需要什么东西，可来信说明。我能在厂里做的都能做，只要是需要的、常用的东西物件都可。"

无论永杰、美娟，还是永浩、宛秋，以及全家人，谁都想不到，中国人将在一年后，结束这长达6年的男耕女织的休养生息，迎来科学的春天，迎来高考，迎来中国共产党第十一届三中全会，人们将以饱满的热情投入改革开放的洪流中去。永杰再也顾不上做家具，宛秋和永浩开始去商店买成衣，半导体收音机即将被电视机取代。“时间就是金钱，效率就是生命”，中国人将凭借不可思议的勤奋，创造出人类历史上经济腾飞的奇迹。

话题

4

超级代购

20世纪90年代，随着经济全球化与信息化浪潮席卷整个世界，全球展开了新一轮产业结构调整和国际产业转移，改革开放后的中国逐渐发展成为世界第一制造业大国，拥有全球产业门类最齐全、产业体系最完整的制造业。对普通百姓来说，最大的变化体现在“只有你想不到，没有你买不到”。

很难想象，就在40多年前，捎东西还是人们日常生活中的一个高频词。一个人若是有幸生活在上海、北京、天津这样的大城市，或者有机会到大城市出差，那么外地的亲朋好友想到的第一件事一定是让他帮忙捎点什么。这个“什么”可能很大，如收音机、自行车，也可能很细小，如缝衣针、蟑螂药。

1971年，宛秋在给父母的信里提道："缝纫机针如碰上也可买点，尤其小号的。"1972年11月13日，父母终于买到了缺货已久的9号缝纫机针，父亲高兴地写信告诉宛秋："9号针暂时缺货难买，直到现在才碰到。每人限买2根，共买到4根，现给你放在信封内寄去。"1974年12月14日，永浩让宛秋在北京留意能不能买到针，信中说："大姐要7号的缝衣服的针（不是缝纫机针，是一般缝衣服的针），你可买1—2包放于信封中，寄来。"1976年6月23日，远在鞍山的永杰接到了买缝纫机针的任务，他给永浩和宛秋写信："要11号或9号的，我这里只有11号的。再小号的，我到市场上看到这里也缺，我寄几根11号的针先用着吧。"

9号针暂时缺货难买，直到现在才碰到。每人限买2根，共买到4根，现给你放在信封内寄去。（刘骅）

永浩和宛秋生活在北京，又有到上海出差的机会，外地的亲人、本地的同事，请他们代购的东西可谓五花八门，层出不穷。

"你的来信和两包蟑螂药全部收到。"（1972年10月10日，美娟给永浩、宛秋）

“顺便的话，买几只夹衣服的竹夹子，若遇不到就算了，反正上海有木头的也好用。”（1973年3月8日，宛春给宛秋）

“小杨想要买1盒黑鞋油、1盒棕色鞋油，管状的、盒子的都可以，桂芳要买两个小手表。”（1974年12月31日，宛秋给永浩）

“给燕婷买了皮鞋油各1盒，共0.71元，陶、贾的小勺各买了1把，共0.56元，同上次一样，没开发票，让小何带回去。何于星期日乘车离沪，星期一晚上方到京。”（1974年12月14日，永浩给宛秋）

“买两节4号电池。”（1975年8月16日，林熙给永浩、宛秋）

“老武、老岳爱人，均问起他们要买的耳罩、哮喘洋金花，老赵还问起他要买的收音机零件，我均回答买不上。以后如你要去参观，可在参观回来的路上顺便买。”（1975年1月25日，宛秋给永浩）

“赵燕的20W镇流器没有，最近有40W的镇流器，也是2.8元1个。”（1974年2月8日，宛秋给永浩）

“焕珍的电表有希望换，大概是2.5A的，16日我去退钱时，又给店里说了些好话，他们便答应给找2.5A的，还算较顺利，但是现在还未拿到手。”（1973年11月23日，永浩给宛秋）

“母亲说济南8W日光灯管不好买，南京当时也无货，希望你从上海带两根回去，不知母亲写信提了吗?”（1975年3月4日，三哥给永浩）

“做布鞋用的宽松紧带，是上官托我给工厂的小荆买的，可做两双布鞋用，0.34元，未给钱，你可把此宽松紧带给他，让他交给小荆。”（1973年4月3日，宛秋给永浩）

1974年春节前，永浩给宛秋写信：“上海有无小鞭炮？要便宜的。北京是0.21元100个。有的话给晓峰买500个，晓峰让我写的。”

除了零七碎八的日用品，代购清单里还包括非常私人的商品和市场上稀有的奢侈品。

1970年3月21日，宛秋给永浩诉苦：“现在北京长卷的妇女卫生纸一直买不着，要有也是太高级的，很贵，而且薄，不实用，是否能从上海买几条压箱底带回呢？”

1973年12月16日，同事月娥写信，请宛秋帮忙：“请在上海代我买两个乳罩，要大的，86公分，背心似的，88公分亦可，希望长些。据施老师说，卖乳罩的在淮海中路天泰电影院对过的一家楼上，比较好……请你看着办吧，我不忙着用。”

20世纪70年代，中国的剃须刀市场还是手动剃须刀的天下，电动剃须刀还没有进入中国男性的视野。用之前要把刀架和刀片组装起来，用过之后拆解，收进一个铝制錾花小盒里。使用时先用一个圆头小刷子把肥皂打出泡沫，抹在下巴上，再用手动剃须刀刮胡子。这个过程应该算是那个年代男性为数不多的奢侈享受。

1974年2月8日，宛秋让小李带回老程要的刀片与老金要的两把飞鹰牌剃须刀，外转内销，还是小李帮买的，质量很好。她问永浩："这大小你合适吗？若行写信告诉我，可托他再买1把。也可能小李把东西带给你，也可能直接交给他们本人。发票均在东西内，老程的3.2元（10副），老金的1.92元（0.96元1把）。"

烟酒自诞生起就是市场上的硬通货，在票证时代，过年才给每家发一两张香烟号，能买到的多是本地产的普通烟，上海生产的"中华""上海""红双喜""凤凰"几种名烟对很多人来说都只是江湖传说，根本连真身都没见过。1974年，宛秋在上海做实验期间，自然是近水楼台先得月，她在厂里的小卖部买到过上海牌香烟，信中这样写道："9包，是给老卢买的，每包0.5元，共4.5元。"她还托铁厂的同行秀英在他爱人的单位买香烟，"他们那儿经常有好烟，如能买到几包就不错了。"

如果说对上述日用品还可以抱着能买尽量买的态度，有些代购任务则需要标注SOS级别，限时完成。宛秋的大爷患有青光眼，需长年服用"拨云退翳丸"。1975年年初，这种药在上海断货，宛秋和小姐、姐夫在北京跑了好多地方，都没买到，终于有一天在海淀的一家中药店碰到有货，宛秋一下子买了3大盒。她兴奋地给在沧州出差的永浩写信："1盒50丸，共150丸。0.04元1丸，共6元，倒不算贵。我开了发票，准备给家里写封信。附上发票（姐夫说家里让开发票），但写明不要大爷的钱，因为大爷送过我棉皮鞋，花了12元钱，也不好意思要，你看呢？药已交给姐夫托人带至上海。

他们部里今天正好有人去上海出差。”宛秋还先后在上海、北京帮亲友和同事们买过七珍丹、罗布麻叶、多维葡萄糖、谷维素、维生素等。

“出差就是这样，给别人办不完的事。”（1974年11月11日，宛秋给永浩）

永浩和宛秋的代购任务，几乎贯穿整个20世纪70年代。这既是当时商品匮乏情况下亲友们的客观需求，也体现了夫妇二人乐于助人、广结善缘的生存智慧。

快过元旦了，可能拿出点儿好东西，或三五牌钟来。（宛秋）

1973年7月15日，永杰写信给永浩和宛秋，说他想买一个三五牌挂钟：“这东西在鞍山买不到。北京不知经常有没有？这东西必须有人捎才行。不给寄邮。”

10月3日，距离上一封信发出已经过去三个月，还没有得到有关三五钟的消息，永杰很含蓄地写信催问：“你如果有机会去看一看有没有三五牌挂钟（上海产）。不用特意去看，不着急，城里不见得有，就是你们82楼或者海淀可能碰到，价钱大约45元，不知要不要工业券，我这里还有两个，忘了捎去，不知作废了吗？如果碰到机会先买下也行。”

1973年11月3日，永杰忍不住提醒永浩：“我这里不需要什么东西，若有三五牌挂钟（上海产），中号或大号的都行，可先买下放着，不等用。买挂钟钱不够，以后再寄去。”

三五钟有什么特殊的魔力，让永杰如此念念不忘？

大白兔奶糖，上海手表，凤凰、永久自行车，蝴蝶缝纫机，友谊雪花膏，英雄钢笔，海鸥照相机，回力球鞋……在20世纪六七十年代，上海是全国人民神往的时尚之都，上海制造代表着中国轻工业制造的最高水平。三五钟由上海钟表厂生产，诞生于1939年。当时的国产时钟大多只能连续走7天。上海钟表厂的工程师与工厂技术人员经过反复试验、不断改进，制造出鸟笼式齿轮和光洁度高的轴芯，使得时钟上足一次发条，能连续走15天。为了突出这一性能特点，厂家采用三个“5”作为产品商标，将产品定名为三五牌时钟。

三五钟在钟表界的地位，和现在的人提起宝马车很相似，它不仅是一个品牌，而且是整个行业的代称，能拥有三五钟的人家，非富即贵。常见的是三五台钟，木壳，全铜机芯，造型简洁优美，作为重要的家当，一般都摆放在五斗橱上面显眼的位置，两旁通常会放两只玻璃花瓶，里面各自插一束当时非常流行的塑料花。三五挂钟更奢侈一些，顶部立有木质雕刻造型，玻璃面上手绘流行图案，本身就是一件精美的艺术品。每到整点，挂钟响起“当当”的报时声，沉稳、响亮，划破空气，传得很远。没有钟的人家，靠听着邻居家的挂钟整点报时也能对时间有个大致判断。

当时三五钟的价格在40元以上，比一个城镇普通职工的月工资还要高，算得上是一件奢侈品了。可是，即使有钱，还不一定能够买到。工商部门每年都会给单位或居委会发一两张三五钟的购买票，大家抓阄，凭票购买。逢年过节，商店偶尔也会到几件不需要凭票购买的三五钟。它们还没被摆上柜台，就被那些消息灵通的消费者抢购了。

永浩在82楼或者海淀显然都没有见到三五牌挂钟，他把这个代购任务交给了宛秋，当时宛秋人在上海。本土生产的钟，市场上应该更容易碰到吧。宛秋决定星期六去碰碰运气。用了将近一个月时间，宛秋认识到了此事的难度，在信中跟永浩说："看来挂钟是不太有希望买到的。""我已写信告诉四哥钟不好买，你写信时也可提提此事儿。"她把希望寄托在即将到来的新年："快过元旦了，可能拿出点儿好东西，或三五牌挂钟来。"

新年很快过去了，宛秋沮丧地承认："四哥要的挂钟根本买不到。今天去上海大厦开会，中午有两个小时的空闲，我跑遍了整个南京路也买不上。据几家店里的人说，这种三五牌挂钟出得很少，轻易不来货，来了也很少，挂钟比座钟更少，座钟也买不到，别说挂钟了。你可以去信，告诉他，确实我花了不少精力去买，但买不上。"

在济南的林熙也被惊动了："五叔来信说，四叔要买一个三五牌上海产的挂钟，北京买不到，问我济南可否买到。”1974年1月13日，林熙向宛秋汇报结果：“我特意去泉城表店看了看，没有，只有电表和闹钟。”看来这次的代购任务只能由宛秋来完成了。

直到1974年5月28日，宛秋还在为三五牌挂钟奔波着。信中这样写道：“四哥要买的钟一直没有。前阵子我在上海大厦开会10天左右，每天中午在南京路上转都没有，看来是没有什么希望了。我们又不是老在外面的人，不好碰。”“四哥的挂钟没买上，我跑了几次，跑了几家店均没有，有的店橱窗内倒是挂着，46元1个，但问店里的人，说这种挂钟一般2—3个月才来一次，一来立即抢完，我又只能星期六回家路过时或星期日出来买，那就更碰不上了。你可写信告诉四哥这种情况，我以后经常留意着，能碰着就买。”

从1973年7月15日到1974年5月28日，前后折腾了近一年时间，鞍山的永杰为了买三五牌挂钟，惊动了上海的宛秋、北京的永浩、济南的林熙，结果一无所获。

身为代购，宛秋面临的压力不仅仅来自一次次去商场寻找货品，还有人类最普遍的烦恼之一——钱。她曾在信中写道：“如要买的话，钱还真不够用，因为我还要买双棉皮鞋。鞋最近不买，天气冷了就不好买了。由于上次出差花钱较多，所以手头缺钱，我想如好买的话，先借用一点儿公款买了，然后再写信给你，让你再寄钱来补上。”

身为代购，宛秋不仅收不到代购费，还得自己先垫资，这样一来，原本稳定的家庭收支平衡很容易就被打破了。“不知你那儿还有多少钱？我这儿只有20元了，还要支出到月底的吃饭钱。最近连着出差3次，并买了些东西，因此钱缺空不少，不用说买挂钟的钱了，买混纺布也不够，如果突然让我回去，车票的钱也没有。这两个月给我把工资全寄来了也不够用。我也没乱用，真不知怎么的。”她告诉永浩：“如果还想给四哥买钟的话，那看来得给我寄钱来，否则有货也买不了。”

请人代购的商品一定是紧俏货，也就是说运气好的话才能遇到，遇到就得马上付款，根本容不得回家取上钱再来买，所以代购逛商店时必须随身携带巨资。在人潮人海的商店里挤来挤去，宛秋找不到安全感：“说实话，每个星期日回去身上均带着这么多钱真是够危险的。”

万一买上了呢？宛秋不得不考虑：“如果托小杨带回去，不知道有困难否，因为在老金走之前，他曾和老金说，实验完后，他回去北京时，要坐船去青岛、烟台等地参观一下，要一路参观就无法带了……已有四五个吊灯要他带，再让他带一个大钟，可能人家也不愿意，所以我在买钟前，还得落实一下谁能给带。”

资金和物流——解决不了这两个基本问题，代购就无法摆脱吃力不讨好的命运。

以后凡给人带东西，如你收到钱后都来信告诉一下，我这里都记着账呢，以免时间长了忘记了，把钱弄乱了就不好了。（永浩）

宛秋和永浩在上海工作期间，大量的业余时间都花在帮同事代购商品上，金钱往来十分频繁且复杂。有人在发订单时就付清全款，有人选择先付定金，有人坚持零风险，货到才付款。每完成一项代购任务，代购人就要重新计算委托人的存入和支出。身为代购人，必须清楚记录每件商品的单价、数量、总价，有发票的尽量要发票，以免交代不清。

“向明的药，罗布麻叶已买来了，2.08元1斤，发票附上。”（1973年9月6日，宛秋给永浩）

永浩托人把包裹捎给宛秋，每样东西的单价、总价都写在纸上，夹在包裹里：“给老吴买的打火机用到的打火石30只，共0.6元，给桂芬、小贾各买小汤勺1个，每个0.28元，他们3人均已给钱，老吴的没发票。”每笔账清清楚楚，得益于永浩和宛秋身为工科知识分子的严谨细致，更是他们严于律己、爱惜羽毛的具体表现。

“以后凡给人带东西，如你收到钱后都来信告诉一下，我这里都记着账呢，以免时间长了忘记了，把钱弄乱了就不好了。这次托小何带回丹丹的上衣（8元，发票在衣服口袋内）及1斤盐豆（这两样在丹丹的衣服口袋内）和1斤糖。”（1974年11月26日，永浩

给宛秋）

如果对方选择货到付款，宛秋、永浩不仅要预付自己的工资，还要被迫承担一定的风险。

“关于买的假领，月娥若不要也没法，因为她原先要买的是现成做好的假领，上面领子是的确良，下面的是府绸，但没有这种，我就自作主张给她买了假领片。克原却原先就要我买的是假领片，所以应该给他两个。托人买东西最讨厌，不买又不好，买了又不要，我还算给他买了《红小兵》呢，我看有人要假领片就让出，若没人要，还得再给克原一副，就说宛秋写信说你原先就托买两个，买了不要，这么多假领给谁！我姐最多留两个，我就不要了，因为我已有了。”（1973年4月22日，宛秋给永浩）

同事克原冲动之下托宛秋买假领片，等买到了又反悔，让宛秋十分为难。

“秀珍若要买鞋，你估计一下要多少钱，是否问她先要些钱，也托老卢带来，就告诉她我们没有钱了。这次出差去上海，我回家花了不少钱。这样做，一方面是因为钱确实紧，另一方面免得买了她又嫌不好不要了，一般存心买东西都先给钱的，她上次只给10元，只剩下0.99元了。若这次她不给钱，我就不给她买。”（1973年4月27日，宛秋给永浩）

1975年元旦，一共两天假期，永浩打算其中一天和宛秋的父母一起过节，另一天去买东西。他给宛秋写信：“给别人买的东西，我还没出去买呢。我准备今天去你家，明天给他们买，有些托大姐给买。不过从昨天起，老下雨，而且也比较大，不知明天如何。”为什么要托大姐买东西呢？宛秋曾经说过，大姐眼光好，更重要的是，大姐有月票，可以省下交通费。唉，又多出一笔无法启口讨要的开支。

> 关于别人托买的东西尚未买全，我总觉得别人托了我，要尽量给办到。（宛秋）

宛秋和永浩不愿给别人添麻烦，所以给自己买的东西并不多，托人带东西也是能省事则尽量省事。1973年5月2日，宛秋提醒永浩：“上次托带的裙子也别忘了，不要带什么吃的了，经人家手挺麻烦。”但是对于帮别人买东西，他们倒是表现出了充分的理解，并愿意全力以赴帮忙实现。1973年4月15日，宛秋到上海后不久，在信里向永浩表明自己对代购这件事的态度：“关于别人托买的东西尚未买全，我总觉得别人托了我，要尽量给办到。秀珍托买小孩的棉皮鞋，由于冬天已过，没有皮的，偶尔见到有翻皮的（咖啡色或黑色），但要5元多，你是否问问她要不要，我觉得太贵了。她给的钱基本用完，只剩0.8元，但如果她要，可以给她买。问她黑色或咖啡色是否均要，如不要大概今年买不成了，除非我在这儿过冬天，那时再买。另外老吕的包，你再问问她也行。听老程说，新华或莎莎的包就是老吕要的样子，你看看啥样，告诉我也行。”

老吕要的包具体是什么样子的呢？信中写道：“我求你买的包，你比较着买，因为我看的太少，我只能大概地提一点供你参考吧。我希望要全黑色的泡沫塑料两用包（不要带白边的），形状是长方形的，不要那种方形包。包的大小，希望比5.8元的包小一点儿（这也是两用包），比3.8元的包大一点儿（单用包），样式可比5.8元的包好一点儿，这个像个行李袋。价钱不超过7元即可，不要太高级的。”

老吕要的包终于买到了，5.15元。“因为明华带来的条子，老吕想要4元多的包，又不要贵的了，原先附来的信说7元以上的即可，这样我只能以后来的条子为凭证，不敢买贵的，因为说有4元多的包，我想买5.15元的问题不大，6.9元的包样子比5.15元的好，我不敢买。她的包变化3次，我快给她买了算了，省得又变化。”代购商品，不仅款式要对，价格也得合适，再加上对方还总是改主意，好脾气的宛秋也有些不胜其烦。

即使花费大量时间、精力挨家商店去找寻，也未必能把代购清单上的商品买齐全。1973年3月28日，宛秋在冶炼厂招待所给永浩写信：“关于所内托买东西的事，我已在几家最大的商店看了皮鞋、背包等，均缺货，因此只好以后再讲。你如碰上小赵、巧华、老吕等可提提此事，造造舆论，省得别人托买皮鞋等，已托的人告诉他们以后有了再讲吧！”

1974年4月1日，单位终于同意让宛秋回北京了。临行前大量的采买消耗了她的精力，她给永浩的信破天荒地只有短短半页纸："继刚的木棉买不上。星期日下午我跑了好几个店均没有，店里的人说你不要再跑了，近一年来都没有木棉。"有些易碎的东西她也不打算买了，信中道："继刚要的洗涤剂不用给他买，我已经告诉过他不买了，因为不好买，怕打碎了，他已同意，就算了。"

1974年至1975年，永浩长驻上海期间，同事们有的直接写信要他代买东西，有的通过宛秋提出请求。夫妻都不擅长拒绝人，结果就是只能拼命克扣自己的业余时间去买买买。即使如此，还是有很多东西没买到。永浩回北京之前，让宛秋提前给同事们打预防针："下月初回北京。凡未带去的别人要买的东西均没有买上，别人问时可告诉他们。"

1975年11月11日，永浩在信里这样安慰不胜其烦的宛秋："给别人买东西，我看不能太认真了，因为都是熟人，托我们买，也不好不买。单为买东西东奔西跑，花许多路费，浪费许多时间。只是在星期六回家的路上碰见就买，遇不见就不买，托的人实在太多了，你给这个认真办了，还得给那个认真办，不然反而会有意见。咱们又不是采购员。我看你来信讲，为了一件衣服跑了好多地方，是不值得的。给人买回来，也不会有人说你好，若买得不称心，又是麻烦事，我看以后不管谁托买东西，都按此原则办理。"

结果就在同一封信里的下一段，永浩接着说："最近小李让我给他买30W4.14元1个的上海产镇流器，日光灯用，我看等你回来时再给他买吧，把它装到箱子里。”一边说帮人买东西出力不讨好，一边又继续接单。私下抱怨几句，转过身该帮的忙一定要帮。“人家提出来的，尽量满足”，这大概就是永浩和宛秋所代表的多数中国人的真实心理状态吧。

如今通过手机App下单购物不过几秒钟时间，而宛秋和永浩作为20世纪70年代的超级代购，则要事先打听好每一样东西在哪里卖，安排好时间，做好预算，完成采购，然后再想办法找人捎回去。这项复杂的系统工程，硬是靠着两个人的责任心和牺牲精神运转了十几年，直到改革开放后，商品经济，特别是制造业、物流体系发达起来，才慢慢停止运行。他们把更多的精力投入做实验、写论文、出国进修和专业教学当中，成为中国改革开放、科技创新的中流砥柱。

话题 5

过冬

判断一家人的生活境遇，夏天不好得出结论，冬天差别会很明显。清末民初的小说里常提到一个词——荷花大少。有这么些人，喜欢装阔，装大少爷。当年去高档场所消费不用当场买单，而是在三节清账（商家于端午、中秋、旧历年关时清理人欠和欠人的账目），这种做法和现在透支信用卡、在花呗借钱差不多。为什么叫“荷花大少”？荷花盛开在夏季，而装阔时夏天的装备相对来说容易置办，想买上档次的冬装是考验家底的，荷花大少就露怯了。冬天的家庭生活更烦琐，要生炉子取暖，被子里要絮厚棉花，厨房里得炖羊肉暖身子，讲究的人要穿呢子大衣、围羊毛围巾，总之要花钱的地方多，容易捉襟见肘。在20世纪六七十年代的北京和上海，人们会为过冬做些什么呢？

北京的冬天无疑是寒冷的，永浩跟宛秋说："今年北京冬天挺冷，最近室外最高温度老是零度及零下1—2℃，好处是室内可以生炉子，外面寒风呼号，屋子里却可以做到温暖如春，还可烧热水洗脸洗脚。"

我想让你把家中的热水袋给我捎来……这里买一个太贵了，没有处理品。（永浩）

江南的冬天则是出了名的难过，湿冷空气侵入骨髓，从室外回到室内，不仅不能脱外套，有时候还要额外披一件衣服。即使像宛秋这样从小在上海长大的女性，也怕在上海过冬。

"这儿冬天挺冷，也没暖气，手脚冻僵也没法写信看书，晚上睡觉也冷。"（1973年11月17日，宛秋给永浩）

"这两天上海特冷，白天温度都接近零度，写字手都不灵活，就写到这儿吧。"（1974年2月8日，宛秋给永浩）

而宛秋能用来抵御寒冷的武器不过是一只小小的热水袋。

"我想托人把热水袋带来，但又想起你的腰有时会需要热水袋，要不我就在上海买一个小的吧，你看怎样？"（1973年11月17日，宛秋给永浩）

根据他们两人后来的通信判断，宛秋最终没舍得为自己买热水袋，而是临时借用了母亲的一个小热水袋。

永浩这样的壮年男子在上海工作时，也受不了此地冬天的阴冷，他让宛秋尽快托人把家里的热水袋捎过来，好在临睡前暖暖脚。

“我想让你把家中的热水袋给我捎来……这里买一个太贵了，没有处理品。”（1974年12月14日，永浩给宛秋）

当时一个橡胶材质的热水袋价格在1元左右，永浩舍不得花这笔钱，希望能在商店碰上处理品，结果运气不够好，没碰上。他和宛秋商量，把家里原来的热水袋捎过来，家中可买“1.8元到2元的椭圆形的陶瓷的汤婆子（给咱母亲买的那种，以后还有用处）”。

而宛秋收到永浩的来信时，同事老黄刚刚离开北京到上海出差，赶不上给永浩捎热水袋了，她不无遗憾地在信中跟永浩说：“我们都用热水袋，若你需要，给你带去也无不可，但我还未找到人带去呢。关于灰包、拖鞋及水鞋3样东西，我已托人带给老黄（去西安开脱硫会议时带的），请他带给你。老黄是援外办公室主任（负责人），若他忙你去取吧，得好好谢谢他。若你说得早，可将热水袋也带去，现在已晚了。”

永浩时常腰疼，这是宛秋长期担心的问题。她在信里经常给永浩科普治腰病的方法，如去医院或医务室看看，接受电疗，吃药，贴膏药，特别是要注意别受凉。现在知道永浩住的宿舍冷，她心疼得不得了，托济南的侄子林熙为永浩买一条狗皮褥子，这可是当时民间传说中的“自发热”神器。遗憾的是林熙在济南没有看到卖的，只能等以后有卖的再买了。

为了即刻解决保暖问题，她想让永浩在上海买个铝制汤婆子，信中写道：“关于汤婆子，买个铝的，我没意见。反正可用一辈子，将来北京冬天也用得着这种东西。南方好买。”

结果永浩最终还是没能下决心买铝汤婆子。丈母娘心疼姑爷，让他把家里的一个大热水袋拿到宿舍用。宛秋知道后觉得不妥：“关于家中的大热水袋你不该拿，你应该要个小的，因为我去年就拿个小的到厂里去的，大的家里一直用的，家里人员多，有老有少，还有妈妈的脚不好，更该用汤婆子，所以我的意见是你下次回去时把大的带回换个小的，一面留意外面有卖的吗，若有就买一个算了。妈妈及家里待你均不错，你更该体谅家中，尤其是爸爸冬天怕冷，经常用汤婆子。你下次回去时带回大的，可说想到家里人多，想到妈妈脚不好，该用大的，你用小的即可，这样表示自己想着老人家。”

永浩回信解释：“家中的大汤婆子我送回去。原先我要拿小的，但妈硬要我拿大的，说怕把我的腰给弄坏了。大姐也讲，家中有办法。不过接到你的信后，我认为还是把大汤婆子还给家中为好。这里铝制汤婆子不好买，如来人就把热水袋给我带来吧。”

宛秋收到信的当天，就托人把热水袋捎给永浩。

“25日中午刚收到你的信，下午我就托苏代莹把热水袋给你带去了，苏坐26日的飞机去上海跃进化工厂进行钛实验。由于他乘飞机一人不超重15千克，大棉衣肯定带不了了……热水袋收到了吧？冬天用它还是能解决问题的，多注意保护腰，别再犯了。”（1974年12月31日，宛秋给永浩）

元旦前夕，永浩收到了宛秋让同事捎来的热水袋，回信中他饱含歉意。

“你把家里的热水袋给了我，家中冷时，可多盖些被子吧！”（1974年12月23日，永浩给宛秋）

北京和上海相隔1000多公里，永浩和宛秋写了十几封信，想找到一个方法，让两人可以共享一个散热面积不过20多平方厘米的热水袋。

我的两件棉衣都是旧的，一件是结婚时做的，一件更早，如果能再做一件，那这辈子就可以不再做了。（宛秋）

每年入冬前，缝被子是项大工程。如果家里经济条件好，棉花票也充足，自然是要买来新棉絮做新棉被，普通被子用5斤棉絮，冬天的厚被子用6—7斤棉絮。而在实际生活中，每人每年的棉絮供应只有2—3两。如果一家有五六口人，一年总共只有1.5斤左右的棉花票，所以每年全家做一床新被子都很奢侈。更多时候是把旧棉絮拆出来，交给挑着担子弹棉花的手艺人。弹过的旧棉絮变得又松又软，几乎和新的一样保暖。宛秋并不擅长缝被子这类针线活儿，永浩把母亲接到北京来住，老太太干活很主动。

“咱娘把拆的被子都缝了布面，把那床小薄被重新平整、修补，弄得挺好了，这样一来都比较正规了，不像以前那样凑合了。”（1972年3月12日，宛秋给永浩）

每家每户的被子数量都有限，1973年宛秋去上海之前，和母亲商量要带哪些行李，因为晓岩要在家里住，要不要带他的被子去也是一个问题。姐姐宛春代母亲回信：

“知道你要来上海，我们都很高兴，好多年没有机会来上海了，晓岩我还没见过呢。爸爸前几天给你写信忘告诉你，来上海时被子不要带，家里有。出门尽量少带些东西，省得麻烦，而且你还带着个孩子。”（1973年3月8日，宛春给宛秋）

宛秋在给永浩的信里特意提到了晓岩的棉被，她说：“我告诉妈妈可以托人带来，妈妈说不要，家中有被子，说如果带来也用不上，还得存放起来，既然这样就不要带来了吧！”这样一来，在家里的永浩和晓峰天冷时就能多加一床被子盖了。

每年供应的二三两棉花，不仅做被子要用，做棉衣棉裤同样也得用。有新棉花最好，如果新棉花不够，每年入冬前也要把旧棉衣棉裤拆了，面和里子洗干净，在旧棉花的基础上絮上一部分新棉花，重新做成棉衣，这才够保暖。这项工作，一般也由家里的老人完成。宛秋给永浩写信："晓峰已换了棉裤，咱娘已给他全洗后又做起来了。另外，把原来的枕头合并成了2个，加上晓峰现用的1个，共3个，都做了两层枕芯，把细末装入，就不再渗到外面来了。同时把我们和晓岩的那个又重新装填了一下，弄得挺平整了。"

永浩过日子很省，对自己尤其苛刻。1975年春天，他告诉宛秋，第二年冬天不做棉袄了。宛秋不同意："虽然你那儿和我这儿均不富裕，但我看该买的还要买，你的小棉袄还得做，你不是决定不做皮的嘛，那就买新棉花，或者是用好的丝绵头，这些钱不得不花。"

丝绵头1斤3.2元，宛秋觉得价格倒是很便宜："不过听小何说质量不好，做棉花套还行，做棉衣怕不好，但又说父亲做了件棉衣挺合适，妈妈又说好，我看可以做，肯定比棉花做的暖和。"宛秋在信中提到的丝绵头，又叫蚕丝绵，由纯蚕丝制成，比起棉絮来又轻又松，是做棉被、棉衣的高档原料，一般人能有件丝绵袄，整整一个冬天都可以很暖和了。

说到必备的结婚用品，如今人们想到的多是房子、车子、金子，而在20世纪六七十年代，结婚用品清单里一定要包括棉被、棉衣。娘家、婆家均需准备，两家各为新人准备1床棉被、1床棉褥，新郎新娘各1身棉袄棉裤、1身毛衣毛裤、1件呢子大衣，其他诸如棉鞋、棉手套、拉毛围巾等，多多益善。因为涉及数额巨大的布票、棉花票，父母要在孩子很小的时候就开始筹划。直到20世纪90年代，新娘陪嫁的红皮箱里还必定要有一身红色织锦缎的棉衣压箱底，大夏天也是如此，寓意小日子越过越厚实，讨个彩头，但在20世纪六七十年代，年轻人必须趁结婚时购置这些大件，否则婚后仅靠小家庭的力量很难实现。

宛秋有两件棉衣，她说："我的两件棉衣都是旧的，一件是结婚时做的，一件更早，如果能再做一件，那这辈子就可以不再做了。"在另一封信中，宛秋说自己的两件棉袄，一件是红的一件是绿的，红的显然是结婚时穿的。按信中给出的信息推算，宛秋和永浩大概是在20世纪60年代初举办的结婚典礼，算起来这件棉袄有10多年了，绿的就更旧一些。即使如此，宛秋还是把当年做新棉衣的机会给了永浩，信中写道："光做你的，我的以后再讲吧。"

"上海已这么冷了，真没想到。看来你的皮大衣、短大衣均没带去，是失算了。你看最近若有人去上海，要不要把棉帽子及大衣均带上？如有机会带去，先带皮大衣还是短大衣，来信告知……你若知道有人出差来北京，就告诉我，可托他们给你把棉袄、棉帽带去，别冻坏了。尤其是你的腰如受凉更糟糕。你若冷时可把棉背心穿在里边，外边再穿棉袄。"这段通信没有时间，根据内容判断，应为1973年秋天，是宛秋写给永浩的信。

永浩在上海过冬的衣服问题是这样解决的："棉衣等其他东西就不用带了，我在厂内借了件棉衣，又把参加夏令培训的人从厂里借的大衣留下来了，他的这件挺干净，也比较长，是大衣，我在宿舍中穿，我借的那件在厂里穿，这样，冬天衣服的问题就解决了。”

节俭的永浩到底没做新棉袄，很幸运地在厂里借到了棉大衣，岳父又给了他条毛裤。

“锦纶、粘胶、毛线混纺的，据说7元多。”（1974年12月23日，永浩给宛秋）

综合永浩和宛秋的对话，涉及的冬装还包括呢子大衣、毛衣、毛裤、毛背心、大围巾、呢子裤子、厚棉裤、皮大衣、皮手套、毛袜子、手工棉鞋、皮棉鞋、棉袄罩衣、罩裤等，冬天真的太费钱了。

第二辑

家庭餐桌

话题

1

肉蛋奶

永浩和宛秋在信里多处提及的肉蛋奶，是日常生活里最常见的动物性食物的简称，包括肉类、鲜蛋、水产品、鲜奶。肉蛋奶属于重要民生物资，一直是新闻报道里民生类新闻的重头戏。说起居民生活里的吃，一说米袋子，二说菜篮子。千万不要被菜篮子里的“菜”字所误导，以为单纯指绿叶蔬菜，其实肉蛋奶才是其中的重头戏。而牛奶的角色更为特殊，在以农耕为主要生产方式的中国，因其外来性和稀缺性，一直处于汉民族饮食文化体系的边缘。在中国近代化进程中，随着营养知识的普及，牛奶的地位显著提升，还一度被赋予了提升人民身体素质的重要责任。让下一代喝上牛奶，长得高、长得壮，成为激励中国家长努力打拼的奋斗目标。

> 看来他还是习惯这里的生活。这儿吃得好，每天1斤牛奶、1个鸡蛋、1个水果是固定的。（宛秋）

1973年，宛秋在给永浩的信中写道："晓岩现在挺好，吃饭比来时好，每顿均能吃多半碗饭加上菜肉。他爱吃烤馒头，妈妈经常给他烤馒头，抹上猪油他能吃好几块，每天早上半碗奶一点儿也不剩，另外经常吃鸡蛋，每天晚上均有水果吃。我看他比来时长了些肉，脸上气色好看点儿了。""我来了一周左右，已吃了4次鱼、2次排骨，每天早上还吃大饼、油条，水果不断，还吃鸡蛋，另外还要给晓岩订奶。"

1973年3月，晓岩随宛秋一起到上海，住进外婆家。宛秋跟永浩晒晓岩的食谱：排骨、鱼、抹猪油的馒头、牛奶、水果、鸡蛋。即使放在21世纪，这样蛋白质、脂肪、碳水、膳食纤维全覆盖的饮食结构都值得发个朋友圈。

阵容如此豪华的食谱，并非外婆刚见到外孙的一时冲动。我们看看3个月后，即1973年6月15日，宛秋在给永浩的信里所描述的晓岩的日常食谱："晓岩在这儿生活也挺愉快，每天特别高兴，现在每天喝半磅奶，一点儿也不剩，基本上每天还吃个鸡蛋，饭量还可以。妈妈像填鸭一样地填，反正每顿要吃上多半碗饭，吃到后来就得妈妈喂。我还是坚持给他买多酶片吃，这种药看来见效。”蛋和奶没变，晓岩还吃上了健胃消食的保健品。

宛秋的母亲一年四季腰疼、腿疼，但丝毫没有影响她对家中三代人的悉心照料，做饭做菜，清扫房间，成天忙到晚，腿脚不好，也不闲着。宛秋信中说：“关于妈妈的腰和腿，情况是这样的，腰好多了，现在主要是腿和脚还是痛，妈妈说还是以前第一次摔的腿和脚痛，第二次摔的腰，现在已好了。妈妈还是挺辛苦，每天要下3次楼，做饭吃饭，虽然爸爸也够辛苦，买菜择菜洗菜，但做饭做菜还是妈妈做的。”宛秋在家连续住了3天，在这3天里，她看到的情景是：“妈妈每天一早均让爸爸排队买鱼，洗衣服的阿姨也都买，因此我们每天都有鱼吃，不让妈做也不行。”“妈妈还给晓岩订了份酸奶，4元多0.5磅。”宛秋偷偷算了算晓岩来后给娘家增加的负担，再加上自己每个周日也在家吃的3顿饭，决定每个月给母亲补贴25元钱。

3个月又过去了，到了国庆节，晓岩吃的是什么呢？宛秋告诉永浩：“晓岩最近长得不错，你从照片里也能看到比夏天回去时胖了点儿吧！这次国庆回去我看他吃饭增多了，吃起来还很香。这次过节他可高兴了，饭菜好，他胃口也好，妹夫从农村托人带来3只鸡（2只好鸡），节日杀了2只，炖了鸡汤，他喝得可香了。我看他鸡、肉、鱼等均比其他孩子吃得香，这也是他胃口变好的表现。爸爸说这和他吃多酶片有关，他来上海后一直坚持吃，没有了我就给他买。现在还吃一种复合维生素B，每天3次。每次多酶片与复合维生素B各吃1片，问医生及店里的人，都说这两种可以合在一块吃。”

1973年12月31日，一年当中的最后一天，宛秋给永浩的信，再次提到了外婆给晓岩准备的豪华食谱：“你不用担心，看来他还是习惯这里的生活。这儿吃得好，每天1斤牛奶、1个鸡蛋、1个水果是固定的。外婆说他吃得少，营养得够。他玩得也很开心。”

过年就更不得了了，鸡鸭鱼肉样样都有。

“上海家中买了5只鸡，好多鱼肉，还有蛋糕、元宵，真像过年。厂里照顾援外同志，让我们外单位的也买了些酱鸭、过油肉、松花蛋、蹄髈回去。我买了些给家里过年。”“这个年3个孩子就他鸡鸭鱼肉吃得多，看来胃口不错，等年过完了还没吃够。那两个孩子都不缺吃了。这个年花生、糖、瓜子，没少吃。”（1974年2月8日，宛秋给永浩）

如外婆所愿，晓岩在上海的一年多时间里，明显胖了，永浩从照片上也看得出来。

“从照片上看晓岩确实比在家中时好多了，胖多了，看来晓岩在那里还可以。”（1973年6月30日，永浩给宛秋）

1974年春，宛秋回到北京。同年9月，永浩由单位派驻上海，平时住在厂里，周日回丈母娘家，和全家人一起吃顿饭。这个山东女婿在家里的待遇怎么样呢？

永浩给宛秋的信中这样写道："再补充一点儿你们家中的情况，家中人都非常热情，我回去时晚饭后，除大姐外全都集中在二楼聊天，晓巍特热情，话总是讲不完，你爸妈也挺热情，尤其是你妈，好像看这个女婿没个够，对我问长问短，问个不停。"真是典型的丈母娘看女婿越看越喜欢的场景。

12月9日，大姐宛春给宛秋写信，埋怨永浩过于生分："永浩来上海后，来家两次，他很客气，不肯在家住宿。昨天是星期天，也许是因为下雨没来家，早上打了个电话告诉不来了，你下次去信告诉他，没事星期六晚上或者星期天都来家里好了，妈妈也不特别伺候他，星期天都休息，总要买点儿好吃的。昨天妈妈还买了只小鸡，烧的鸡汤，结果他也没有来。"

宛秋果然把大姐的话转告给永浩："12月9日大姐来了一封信，谈到你星期日（8日）未回去，妈妈还买了只小鸡烧了汤等你，没去，她说家里希望你每周均去，星期六晚上去都可。"

如有奶粉，是否买两包？你和晓峰要经常喝奶粉。（宛秋）

1973年宛秋到上海不久，她给永浩写信："晓岩不在家了，也得注意晓峰的营养，如不愿意拿奶可不订奶，但隔一天可以给晓峰一个鸡蛋吃，可煎煮或蒸，换换花样。你和咱娘也应该多吃些鸡蛋，补充营养，尤其现在晚上看些书，用些脑子，营养得跟上，早上别起来太晚，省得晓峰每天早上吃不好饭。”

“如有奶粉，是否买两包？你和晓峰要经常喝奶粉。”（1973年4月15日，宛秋给永浩）

“晓峰身体好吗？念书好吗？你们两人锻炼后，营养得跟得上，隔一天可给他吃一个鸡蛋，你晚上也不要这么晚睡，9:30睡差不多，因为看书的时间多了。”（1973年4月25日，宛秋给永浩）

宛秋要求永浩保证晓峰经常喝奶粉，每两天能吃一个鸡蛋，还建议星期天可买点儿肉蛋鱼，改善改善。快过国庆了，宛秋让永浩把家里的炉子点着，烧点儿好吃的，至少要有一只鸡，再买些胡桃、瓜子，才像个过节的样子。

永浩的母亲专程到北京照顾儿子和孙子的生活，自然也接过了采买肉蛋奶的任务。宛秋在信中跟永浩说：“从信中也知道咱娘身体不错，不仅能去82楼买东西，还可以去黄庄买东西，对于咱娘来说走动走动较好，同时也可以买点儿东西，就是别让咱娘太累着了。我看她又要做饭做菜，又要买东西，还要拆洗棉裤、套被子，是很累。让咱娘少干点儿，另外还得增加营养，买得上的话可多吃点儿鸡蛋、鱼等。咱娘真帮不少忙呢，这样你可轻松多了。”

永浩回复说：“最近北京副食供应不太好，鱼是比较难买的，星期天一早去排队才买到上海青鱼，鸡蛋更难碰。”不过在永浩写信的当天，有个好消息，他告诉宛秋：“上午咱娘听说服务楼来了鸡蛋，下午去排队，买了2斤。前几天还买到了黄花鱼，买回了豆制品等。”

宛秋担心一家三口在北京过日子太省，油水太少，工作紧张，如果营养跟不上，把身体搞垮就不合算了，所以她经常托同事往北京带包裹，有糖果、粉盐、黄豆、牛肉、虾皮、肉松、鱼松、奶糕等，这些食品营养丰富又耐储存，可以给家里改善生活。

从20世纪50年代开始，在计划经济“全国一盘棋”的格局下，保证北京、上海等中心城市的资源调运和副食品供应是一条重要的棋路。以上海为例，1964年6月1日至1976年7月15日，在这期间，得益于“全国保上海”计划，上海的猪肉长期实行“敞开供应”，1975年人均猪肉消费量是27.71公斤，而全国城镇居民的人均消费量只有14.9公斤。猪肉供应“全国保上海”的另一面，是在日用工业品方面“上海保全国”。例如1968年春节前夕，上海仅从陆路运往外地的日用品就有6000多吨；1971年1月上半月，上海商业部门调出大批吃穿用商品，其中仅毛巾、被单、毛毯、卫生衬裤、锦纶袜、弹力袜、丝绸、呢绒、化纤布、胶鞋、搪瓷制品、钢精器皿等日用工业品，就运出90吨。

生活在鞍山的永杰十分羡慕北京的副食供应，有机会就托永浩和宛秋在北京买猪肉。1972年5月14日，永杰在给永浩、宛秋的信中，感叹明显的地区差异：“看来哪里都不如北京好，（北京）不仅在供应上，在文娱上、见识上都广。”同年6月23日，又说：“这里副食供应还是差得很，肉鱼蛋特别少，主要是白菜。”

为了改善家庭饮食结构，永杰想出了一个办法——喂鸡。“咱娘来到这里还行，还住得下，就是这里忙得要命，主要是喂鸡、买菜、做饭和管理小园子。喂鸡的任务量最大，每天要多买几次菜。今年养了不少鸡，除了去年剩下的5只大母鸡，今年又养了5只半大的，5只稍小的，还有4只小的，合在一起近20只鸡。到冬天挑一挑，剩下六七只好母鸡，其余的就吃了肉。”永杰在给永浩的信中这样写道。

> 今年我们买了20只小鸡，有庄河大鸡、芦花鸡，还有3只大母鸡都在下蛋。（永杰）

他还说：“我这里一切都挺好，工作没有变动。你四嫂这次下乡回来后在医院还是很忙，3个小孩上学，她姥姥看家、做饭、喂鸡。今年我们买了20只小鸡，有庄河大鸡、芦花鸡，还有3只大母鸡都在下蛋。”

1972年5月12日，中国人民的老朋友西哈努克亲王携夫人到达鞍山。为了迎接贵宾，全市提前大搞环境卫生，整顿市容。

“靠街的小房子、小鸡园子都要拆掉，咱也不例外。因为谁要违规就得坐大汽车游行，因此我每天就忙于弄这些东西。把破烂的小房子拆掉，在房子后面又盖了起来，把鸡园子也放到后边去。业余时间弄了10多天，真不错。这星期五上午西哈努克来了，参观了鞍钢，星期六上午坐火车到大连去了。”（1972年5月14日，永杰给永浩、宛秋）

任外界雨打风吹，永杰的养鸡大业至少持续到1980年。美娟去大连学习了，永杰给永浩、宛秋写信："共两个半月的时间，5月3日去的，可能得7月20日以后才能回来，这是理论提高，全鞍山市各医院一共只去3名，是一个难得的机会，所以这些日子家务事里里外外，我真成大忙人了，除了大人小孩的一日三餐，还要喂6只大母鸡，从早忙到晚，真够累的。"

1975年年初，晓岩随奶奶到济南的大伯家生活了一段时间，这里肉蛋奶的供应情况和鞍山相差无几。

"济南近期供应不太好，肉有计划了，每人1斤，鸡蛋0.5斤，青菜也不多，常买不到菜，幸好现在农村来济南卖菜的人很多，天桥洞子附近简直成了市场，人很多，大多是卖菜的，品种也很多，就是贵一些，也可以买些菜。"（1975年9月10日，林熙给永浩、宛秋）

山东人好客，何况是北京的亲戚，自然要隆重招待一番，怎奈济南的供应和京津沪没法比，全家努力的结果是"给晓岩买了50个鸡蛋，从外地捎来的"，这是林熙在1975年5月15日给永浩的信中提到的。

"晓岩现在每天吃两个鸡蛋，不爱吃青菜，晚上睡12个小时。"（1975年6月9日，林熙给永浩、宛秋）

奶奶疼孙子，经常出去给他买冰糕、洋柿子吃，知道他愿吃酸楂丸（应为山楂丸——编者注），每天给他吃一个，帮助消化。

几个月后，奶奶又带晓岩去了南京的亲戚家。永浩给宛秋写信时，提到晓岩到南京后有了一个新爱好："他对家中养的母鸡很感兴趣，老是想抱它，摸它。看来这是他的一个好玩意儿了。"当时，许多城镇居民都不约而同地开始养鸡。人们在平房的院子里、筒子楼的楼道里或者楼顶的平台上、楼房的阳台上搭鸡窝，派孩子每天早上去鸡窝里收鸡蛋，而过年杀只鸡改善生活，这一生活方式在当时是相当普遍的。

> 这里的生活比前几年好得多，每天一般都能吃到肉或鱼。（永杰）

改革开放以后，中国人的收入水平不断提高，食物消费不断升级。中国居民的膳食结构发生了巨大变化，对以肉蛋奶为代表的动物性食品的需求不断增加。从一系列的通信中，可以看到，宛秋的父母吃得更好了。

"我们的营养足够，没有问题，每天都少不了鱼肉，连早晨也是馒头、豆浆加泡饭。"（1982年11月4日，父母给宛秋）

"从去年11月开始，猪肉每月每人3斤（第10天1斤），鸡蛋每月大户5斤、小户3斤，这个月因为适逢春节，每户加1.5斤。鸡蛋不够吃可以买议价蛋，每斤2元（比平价的贵0.5元，平价的1.5元

1斤）。其他只有绿豆粉丝，每户用粮票买，每斤1.1元，供应1斤。旁的副食品和平日一样在市场自由购买，就是价钱贵些。这情况和北京差不多。”（1987年年底，父母给宛秋）

“上海的鸡蛋可以不加限制地买，每斤1.48元，大概北京也差不多吧！上海市场上什么都有，不需要北京的东西，我们什么也不要。”（1989年9月29日，父母给宛秋）

“至于荤菜倒没有涨价，鸡蛋仍为2.1元1斤，猪肉等也没涨价，面粉加工成面制品后，加价的幅度并不太大，例如切面原来每斤为0.27元，加价后为0.34元，总之市场情况尚好，勿念。”（1990年9月28日，父母给宛秋）

永杰对生活的满意度也在提高。

“这里的生活比前几年好得多，每天一般都能吃到肉或鱼。”（1989年5月1日，永杰给永浩、宛秋）

1990年，我国城镇居民家庭平均每人全年购买肉类（包括猪肉、牛羊肉、家禽）、鲜蛋、水产品、鲜奶，分别为25.16千克、7.25千克、7.69千克、4.63千克，到2018年，分别增至36.7千克、10.8千克、14.3千克、16.5千克，其中鲜奶的消费量增加了近4倍。如今，人们通过超市、网络、直播等线下线上多种渠道，可以即刻买到肉蛋奶，但老一辈人习惯去的传统菜市场，仍然吸引着为数众多的顾客。来这里，人们不仅仅是在解决吃饱吃好的问题，更是在肉蛋奶的整齐排列中感受人间滚烫。

话题

2

买肉

宝盖头下面一个"豕"字，即房子里养一头猪，这就是家，可见猪在中国人生活里的重要性。在多数中国人的生活里，可以说，吃肉是人们对美好生活的具体向往。在20世纪六七十年代，我国城镇居民的副食品几乎全部凭票供应，其中缺口最大的是猪肉，市场供应有限，经常缺货。肉店、副食品商店一旦传出卖猪肉的消息，人们深夜里就顶着寒风裹着棉大衣排起长队。放寒假时，大人派孩子打头阵。孩子仗着身子灵活，使劲往前挤。估摸快排到时，大人放下手中的活儿，将事先剪成邮票大小的肉号随同现金一同揣在怀里，到商店门口替换下孩子。

猪肉不仅意味着简单的一道菜，还是系列产品。猪肉饺子、猪油、猪皮冻……构成了中国人的味觉记忆。

作为首都，北京的副食品供应可以说是全国所有城市中最好的之一。家里来了客人，拿出自家的购货本、肉号，买上几斤肉送给客人，相当于为他们备了一份厚礼。远亲不如近邻，有时候要买的肉量比较大，还需要跟左邻右舍借购货本用，将来人家家里来了客人想买肉，再将这份人情还回去。

> 你在20日左右给我买上一手提包肉吧。（永杰）

1973年4月1日，永浩帮永杰买了一大块猪肉，信中道：“已经由鞍山来的人带回去了，四哥也把钱给我寄来了。”毕竟是自己家这边的亲戚，永浩在给宛秋的信里把钱款说得很清楚，以免夫妻生出嫌隙。20日，肉和信都收到了，永杰给永浩回信：“炼了一桶大油，还未大吃着。虽然辽宁春季供应不好，市场上没有鲜肉，咱们家还不错。这里大人小孩儿都挺好，生活上也挺愉快的。”当时肥肉最抢手，每个月按人头供应的2两食用油根本不够吃，所以买肉时人们专拣肥的买，回来之后放在火上慢慢熬出大油，拌上盐，存放在大瓷碗里，炒素菜也有了肉香。

1974年12月底，永杰遇到了一次很难拒绝的机会。永杰的老朋友、鞍山矿山设计院的老刘要到山西长治出差，回来时会路过北京。老刘说自己路过北京时可以帮永杰捎些东西。永杰本来不计划捎东西，因为永浩去上海出差了，宛秋一个人在家，去火车站送东西不太方便，但老刘十分热情，说他们一行人多，他可以到永浩家里取东西，不需要永浩的家里人把东西送到站上。于是永杰便写信给宛秋："你在20日左右给我买上一手提包肉吧。上次给你捎东西时有一个人造革提包，若能买就买上满满的一袋，三四十斤都行，冬天也坏不了，拿回来以后我们再处理。买些蹄髈肉（去骨的）、杂碎肉，将袋子事先用线缝住，并系上个小绳，以免将提带弄断。买几斤熟猪肝，放在生肉中，一块带来也行。"

12月11日，宛秋把买肉的事告诉出差在外的永浩："四哥永杰的同事，矿山设计院的老刘同志到山西出差，返程时要在北京转车，同意帮四哥捎些肉。他知道你到上海出差，所以不要我把东西送到火车站，四哥让我把东西于20日左右先准备好，老刘会到我们家来取。四哥要买无骨的蹄髈（不知是买的时候就没有骨头；还是买时有骨头，回来自己去掉骨头）、杂碎肉及3个熟猪肝。不知杂碎肉、熟猪肝是在哪儿买的?"很显然，买肉这件事平时都是永浩在做，这次刚好永浩出差，宛秋责无旁贷接下任务。

永浩指点宛秋这件事该怎么办："关于四哥要买的东西，是不带骨头的蹄髈，经常有，黄筋较多，就是等级之外，一块一块卖的，不切开来卖，这种便宜些，大概0.8—0.9元1斤。杂碎肉得碰。

熟猪肝在哪个熟肉店、饭铺都有，福利楼、桂香村等都有。”永浩果然是买肉的行家里手。

从北京买肉，捎到鞍山，这事可不简单。先要凑够肉号，再要去不同的肉铺问哪家有永杰要的肉。买肉的时间不能早，早了怕坏；不能晚，好肉不是天天有。买上肉还要考虑装在什么包里合适，如何把行李顺利送进站。

幸好宛秋的执行力很强，她是这样做的：“关于四哥要买的东西，我已于22日（星期四）去买了一部分，是杂碎肉和猪大腿肉，前者0.84元1斤，后者0.68元1斤，共买了17.5斤，已花了13.22元，因这些东西平时不太好买，星期日多，所以我先买了，四哥让我20日左右即准备好东西，但老刘今天才打电话，说由于开会延期，24日才到京，准备27日晚上走，我想再给四哥买七八斤肉，这样肉就是25—26斤。再给他买两包豆粉，也算钱。然后我再给小孩买2斤核桃（0.67元1斤）和1斤糖（1.3元的），这2.6元左右的钱算我给四哥孩子的，不算钱，还有3个塑料袋，0.14元，我也不好意思算钱，再加3个猪肝，这个包就超过30斤了。”

七拼八凑，宛秋买到了永杰点名要的猪肉、猪肝。一下子买二三十斤肉，是一笔大开支，所以宛秋在信里强调说，这是要算钱的。另外又买了核桃、糖，这是送给孩子的，不算钱。3个装肉的塑料袋，0.14元，不好意思算钱，只好自己贴了。信中说：“老刘说若他有空来取，就再给我打个电话，若没空来取，我就给他送到车站，这30多斤的担子也不轻，不过怎么我也能担过去，实在太重，就和晓峰一起拎去吧。”一位女性把30多斤的行李送到火车站，不是件轻而易举的事，但她毫无怨言，提前做好了预案，不行就叫上晓峰一起去，晓峰这时才十一二岁，俨然成了妈妈的小帮手。

12月31日，顺利完成任务后，宛秋向永浩汇报详情：“四哥的东西，我已给办理了。由于老刘也很忙，他们24日晚到北京，27日已经离开了。所以我在他们离开前就把东西送到了车站。这次共给他买了28.9元的东西，包括各种肉、猪肝及豆粉等，四哥以前在我们这儿还存着56.22元，另外我还给小孩们买了1斤糖、1.5斤核桃、3包红果片，一共2.7元，这算是送给孩子们的压岁钱吧！四哥托带一次东西，总得剩点儿钱，给孩子买点儿吃的。这次送站也够累了，共35斤左右的东西。弄到车站，第二天胳膊还疼呢！”作为高情商的上海女性，宛秋在信的最后不忘向丈夫撒个娇。

都说这次捎的肉可好啦，在鞍山用肉票花1.1元也买不到这么好的肉。（永杰）

从宛秋在肉铺买上肉，到将肉送到永杰手上，中间隔了三四天时间。在没有冰箱的年代，肉如何保鲜呢？1975年夏天，永杰又托出差的老刘捎肉。这一次宛秋是这么计划的：“天气较热，高温经常31℃，带多了臭了也麻烦。我预备明天早上去买肉，买来了，上面撒上盐，晾干吹吹风，这样下午他来取时再装起来。”许多文化中都有用盐腌制食物的传统，把盐涂抹在新鲜食物上，对食物能起到杀菌保鲜的作用，食物可长期存放。宛秋正是这样做的。

20世纪70年代，绿皮车是中国最常见的长途交通工具。带着珍贵的猪肉，登上火车，白天把肉放在车厢内，晚上则要打开车窗，把肉挂在窗外，吹着凉风，这样做才能尽量保持肉的新鲜，只是人会很辛苦，因为不能深睡，火车每停一站都要保持清醒，否则窗外的肉可能会被偷走。老刘从北京到鞍山，这一路也大概如此。

天气冷了，带肉相对容易些。1975年10月31日，老刘又要去山西出差，同样提出帮永杰带东西。永杰想了想，写信对永浩说："没别的可带，还是买点儿肉吧。可能那里还有10来元钱，去时再让他带20元和1个旅行袋，多买些瘦肉，最好买一半蹄髈（去骨的）。除了都买成肉外，另外买10瓶脑立清（每瓶0.18元），再买两个小学生算盘（11位至13位的均可，上边是两个珠的），可能是1元多1个，这里买不到。这两件东西，有机会碰到时可先买着，一是必须买，二是放不坏，三是不易买到。肉晚不了，他去后，约定好了再买就行。"

因为常年让永浩、宛秋帮着买东西，永杰总有一笔款存放在他们家，永杰估摸着有10来元，不够这次买肉，所以又托老刘带过去20元，另外还有1个旅行袋，方便装肉和其他要捎的东西。

老刘回到鞍山已经是1975年12月7日，乘坐从沈阳来的慢车。永杰晚上10:00多接上了老刘，他跟永浩讲这个过程，并表达自己的心情："行李都被推出来过磅，但是都没有过重的。你这次买东西及到火车站送东西是够辛苦的，尤其是冬天的夜间，又冷又累。老刘还说你留他吃了顿晚饭，他也挺感谢的。每次往这儿捎东西，不是买糖、拿豆腐粉，就是别的，都感到过意不去，打算再给你邮去10元，就算了结了以前的。"

永杰高兴地告诉永浩："这次捎的肉可好啦，在鞍山用肉票花1.1元也买不到这么好的肉。蹄髈太好了，好吃还不太贵，比较起来最合算。在鞍山买，不仅要肉票，还带骨头（个儿小，每只1.5斤左右，骨头就占了一多半），1斤要0.57元，看来在北京买太合算了。"

永浩和宛秋费心费力地帮忙买肉，永杰心里有一本账，他说："这次没有想到老刘从别的地方去北京，本来想给小孩带些苹果，顺便把那个人造革提包带去，并把以前你捎肉时用的那些塑料口袋及绳子都捎回去，只有等以后再有人去时（一般靠不住的人，我不让他到你那儿去）给你捎去。"

在我们收集的这组通信中，有关买猪肉的最后一次对话发生在1976年5月11日，场景仍然是老刘出差。"今天中午12:00设计院的老刘到咱家来说，他捡了一个出差机会，下午2:00坐火车去北京，问捎不捎东西，他想给捎。我和你四嫂商量了一下，捎点儿肉也好，五弟若出差不在家就少捎点儿，在家就多捎点儿。"永杰告诉永浩和宛秋，本想给小孩买些苹果，走得太急，只有半小时的研究时间，当时这里也没有卖的。他让老刘捎去一个人造革提包，里面有绳子、一个麻袋和一些塑料口袋。“麻袋是送给你们用的，好装东西，平时可以放在床下。”

改革开放后，全国的生猪存栏量迅速增长，仅1979年一年就新增800万头，每头生猪的平均毛重增加了12公斤。1980年1月18日，商业部下发通知，要求各大城市敞开供应猪肉。1985年，国家将粮、棉、油、蔬菜等主要农副产品的统购统派制度逐步改革为以计划为主、市场调节为辅，取消了长达30多年的农产品统购派购制度。1988年，农业部开始实施“菜篮子工程”，要求建立中央和地方的肉、蛋、奶、水产和蔬菜生产基地及良种繁育、饲料加工等服务体系，以保证居民一年四季都有新鲜的副食品吃。2002年，中国拥有了世界上最大的猪肉消费市场。1976年，中国人均猪肉消费量只有14.76公斤，2017年增至39.5公斤，这一年全球的猪肉消费总量是11058.8吨，中国人几乎吃掉了一半——5493.5吨。北京与鞍山之间那条曾经十分活跃的猪肉运输线无疾而终。

话题

3

粮食和粮票

民以食为天，吃饱肚子从来都是天大的事。新中国成立后，党和政府花费极大的气力来解决粮食问题。1953年，中央人民政府政务院颁布《关于实行粮食的计划收购和计划供应的命令》，决定在全国实行粮食统购统销。之后经历了粮食定点供应、按户计划供应两个试验阶段，到1955年8月25日，国务院颁布《市镇粮食定量供应暂行办法》，规定“居民以人为单位，实行凭证定量计划定点供应”，这一政策一直执行到1993年，时间长达38年，对每个人的日常生活影响深远。

永浩和宛秋一家四口，两位成年人属于脑力劳动者，粮食定量均为28斤；晓峰十一二岁，定量25斤；晓岩5岁，定量13斤。他们的定量够不够吃呢？

> 晓峰的饭量增加了，早晨1个馒头、1两稀饭，共3两，中午、晚上都吃4两米饭，这样他吃的和我一样多，共1斤1两。（永浩）

“你们走后，我们这里可不那么热闹了，显得寂寞了。我俩一天都在食堂吃。晓峰不爱吃食堂的馒头，光吃大米饭，因此他每顿午饭吃米饭，我吃馒头。晓峰的饭量增加了，早晨1个馒头、1两稀饭，共3两，中午、晚上都吃4两米饭，这样他吃的和我一样多，共1斤1两。”（1973年8月24日，永浩给宛秋）

1975年元旦，永浩在给宛秋的信里再次提到自己的饭量：“在这里我的饭量一点儿也没有减少，我中午晚上都是5两，早上2两，一月得35—36斤。”

永浩一个月是28斤定量，实际上得吃35—36斤；晓峰定量25斤，实际上也要吃掉35—36斤。这多达七八斤甚至10斤的差额，需要一个家庭想尽各种办法来填补，比如把全家人的粮食合并在一起，按天数、人数分成份，每餐定量，为此当时很多人家购买了天平——可以让粮食精确到克。孩子多的人家不得不跟邻居或者亲戚以细粮换粗粮，女孩多的人家往往粮食有节余，而男孩饭量大，社会上有“半大小子吃死老子”之说，所以男孩多的家庭会拿出少量金贵的白面，跟女孩多的人家按比例置换粗粮，如玉米面。在粮食供应最紧张的20世纪60年代，不少单位在近郊开荒种地，补贴职工生活；有时候还组织大家去当地村民收过的地里捡拾遗落的庄稼，称为捡秋；粮店偶尔出售议价粮，人们听闻消息立刻连夜排队去买……综合种种措施，才能勉强做到不饿肚子。

> 看来条件是够艰苦的了，大概得吃窝窝头。有大米饭吃吗？如果有肉菜或油多点儿的菜，贵一些也买着吃吧！（宛秋）

在南方，说到吃饭就是指米饭；在北方，吃饭指的是面条、馒头这类面食。因为南北方物产、习惯的不同，分成了两个区，一个以大米为主食，一个以面粉、杂粮为主食。其中上海市规定的粮食品种包括大米、面粉、挂面、年糕、切面、大豆、杂粮7类。1975年2月22日，宛秋给永浩提到北京的规定是“大米30%、面粉45%，剩下25%供应粗粮。另外要实行粮票当年有效，不跨年用的办法。所以，1975年2月以前的粮票必须2月底以前用完”。而在上海和北京以外的大部分地区，粗细粮比例远远达不到这个比例。玉米面、高粱面、红薯面，蛋白质含量低，热量值低，那时候很多人家的餐桌上顶多只有一盘菜，口感粗糙的粗粮真的是难以下咽。

据上下文判断，可能为1975年永浩下乡期间宛秋写给他的信，这样写道："你们那儿油水太少，去了几天就饿，看来条件是够艰苦的了，大概得吃窝窝头。有大米饭吃吗？如果有肉菜或油多点儿的菜，贵一些也买着吃吧！那儿工作紧张，如果营养跟不上，把身体搞垮了就不合算了。能带东西去吧……从我心里讲真想给你带点儿吃的，如香肠、熟肉之类，但这么多人住在一块怕影响不好，除非别人也带，下次来信时可告诉我，如有机会去人，是否给你带些吃的，就算带点儿糖也可以。"

粮店供应的大米按质量高低分了等级，1975年1月25日，宛秋写道："我已买了35.5斤0.2元的，0.205元的不错，另外现在坏米有时有0.189元的，我也凑巧买上了1月的35.5斤0.189元的，这米烧饭很好吃，比0.125元的好多了，所以现在家里基本无坏米啦。有3袋的好米，1袋0.189元的，其他两袋大概是二等米，足够吃的，等你回来吃吧。"看来，北京家里的粮食足够吃。

对出门旅行的人来说，能在火车上吃一顿大米肉菜，堪称旅途的美好享受，这也是当时为数不多的可以不用粮票就能吃到饭的场合。1973年8月20日晚上，在从北京到上海的普通列车上，晓岩央求妈妈买了一盒盖浇饭，吃得特别香。第二天中午宛秋又给他买了一份，这趟充满米香肉香的火车旅行一定令晓岩终生难忘。

你看若去办手续方便的话，能否把晓岩的粮食关系办一办，办手续开个证，定粮转至上海寄养两个月。（宛秋）

“晓岩的粮食自1974年开始，粮店不给报临时户口换油及换粮票了，因为他的粮食关系一直没转过来，北京未退油及粮票券，所以粮店也未开退粮多少的证明。过去一直给报临时户口，给换油，24日开始严了，不给报了。你看若去办手续方便的话，能否把晓岩的粮食关系办一办，办手续开个证，定粮转至上海寄养两个月。要不家里换不了油了。而要换我的就要多给粮票，可给油。粮店说5周岁的孩子，要17.5斤粮，不知晓岩多少？此事办一办吧，父母很着急此事。”（1973年12月26日，宛秋给永浩）

到上海已近半年，晓岩的粮油关系还没有从北京转过来，宛秋十分焦急，一直催永浩抓紧时间办理。

1975年3月，晓岩再次随宛秋到上海居住了一段时间，宛秋给永浩写信：“去信有几件事讲，第一件事，是上海要让北京粮店开一个晓岩的粮食定量的证明单，证明晓岩粮食是多少斤，他们可以按晓岩定量的粮票数来给换全国粮票和油。我父亲说下个月换粮票时就要这张证明，所以证明信最好早点儿开过来。我们可给他换全国粮票，我每个月给晓岩15斤，给家里5斤，我估计晓岩的定量也差不多是15斤吧。另外我这里的全国粮票只剩几斤了，家中有的话，顺便换上两个月的寄来。”

但是这次事情很不顺利。3月20日，永浩回复：“粮店不给开，他们讲这是北京市统一规定的，因此，我想让所里给开个证明，证明晓岩5岁，定量为18.5斤，不知行吗？”按北京市的规定，4—5周岁的孩子每月粮食定量为16.5斤，5—6周岁的孩子为18.5斤。

从信中可以看出，即使是像晓岩这样从北京到上海临时居住，也需要转粮油关系，即需要开具《市镇居民粮食供应转移证》，否则买粮买油都成问题。同时，还需要把北京的地方粮票换成全国粮票，这样到上海才能使用。

1986年，晓峰大学毕业，户口从学校迁回家中，同时办理的还有粮食关系。

“粮食关系已办好，我已取回晓峰9月的粮票，粮本也已改为4人了，那张盖章交厂里的单子也办了，好明日让晓峰带去厂内领粮食。”（1986年9月3日，宛秋给永浩）

信中提到的“粮食关系”即《市镇居民粮食供应转移证》，办粮食关系是当年毕业生的必办手续，1993年后和粮票一样都归入历史。

> 如还要给妈妈寄20斤，也来信告诉。我可立即寄去。反正家中全国粮票还很多。（宛秋

居民平时领到的都是本地粮票，由各省、自治区、直辖市粮食厅（局）印发，而宛秋在信中反复提到的全国粮票，

是“全国通用粮票”，由粮食部统一印发。不论你走到什么地方，都可以用全国粮票购买粮食用品，其中还包括食油（只有全国粮票才可以在异地买食油）。出差或探亲之前，一定要用地方粮票兑换一定数量的全国粮票才能出门。

为了严格控制全国通用粮票的发出，上海市1976年颁布规定，单位在职人员外出需要的全国通用粮票，一律凭单位革委会或后勤组开给的“申请兑换全国通用粮票统一证明”才能办理。居民和跨省实习、工作、培训等满50人、时间在3个月以上的成批人员，可办理临时粮食供应转移关系，均不使用“申请兑换全国通用粮票统一证明”。在外出人员兑换全国通用粮票方面，形成了职工凭统一证明、学生凭学校证明、退休工人居民凭街道里弄证明的状况。永浩和宛秋经常出差，这是兑换全国粮票的好机会。从他们的通信中可以看到，这些珍贵的全国粮票在各地亲戚间不停地流转。亲戚相互接济，是共同渡过难关的重要路径。虽然各家粮食总体上都不够吃，但大城市的供应情况优于小城市，城镇优于乡村，生活条件好的总要设法省出粮食和粮票寄给条件差的，无论是拆东墙补西墙，还是寅吃卯粮，日子总算能过得下去。

“关于粮票，上封信我急忙写的，可能没说清楚……我的意思是，下个月（1月）你可再给我寄60斤来，不用寄给我，直接寄到家中去算了，我再从家中拿。”（1975年元旦，永浩给宛秋）

永浩告诉宛秋，家里那些粮票、布票等关乎全家生计的重要票证，全部被他藏在大衣柜里他占的那一格右下角的圆铁筒内，可以拿出来寄到上海。

粮票是一个家庭中最重要的财富，其重要性甚至超过现金。当时女性找对象又称“找一个长期饭票”，如果找的这个对象能利用出差或其他门路兑换到全国粮票，人们还会用“找了个全国粮票”来形容这桩婚事的成功。特别是在农村地区，如果谁家的女儿能找到“全国粮票”，那就是妥妥的人生赢家。

中国人讲究穷家富路，宛秋让永浩出门在外不要担心粮票的问题，1975年1月20日，宛秋给永浩写信：“粮票收到了吗，你问家里要吧，粮食是足够吃的，你尽量吃吧，不够我再给你寄去。”2月3日，又道：“上次寄去20尺布票、60斤粮票，大概收到了吧！不知最近还要给上海家中粮票吗？还是你可以先给妈妈一些，过些日子我再寄去。如还要给妈妈寄20斤，也来信告诉。我可立即寄去，反正家中全国粮票还很多。”没有经历过那个时代的读者，难以领会宛秋这句话是多么“凡尔赛”。

1970年，永浩到南京出差，宛秋为他准备了钱和粮票，交给大哥一家。12月11日的信中写道：“你给南京钱及粮票了吗？你钱够用吧，要给寄点儿去吗？”

永浩在上海工作期间，每个星期天要去宛秋娘家吃饭，也要自带粮票。

永浩随身带了138斤粮票，这是他4个月的粮票，路过南京时给大哥留下60斤，剩下的78斤全部交给宛秋家中。

“好换点儿油，也可做其他用……是否过了元旦再寄60斤来，我这里吃的挺多，中晚饭都是半斤……是否我下次去家的时候，给家中留下10斤20斤的粮票？你若在食堂兑换粮票，是否能将上海市粮票换成全国粮票，家里喜欢要点儿全国粮票，有时要往山东寄。晓岩处的75斤粮票，不知算几个月的。什么时候再给南京寄粮票？是由我直接寄，还是由我将粮票寄到上海，你再给南京寄，请来信告知。”（1974年12月23日，永浩给宛秋）

即使是女儿回娘家吃饭，也需要交钱交粮票。

1973年5月，宛秋和晓岩到了上海以后，把自己每个月的粮票交给家里，由她的母亲统一支配。母亲拿到粮票后，先是给老家寄了些粮票。另外，宛秋的弟弟也从下乡的地方临时回城，没有户口，也拿不到粮票，因此，在1973年5月下旬，宛秋给永浩写信：“所以我知道此情况后，多给家中一些粮票。我想北京家中还存些粮票，家中有困难也能应付一下，如果可能的话，这次也可托小陆带些全国粮票，和10尺布票一块带来。”

去亲戚家吃饭不带粮票，一顿两顿还行，时间久了必然难以为继，易引发家庭矛盾。

“有一件事需要你给咱母亲解释一下，就是前些日子我和你四嫂吵了一架，原因是她丹东有一个哥哥和她的几个侄子，不断地到这里来看他母亲和奶奶，到这里来，不但白吃还要拿，多次占这里的便宜。少来几次，我也就装看不到算了，其实他哥哥家挣的钱比我们多得多，生活也比我们好得多，就是属铁公鸡的，一毛不拔。你四嫂时间长了也看出来了，因为她母亲在这里也不能说别的。这次她侄子走后，我和她争吵了几句，由于话赶话，我说以后丹东的少来，再来我不接待。我知道说得不对，但是刺激他们一下也好，省得我们光吃哑巴亏。晚上下班回来后，我们又交换了一下意见，我谈了谈看法，算是和解了，让老太太也知道她儿子的为人处世。”（1975年2月22日，永杰给永浩）

永杰妻子美娟的娘家人不争气，老来占便宜。老太太住在这里十多年，她儿子没给过她钱。让永杰格外愤慨的是老太太还从家里往外拿粮票。“光粮票就好几百斤，别的东西还不算。”永杰一忍再忍，实在忍不住了，就和美娟吵了一架，于是美娟给婆婆写信告状。永杰便告诉永浩：“美娟就给咱娘写了一封信，好让咱娘说说我，你见到咱娘给解释一下就行了。”

在此之前，这个矛盾是一处暗礁，和美顺畅的家庭生活随时都有可能在这里翻船，如今永杰当面锣对面鼓地讲出来，矛盾爆发了。这对永杰来说，反而是一种很好的解脱。永杰对这个大结局似乎还有些得意，他跟永浩说：“现在更好了，丹东的就能适可而止了。”

> 若仲礼回去时愿给我带20斤白面，我想托他带回20斤，可以和小姐两家过元旦，过年包点儿饺子吃。（宛秋）

新中国成立后，上海派出了大量支援外地的建设人员，之后又有很多知识青年到全国各地插队落户。离开大上海，到了面食杂粮区，他们的胃却仍然保留着对家乡食物的渴望。每次返沪探亲或看病，他们一定要设法携带大米出去。最令铁路工作人员头疼的是上海开往乌鲁木齐的52次特快列车，每天运送乘客五六百人，几乎所有的乘客都会带粮食，少则二三十斤，多则100多斤，甚至200斤，里面装的主要是大米，有时候还有糯米、卷子面、赤豆、蚕豆等。二三十斤的随身带，五六十斤以上的装箱子、打包，到行李房托运。这些明显超重的行李，通过各种关系被送到了列车上，导致列车出现多起行李压断行李架砸伤或砸死人的事故，甚至还发生过车厢超载无法正常运行的事故。

1973年冬，同事仲礼准备回北京过元旦，问宛秋有什么往家捎的东西，宛秋说，那就捎20斤白面吧。

“若仲礼回去时愿给我带20斤白面，我想托他带回20斤，可以和小姐两家过元旦，过年包点儿饺子吃。”（1973年11月19日，宛秋给永浩）

仲礼坐上了12月29日的火车，他的行李里包括一袋白面，不过是20斤，而不是50斤，还算不上是沉甸甸的。第二天早上9:00

左右列车到达北京，永浩去接站，把20斤白面带回了家。

据铁路部门估计，当时上海每天通过铁路流失的粮食达10吨。要是算上放在信封里寄往外地的粮票，那数额就更大了。

上海哪来这么多粮食呢？

首先是上海自己设法增加粮食产量。1965年，上海郊县开始种植双季稻。1969年起加速推广一年三熟制，同时在部分粮食产区，以生长期较短的籼米种植取代粳米种植。再加上郊区电力网的普及，县、公社、大队三级农机修配网的形成，以及化肥、农药的普遍使用等，都对粮食增产起到了积极作用。

不过对上海这座拥有1000多万人口的城市来说，郊区的粮食供应终究是杯水车薪，主要还是要依靠“统一征购、统一销售、统一调拨、统一库存”原则下的全国调运。以1973年为例，南有广东、福建等，北有黑龙江、吉林等，总共15个省份向上海调粮，调粮最多的3个省份是浙江、江西和安徽，甚至连北京都在10月向上海调运粮食6万斤，足见落实“全国保上海”方针的广度和力度。

上海市设计了非常科学细致的粮食供应系统，并在运行中不断调整。比如创造性地开展粮食代储业务，鼓励居民节约粮食，当月吃不掉的先不急着买回家，暂由粮店代为保管，由粮店签发“储粮存折”作为提取粮食的凭证。因此民间有“节约为备荒，储粮为备战，粮店像银行，存取真方便”之说。这一做法传到北京，宛秋一听就觉得高明极了。

“1975年2月底之前的尽可能在2月用光，若用不了可储存起来，自2月24日—3月底，可到粮店办理手续，给你一个粮票储充证，可充可取，而且以前剩下的粮票可以买面。家里现约还有200斤面票，看来得充起来，兑换一些全国粮票给你寄去。但充起的粮票，3月底以前不能取，换全国粮票也得用3月的粮票。”（1975年2月22日，宛秋给永浩）

论如何用有限的预算把日子过得精致，全国人民只服上海，而“半两粮票”最能体现其中的精髓。20世纪60年代初，上海的粮食部门曾发放“就餐券”和“糕点券”，专门供市民到饮食店中享用点心、到食品店中购买糕点。1963年7月，政府又对这一规定做出了微调——买糕点需凭粮票。而上海传统早点类的豆浆、油条，糕点类的桃酥饼、杏仁饼、芝麻饼、椒盐饼、鸡蛋糕等用粮均为半两，为了方便居民使用，粮食部门便相应增发了10克（0.2两）、50克（1两）、25克（0.5两）的小额月度定量粮票3种，供粮店、食品店、饮食店调换和找零时用，所以半两粮票非但不是北方人笑话的“抠门”“小气”，反而应该被视为旨在保持上海传统食品精细化、花式化的品质，以满足上海市民口味的科学举措。

当时许多城市生产的点心多数个头大、口感粗糙，又因为油分不足，时间稍长就变得很硬。当许多外地人只能买到“能打死人”的粗点心时，上海人则在遍布大街小巷的饮食店、食品店中，斯文地吃着南翔馒头、糯米糖粥、面筋百叶、鸡鸭血汤、梨膏糖、五香豆等小吃点心，一度断档的常州小麻糕、杭式面包、鸽蛋圆子也在1972年之后陆续恢复供应。因为半两粮票而给上海人贴上“过于精明爱算计”标签的外地人，实在是误读了那种在日常生活中讲究格调的小情趣。无论时代掀起怎样的滔天巨浪，在上海这座城市里，生产者仍不忘点心的精美，生活者仍不忘点心的可口。

永浩有一个侄子林宏在济南近郊，以种地为生。1979年麦收后，他给永浩和宛秋写了一封信，这也是我们收集的这组书信中唯一一封出自林宏之手的信件。

> 今年小麦丰收，每人平均分180斤，加自留地及补贴，超过200斤，富队有过300斤的，秋季稻子预计还能分100多斤，加上豆子、玉米、地瓜等口粮，够吃且有余，大部分地区甚至不吃粗粮，这是往年所没有的，所以家家户户喜气洋洋。（林宏）

“今年小麦丰收，每人平均分180斤，加自留地及补贴，超过200斤，富队有过300斤的，秋季稻子预计还能分100多斤，加上豆子、玉米、地瓜等口粮，够吃且有余，大部分地区甚至不吃粗粮，这是往年所没有的，所以家家户户喜气洋洋。”（1979年7月3日，林宏给永浩、宛秋）

农村改革提高了农民的生产积极性，农业生产力水平和粮食产量都大幅度提高。随之而来的是城市粮食供应的变化。1979年，上海恢复敞开供应议价食油和杂粮的政策，如花生油（每斤2.4元）、麻油（每斤3.1元）、花生酱和芝麻酱（每斤1.9元）、黄豆（2级每斤0.55元）、红赤豆（2级每斤0.58元）、绿豆（2级每斤0.6元）、香粳米（每斤0.55元）、糯米粉（每斤0.4元）、花生仁（2级每斤1.2元）、白芝麻（每斤1.3元）、菜油（每斤1.8元）。

到1988年，上海居民关心的粮食问题已经从吃饱上升为吃好。

“我们两个老人年龄超过80岁，定粮可以全部购买大米。另外他们3人每人每月供应大米10斤（5公斤，现在都以公斤计算），因此现在光大米（粳米）就够吃，用不着买籼米了。”（1988年2月11日，父母给宛秋、永浩）

宛秋的父母每个月不仅可以只吃大米，而且可以只吃口感上乘的粳米，一年三熟的籼米在两位老人的餐桌上隐退了。

随着我国社会生产力水平的总体提高、社会生产能力的大幅提升，改善和方便人民群众日常生活，减少甚至取消各类票证，成为一种必然趋势和要求。虽然粮票背面仍印有“本粮券系无价证券，严禁买卖、伪造，遗失不补”的字样，私下里粮票买卖却愈演愈烈，汽车站、十字路口，或者戏院、饭店、酒店门口，甚至弄堂里都时常有人用粮票换老母鸡、鸡蛋，粮票的神圣性在“换大米”的吆喝声中被逐渐消解。1993年4月1日起，按照国务院《关于加快粮食流通体制改革的通知》精神，全国取消了粮票和油票，实行粮油商品敞开供应。上海市全面放开粮食价格，正式取消粮食凭证定量供应的政策，结束了长达38年的粮票流通史。

只有经历过那个年代的人，才能深刻地感受到粮票的重要性；同样，只有那些目睹过历史变革的人，才更能体会到废除粮票的意义。

话题 4

水果和蔬菜

苹果耐储运，销售期长，口感甜中带酸，颜值高，在汉语中与“平安”谐音，西谚中也有“一天一苹果，医生远离我”之说，所以苹果被称为最大众的水果。很多小朋友是听着东北苹果的故事长大的：1948年秋，东北野战军集结在辽西走廊一线，攻打锦州。当时正值苹果成熟的季节，解放军战士没有吃老百姓一个苹果，无论是挂在树上的，收获在家里的，还是掉在地上的。东北苹果的大名随着解放军守纪律的事迹在全国传播开来。如今京哈高速锦州段的路边立着一个大牌子——“锦州那个地方出苹果”，这句话出自毛泽东1956年的一次讲话。

整个辽东半岛都是苹果之乡。大连、营口、鞍山、锦州，这些地区产的苹果被统称为“东北苹果”。在永浩和宛秋生活的时代，东北苹果好买吗？

1973年5月6日，宛秋在信中向永浩抱怨："上海气候不正常，水果特少，苹果得要医生证明有病才能买。家里已经大概有一个多月买不着水果了，没法只得把黄瓜当水果。最近才见着0.11元1斤的小桃，酸得很。"

苹果的事儿不知能搞到吗？下苹果的时间到来了，还是联系一下寄点儿来吧。（宛秋）

买苹果居然要医生开证明，这也太难了。谢天谢地，咱家东北有人！

"听广红说今年东北苹果特好，所以你一定让四哥想办法给上海家中多搞些来，和他说明我和晓岩在上海。另外北京你们和小姐也要搞些。我看一年一次的就花点儿钱吧……如果能搞来上海几十斤苹果家中高兴死了。上海的水果较贵，但几个孩子几乎每天均吃水果，妈妈也花了不少钱买水果呢。"（1973年9月13日，宛秋给永浩）

宛秋命令永浩向四哥求助，务必想办法买到苹果："关于苹果根本不用总问家中要不要，肯定要的，而你信里问家中要不要买，难道还要家中付钱吗？"永浩让宛秋问上海家中要不要买苹果，宛秋有些不耐烦，这个问题根本不用问，东北苹果肯定要的呀！

宛秋接连几封信都催问买苹果的事。

“买苹果的事不知给四哥去信了吗？我是很希望能搞到苹果的，希望你能早日去信联系。”（1973年9月21日，宛秋给永浩）

“我妈妈很想吃些东北的苹果，你努力一下吧！”（1973年9月27日，宛秋给永浩）

“苹果的事儿不知能搞到吗？下苹果的时间到来了，还是联系一下寄点儿来吧。”（1973年10月11日，宛秋给永浩）

心急如焚的宛秋终于等来了永杰的回信，1973年10月3日，永杰对宛秋说：“来信说买苹果的事儿没问题，可以买到。等几天下来‘国光’的时候，买好给你们寄去，再给你们寄去40斤或更多些。”然而好事多磨，1973年东北苹果歉收，永杰托人买苹果，好长时间之后，直至10月31日，苹果终于被送到永杰手上。

“我于11月1日上午把苹果寄去，估计一个星期左右就能收到。共买了3筐，2筐一等果，1筐等外的，留给小孩吃。同时给你寄去1筐，给上海寄去1筐，每筐60斤，连筐带皮68斤……今天我分别把领货单寄给你们，收到后来封信吧。听说上海较缺苹果，若需要时，我可再寄去1筐。苹果寄到了西直门站。”（1973年11月3日，永杰给永浩）

永杰同时给宛秋的父母写了一封信，信中说：“永浩给我来信说，上海水果较缺，苹果不但贵，也很少看到，东北别的东西缺吧，但苹果在这里还是较多的，而且有名，我于11月1日上午寄去一筐苹果（60斤重），寄到上海东站，据铁路人员说，一个星期左右就能到。到站时铁路上会通知的，随信寄去领货证，若收到东西后，来封信告知。若还需要，来信可说明一下，好再寄去一些。”

永杰寄往北京、上海的两筐苹果都是一等品，每斤0.17元，每筐总价10.2元。“全家收到都很高兴。这种苹果上海买要0.45元一斤，贵1倍多。”隔着信纸都能感觉到宛秋的喜悦。

永浩和宛秋除了要付永杰苹果钱，还有运费。寄往上海的苹果本来是要运到上海东站的，因为宛秋的父亲说到这里便宜点儿，但是打听之后得知运包裹行李只能走北站，东站是专门托运大件家具的，宛秋只好无奈地告诉永杰：“你就托运至北站也没错，而且离家也最近。”最终宛秋和永浩支付了两筐苹果的钱20.4元，以及东北到北京的邮费0.93元，到上海的邮费1.59元。

今年的苹果这样差，看来以后不能寄了，免得大家都麻烦。那也没办法，还得给四哥这么多钱，小姐的钱可以还给他们，算我们倒霉吧。（永浩）

并非每次买苹果都如此顺利。

有一次是这样的：“四哥，苹果已寄来了，真糟糕，全部冻烂了。我3日即接到四哥的取货单，他（上个月）30日发货的，14日才接到清华园车站通知单。为此15日星期日我请了姐夫帮忙，一人一辆自行车，去车站推了两筐回来，下午他又用自行车带回一筐。这样，苹果在外运输半月左右，估计在鞍山站放的时间长，冻坏了。整个苹果全部变成咖啡色，每个苹果上很小一点儿绿色，来时是冰团，放在水里一泡，冰从苹果里往外渗，结果苹果外结了一层冰。这两天屋里暖和一点儿，不冻牙了，但苹果全软了，得把外面很大一层削掉，里面有点儿肉好吃。一天比一天变黑，烧着吃也不好吃，扔了又可惜。现在勉强一天我们尽量吃，也吃不出什么味儿，我看这两天全部得扔。”

苹果虽然耐寒，但也禁不住东北的数九寒天。因为在鞍山站滞留时间过长，3筐苹果运到北京已全部冻坏。宛秋和两个孩子每天想着法儿吃烂苹果，欲哭无泪。

宛秋问永浩：“今年真糟糕，小姐夫那儿送了10元钱，他也没问多少钱，我真不好意思收他的，但不收我们赔得更多。我估计他们连吃都不会吃，肯定都扔了，白费10元钱……这事儿我还没写信给四哥，以后可真不能再运输苹果啦。你看此情况，还如数要姐姐的钱，及如数把钱给四哥吗？这样35元左右的钱都扔了。”

遇到这种情况，永浩也想不出什么好办法。

“今年的苹果这样差，看来以后不能寄了，免得大家都麻烦。那也没办法，还得给四哥这么多钱，小姐的钱可以退给他们，算我们倒霉吧。”（1974年12月23日，永浩给宛秋）

一下子损失35元钱，宛秋接受不了。

“关于苹果的钱，有机会去时，给小姐说明10.2元我们还要给

四哥，若小姐不好意思，收10元也就算了，我们还贴了2元运费呢。”（1974年12月25日，宛秋给永浩）

这样等于宛秋和小姐两家把损失分摊了。

家里冻坏的苹果还得想办法尽快处理。“我做了点儿果酱和晒苹果干，其他就吃了，现在已吃了一多半了。不这么吃不行，否则更坏了，现在还能吃，里面有很大部分是好的，仅表面变色不能吃，要去掉皮，另外苹果是软的不脆，当然味道也要差一点儿。”

那个冬天的味道，宛秋大概一生都忘不了。

北京到现在还没有菜，只有萝卜。（宛秋）

1975年春天，同事小周在出差回来的路上，为宛秋买了0.7元的大白菜，为此宛秋在信中告诉永浩：“他说沿路白菜很贵，0.1元多1斤，到了北京城里才给我买了点儿，0.65元1斤，不太好，所以就买了0.7元的。他把1元还给我了，说在沧州他正好欠你0.7元饭钱，和白菜钱抵消，我不肯收1元，他怎么也不干，不知是否有这么回事。如钱不对，回来后你再和他算账吧。这点儿白菜还真管用，北京到现在还没有菜，只有萝卜，听说城里还有点儿菜，但也得排队，菜很少，而且较贵。如果最近还有司机来回出车，能再带些，那多好。不过两天菜吃完了，只好去食堂买菜吃了。”

生活在北方，入冬前储存大白菜是必备技能。家家户户的墙角下、阳台上都堆着上百斤的大白菜。永浩家的大白菜不在自己家门口，而是放在后排机房。1975年，宛秋在给永浩的信中写道："现在剩下不多了。你走后我们也包了几次饺子与馄饨，消耗了点儿，现在今年白菜倒没烂，就是外面易干。"

那时候没有大棚，没有反季节蔬菜，冬天只有白菜、萝卜和土豆，俗称"老三样"，大白菜更是北方百姓冬季的"当家菜"。民间有"鱼生火，肉生痰，白菜豆腐保平安"的说法，不过是吃不上鱼和肉的人寻求些自我安慰罢了。

储存得当的大白菜，可以从入冬吃到开春。每年春天，最是青黄不接，所以宛秋才会郑重其事地把小周帮忙买白菜的事写了一大段。

进入5月，北方的蔬菜下来了。

"北京现在蔬菜多了，莴笋很便宜，小白菜、油菜也多，但黄瓜还是0.25元1斤，蒜苗0.3元1斤。不知沧州菜多吗？北京小萝卜0.1元一大堆，吃不完，但有点儿老了。"（1976年5月29日，宛秋给永浩）

今年春节上海市场供应比去年丰富得多，价钱也很公道，大概北京春节副食品供应也不错吧？（刘骅）

20世纪80年代初的一个国庆节，宛秋的父母在给宛秋的信中提到了"自由市场"："这次国庆节，上海供应除每人加一斤菜、油，并无其他。当局的意思是，现在自由市场的物品充足，需要的话，可到那里去买，虽然价钱贵，但东西总有，鸡蛋不加限制地买，每斤1.48元。北京也差不多吧，上海市面上什么都有。”

中国共产党第十一届三中全会激发了广大农民的生产积极性，生产力得到极大解放，粮食连年增产，农林牧副渔都得以全面发展。1985年，国家取消农副产品统购派购制度。1988年，“菜篮子”工程率先在北京、上海和天津3个城市实施，继而在全国推广，副食品供应紧张的局面得到了根本性扭转。宛秋的父母在信中满意地说：“上海副食品蔬菜近来便宜很多，黄瓜0.23元，西红柿0.45元，豆角0.25元，洋葱0.3元，其他绿叶菜没有更大改变，同以往差不多。”

随着大棚温室技术的广泛应用和推广，北京、上海等大城市已基本能够做到秋冬季节蔬菜新鲜供应，人们冬天也能买到黄瓜、豆角、西红柿、青椒这样的细菜，“老三样”所占比例逐年降低，屋前屋后堆积的“白菜山”慢慢成了记忆。

国家放宽了农副产品自由上市和自由运销的政策，蔬菜价格逐渐放开，人们买菜也有了更多选择。

“上海自由市场有时比国营市场反而便宜点儿，因为自由市场的价格可以浮动，而国营市场卖剩的菜已经烂了，也不肯降价卖。菜花五六角1斤，黄瓜1元1斤，蒜苗0.8元1斤，油菜这几天由于连日下雨，价钱比较贵点儿。”（1989年5月2日，宛秋的父亲给永

浩、宛秋）

“今年春节上海市场供应比去年丰富得多，价钱也很公道，大概北京春节副食品供应也不错吧?”（1990年1月22日，宛秋的父亲给宛秋）

“家中一切都很好，主要市场供应不错，一段时期大众蔬菜如青菜等被哄抬到1元1斤，但经市政府限价0.6元1斤，很快平稳下来，现在降到三四角1斤，至于荤菜都没涨价，鸡蛋还是0.21元1斤，猪肉还是原价，面制品加价幅度不大，如切面由每斤0.27元，加价为每斤0.34元，总之市场情况很好。”（1990年9月28日，父母给宛秋）

1991年和1993年，上海郊区发大水，导致蔬菜供应紧张，价格发生了较大波动。

“价格涨了很高，鸡毛菜、青菜、芫荽、西红柿、豇豆等都卖过1元多1斤，近来又恢复到原来的价钱了。现在这些主要蔬菜仅卖四五角1斤，鸡毛菜、青菜只卖0.2元上下1斤。西瓜大的0.48元1斤，5斤以下的、小的只卖0.35元1斤，不算贵。”（1991年7月23日，父母给宛秋）

“节日上海副食品供应也很充足，只是价钱嫌贵，青菜及一般蔬菜供应比较紧张，因而价钱也太贵，青菜卖过2元1斤，主要是前两个月连降大雨，菜田被淹，现在又恢复正常，青菜0.3元1斤就能买到。”（1993年9月18日，父母给宛秋）

以往过春节，家家户户都要投入充足的人力加入抢购大军，1992年的春节不一样了。

“上海供应很好，只是蔬菜紧张，主要是天气寒冷所致，油菜0.35元1斤，菠菜0.6元1斤，荤菜样样都有，大家都能过个快乐的春节。”（1992年2月3日，父母给宛秋）

在经济学上，用恩格尔系数来计算居民家庭中食物支出占消费总支出的比重。一个家庭收入越少，用来购买食物的支出所占比例就越大。随着家庭收入的增加，家庭收入中用来购买食物的支出比例则会下降。在国际上，这一指标常用于衡量一个国家和地区人民的生活水平。在中国，1978年，这个数字是57.5%，也就是一个家庭一半多的钱都花在了购买食物上。到2017年，这个数字降到了29.3%，首次破30%，按国际标准，达到富足。这个系数在我们收集的这组信件中也有所体现，即随着改革开放的深入，信件中有关食物的内容在全部信件中的占比逐年减少，1992年之后基本消失。吃，不再困扰永浩和宛秋，以及他们各自的大家庭了。

话题

5

吃糖

在人类社会的不同阶段，糖都是一种通行的爱的礼物。在我国，食糖曾是国家第一类商品，销售、供应均被纳入国家统一计划。20世纪50年代至80年代，上海分别对民用糖采取“敞开供应”“特殊供应”“高价供应”“凭票供应”等方式。宛秋孝敬父母的方式之一就是把自己省出来的糖寄给家里，有时是半斤，有时是1斤，再多就不可能了。

我们这里重点展示的不是白砂糖，而是糖果。20世纪70年代，上海糖果有3个著名品牌，分别是太妃奶糖、花生牛轧糖、大白兔奶糖。大白兔奶糖作为国礼曾被送给美国总统尼克松。那时人们把糖果、糕点称为“高级商品”，日常生活中，只会偶尔给孩子买一两颗水果硬糖让他们过过瘾，过年时才会买一两斤奶糖招待客人。

看到吃的，晓峰的眼睛都笑得眯成了一条线。（宛秋）

1973年初至1974年，宛秋由单位派驻到上海工作了一年多。她把次子晓岩带在身边，丈夫永浩和长子晓峰留守北京。有了外公外婆的疼爱，晓岩不愁吃不愁喝，很快胖起来。知道晓峰连单位食堂0.25元1份的菜都舍不得买，宛秋不免心生内疚，想方设法做出补偿，而买糖就是她的补偿方式之一。

1973年4月2日，宛秋请同事大夏交给永浩1斤糖，并交代说是给晓峰买的。

第二天，她又在偶然间听说同事老李要回北京，马上收拾好一大包东西（主要是别人托买的商品），请老李捎回北京，又给晓峰带回1斤糖。

4月25日，宛秋预先得知上司老金即将回北京汇报工作，马上去商店买了2.5斤糖，连同为小姐改好的裤子、一封信及几张她和晓岩的照片，一起交由老金带给家里。

仅仅过去一周，5月2日，宛秋再次托小赵、老卢带回去黑毛衣、皮鞋、糖及两封信。

宛秋在上海工作了一年多，给晓峰买糖的频率一直很高。

1973年10月4日，因为“晓峰这次挺乖，所以买了1斤糖奖励他，希望他好好学习，继续前进”。

10月18日，她又请人捎回去糖2.5斤、小姐的裤子1条、花生2斤及她和晓岩的几张照片，信中说：“那花生是小陶出差给我的，可能有点儿湿，晾一晾再炒给晓峰吃，他挺馋的，不要留了，以后坏了也可惜。”

宛秋回到北京后，很快永浩又被派到上海接替她的工作，给孩子买糖的任务自然也就转移到了他的身上。

1974年12月14日，永浩托同事小何带些东西回北京，其中包括给孩子买的1斤糖和1斤盐炒豆。25日，宛秋收到东西后，写信给永浩说：“看到吃的，晓峰的眼睛都笑得眯成了一条线。”

亲戚间寄包裹，封口前也总想着再塞一包糖进去，为的是不辜负孩子们眼巴巴的盼望。

1975年这一年，宛秋的父亲3次在信中提及：“托人带一点儿糖果到北京，给孩子们的。”

1977年1月26日，宛秋的父亲给北京寄去一个小包，内装糖果和五香花生米，同样点名说是给孩子们的。隔辈亲就浓缩在千里之外寄来的一包糖里。

1975年6月28日，宛秋给鞍山的永杰家寄包裹，永杰收到后回信说：“寄来的毛线早已收到。寄毛线时还带来了糖，小孩可高兴了，经常念叨五叔五婶。”

1975年12月7日，永杰的同事老刘到北京出差，永浩托他给永杰捎去肉及糖。永杰写信时感激地说：“每次捎东西，不是买糖、拿豆腐粉，就是别的，都感到过意不去，打算再给邮10元去，就算以前的了结。”

从几个人的通信中可以看出，对于孩子馋、爱吃糖这件事，大人都抱以深切的理解和支持。中国人并不习惯把“我爱你”挂在嘴上，他们对孩子的无限爱意，都藏进了买糖的动作里。

糖所带来的幸福感、满足感，与节日气氛十分匹配。即使平时舍不得吃糖的人家，过年也必须买几样糖果，满足孩子们的愿望，同时也能用来招待客人。

如果去上海你可以给他买点儿好糖和点心，正好让家里过春节。（宛秋）

1970年，永浩被派驻上海期间，周日都在宛秋的父母家度过。元旦快到了，宛秋写信建议他：“隔一次去买点儿东西，如元旦去可多买点儿东西，水果、点心（蛋糕）之类。平时去主要是为了孩子，买点儿水果或糖，平时不需要给妹妹、大姐买，买点儿给妈妈就行，妈妈会分给他们的。以后也不一定每周均回去，因为回去一次，妈妈又得忙半天，你也得花费点儿，你说呢？不过星期日没处去，也免不了寂寞的。”

1973年年底，同事仲礼订上了12月29日列车的卧铺票，将于12月30日（星期日）早上9:00左右到北京，宛秋“托他带回20斤白面。妈妈给我们家和小姐家带几斤糖与花生米过年”。

北京、上海的年节供应相对丰富，所以每到年底，宛秋和永浩就开始惦记给外地的亲戚买糖。

永浩一家和鞍山的四哥永杰一家交好，时常互帮互助，每逢春节，宛秋更是要提前帮忙把糖买好寄过去。1973年1月28日，宛秋和永浩商量，说现在还欠四哥36元钱，信中道：“快过年啦，要不给他买点儿肉？要不给他买点儿糖之类？鞍山供应不好。”1973年2月1日，永杰收到寄来的奶糖，写信给永浩和宛秋，孩子吃到糖很高兴。

1974年12月31日，元旦前一天晚上，宛秋在上海的宿舍里给永浩写信，告诉他给四哥的孩子们买了1斤糖、1.5斤核桃、3包红果片，一共花了2.7元。

1975年1月20日，永浩的三哥到北京出差，宛秋给他买了1斤1.3元的什锦糖、2斤白砂糖及几包红果片，让他带回去。她在给永浩的信中说道：“他说他还要到青岛、上海，所以我也没给他买更多的东西，少带点儿意思意思。如果去上海，你可以给他买点儿好糖和点心，正好让家里过春节。”

一篮子馒头、一束鲜花、一瓶酒、一包茶……不同时期、不同地区，人情往来始终需要一些硬通货。按永浩和宛秋的生活经验，糖果是再得体不过的礼物。

还有半斤糖，我想给老汪，感谢他们照顾晓峰的一片心意。（宛秋）

1973年9月27日，宛秋告诉永浩：“我托老金带回去2.5斤糖，1斤给小姐家，1斤晓峰留着自己吃。还有半斤糖，我想给老汪，感谢他们照顾晓峰的一片心意。”

1973年10月，单位派人到上海进行外调工作，去了宛秋家，在11日的信里，宛秋把这件事告诉了永浩：“调查了我父亲与姐姐的情况，而且还到我家去了一次，送了一些水果、糖、栗子、花生。看来还花了一点儿钱，也真过意不去。我准备以后回去时给老金带点儿糖，让他给小孩。”

1974年4月22日，宛秋结束了上海的工作，即将返回北京，中间会在济南停留几天，去探望永浩的奶奶和三哥一家。她告诉永浩：“我取到票后，就打电报给济南的家人，让他们接站。我给济南林岚的两个小孩买了1块7尺的富纤花布，3.8元，花了1.4尺布票；还买了2斤糖、2斤点心；妈妈还给买了1斤糖（2元1斤）及2斤点心。东西可真不少，够意思了。”

1975年3月29日，永浩在上海实验室的工作即将结束，在返回北京前，宛秋的母亲和大姐给他带上了隆重的临别礼物，一份给宛秋家，一份给宛秋的二姐，“给我们两家各送了每斤2.8元的糖，每家4斤。”

1975年11月，宛秋的父母到北京小住，游览了长城等名胜景点，宛秋和永浩还用半斤食糖供应表达了对父母的孝心。宛秋的父亲回家后，在给永浩和宛秋写信时抱歉地说：“这次你们破费得的确够呛，尤其是把你们的每月5两食糖、2两粉丝，都给捎来了，我们非常不安，主要怪我对你们不够关心体谅。”

1976年5月29日，永浩在沧州出差，宛秋在信里告诉他：“秀珍从上海给我带回2斤糖（我托他买的），1.7元1斤。晓峰要明天带些去姨妈家里，就给他们带半斤左右吧，不然天热了也会化的。也不能带给你吃，我想你不会很长时间不回来的，相信你回来时还会有的。”

1980年5月，永杰回济南住了4天，参加侄子林辉的婚礼，之后又到上海出差，他写信给永浩：“办完公事的第二天上午，到宛秋家去了一趟，看了宛秋的爸爸妈妈，没有什么东西可带，就带了两盒鞍山糕点和在桂林买的两瓶名酒三花酒，及在广州买的两袋糖，只是表示一点儿心意而已。”看得出，这时糖果仍是很拿得出手的礼物。

因为长驻上海或经常去上海出差，宛秋和永浩就有了一种责任——帮同事、亲戚购买以质量可靠、品味上乘著称的“上海制造”商品，包括上海糖果。

1974年至1975年间，永浩在上海工作，业余时间经常帮同事买杂七杂八的物件。1975年年初，他在上海的工作即将结束，要回北京了，代购任务陡然加重，“买糖”两个字频繁出现在他和宛秋的通信中。

1975年2月22日，宛秋告诉他：“燕婷和桂芬托你买糖，燕婷买2斤1.6元或1斤1.7元的（哈尔滨或上海第二食品厂生产），还指定要纸袋装的，不要塑料袋装的（但你又得给他包好）；陶桂芬更是指明要2斤哈尔滨的糖，上海食品厂出的4斤，也是要1.6—1.7元1斤的。”

带着指令逛了许多商店之后，永浩沮丧地发现燕婷、桂芬要买的糖，条件实在是太苛刻了，难以实现，于是他给宛秋回复：“1.6—1.7元1斤的糖，在春节期间还看到过，现在很难碰到，不用说又是指明产地的了。你给她们讲一下，2.2—2.5元的糖到处都有，要不要？若她们一定要指定的糖，那只能碰得上就买，碰不上就算了。”

1975年3月11日，永浩在商店发现了1.9—2.4元1斤的什锦糖（软糖），本来还想问问有没有人要，后来自行决定：“也不用问她们了，到时我看着买吧。反正在我走前，碰到什么，买什么就是了，早买下就放黏了。”宛秋赞成他的想法，让他看着买，但是叮嘱：“别买2.4元的糖，太贵。尽量买便宜的1.9元的糖及1.6元以下的糖。”

1975年3月29日，永浩即将启程回北京，他先往家里托运了一个大木箱。“有1.8元1斤的糖4斤，1.5元1斤的糖4斤。袋子上面注明价钱，1.8元的是在上海食品厂买的，1.5元的是哈尔滨产的，给桂芬、燕婷、秀珍3个人分。有1包水果糖，包上未写价钱。另外的黄豆，是咱们自己的。”永浩在上海的买糖任务终于圆满完成。

> 以后带吃的东西，可千万不要写名字了，要写也写别人的名字，可在信中写清楚，以免这些人看到又要抢劫一空。（永浩）

糖是紧俏商品，偶尔买一些，也都是为了孩子。那大人就真的不馋了吗？前面提到1973年4月3日，宛秋请同事老李往北京捎了1斤糖。12日，老李把糖带到办公室，准备交给永浩，结果“悲剧”发生了。

当天晚上永浩写信向宛秋诉苦：“老李告诉我们组里的人，里面有糖，结果他们把手提包抢了去。我说是小姚的，他们翻了之后，看到有1袋写有我的名字就抢了。大概还剩下4两。以后带吃的东西，可千万不要写名字了，要写也写别人的名字，可在信中写清楚，以免这些人看到又要抢劫一空。”1斤糖被同事们抢走了6两，大家虽然有开玩笑的性质，但能看得出，面对免费糖，大人也免不了食指大动。

这次“抢劫”事件发生后，宛秋再托同事带糖，就吸取了教训，她专门跟永浩说：“2斤糖，1斤给晓峰，1斤给晓岳、晓辰、小姐家。我告诉小陆，把两封信留在主楼，那2斤糖留在90楼509房间。你去他们屋内取，免得又落空了。”看来糖是不能直接带到人多嘴杂的大办公室了。

1975年1月16日，快过春节了，宛秋的父亲写信告诉永浩：“请张叔带去的东西，让他放在他的宿舍内，他回去你可去取，免得带到大楼去，里面全是吃的。”

可以看出，全家人都知道了糖被同事吃掉这件事，且此事件影响深远，两年后仍让人心有余悸。

有时候，宛秋不得不采取瞒天过海之计，她说：“这次明华回来，我共托他带回以下东西：2把竹椅子；姐夫的1副手套，是妈妈给他买的，说冬天骑车用，和你的一样；半斤话梅糖，你不是爱吃嘛。没敢多买，怕他们又给分了。半斤糖放在手套内。”

大家都是成熟的“单位人”，所以不会真的因为吃糖这种小事而影响彼此的关系。1975年2月27日，永浩即将离开上海，在回北京的前夕，宛秋在信里提醒他：“你回来时，要再买1斤糖给组里的同事，他们开玩笑也提到此事。小何、小京回来时，都各带回1斤五香豆。这次小梓妈妈从江西回来，还给我们带了两大包云片糕呢。”

不吃动物脂肪，尽量少吃胆固醇高的鱼、蛋，少吃糖。（永杰）

糖作为美味和热量的使者，自诞生起就受到了热烈的追捧。在几乎所有食物都要凭票供应的时代，糖果是可以随意购买的，却因为价格高昂（每斤价格在1.6—2.4元之间）让人可望而不可即，只有遇到过年、结婚这样的重要时刻，人们才会买上一两斤。宛秋和永浩是双职工、高级知识分子，家庭经济相对富裕，所以在一定程度上实现了“糖果自由”。即便如此，多数时候，他们也只是一次买1斤，最多一次买过4斤，那是回去以后要几家分的。

在宛秋和永浩的通信里，最常见的糖是杂拌、软糖。1975年2月27日，在宛秋写给永浩的信里，提到了一个新品种——咖啡糖：“上次写信提到陶、苏要买糖，现在又有小何要买1至2斤咖啡糖（有糖纸，要方块糖），在南京路第一食品商店买的。她给我尝了1块，咖啡味儿挺浓，干脆给她买1斤，我们也买1斤吧！多了也不好拿。约1.3元1斤。”3月3日，宛秋提到了泡泡糖，她道：“燕婷说要是遇上泡泡糖（口香糖），给她买10块左右。”没多久，宛秋的小姐夫从上海出差回来，让孩子给宛秋家送来2盒点心（父母给的）及1大块巧克力（约1元1块，大姐给的）。宛秋在信中说：“又让家里花钱了，真没办法，最近我们3个人前后出差回来，父母亲真花了不少钱呢。如果两天前拿来，我还可以把巧克力给济南带去呢！”

1975年2月至5月，在短短3个月的时间里，宛秋接触到了3种新事物：咖啡糖、泡泡糖和巧克力。从那以后，糖果的种类极大地丰富起来，消费量也成倍增加。

1985年11月18日，永杰在给永浩和宛秋写信时，又一次提到糖："前几个月医院给知识分子做了一次系统的体检，检查出我有高血压（160mmHg/100mmHg），眼底有血管硬化，已快到2期了。我以前也感到有些脑供血不足，平时就有些迷糊，不知是不是血管硬化引起的供血不足？这已引起了我特别的重视，除每天坚持吃药外，早上还坚持锻炼，每天跑步1500米。不吃动物脂肪，尽量少吃胆固醇高的鱼、蛋，少吃糖。联想到你们过去吃猪肉、糖也很多，年纪大了，各个器官的功能都降低了。"他提醒永浩和宛秋，年纪大了，不能吃太多糖。

从想方设法多买糖到不可任性地吃糖，克制自己少吃糖，永浩和宛秋一家用了二三十年时间。

第四辑

社会交际

话题

1

过节

年节的设定让一些日子明显有别于其他时间，让人们清晰地感受到时间流逝中自己的生命价值。节日的意义在于创造了一个独立于现实生活的空间——自由、平等、富足。过节的时候，阶层、收入、年龄等隔阂都被弱化了，大家相对平等地享受着节日氛围，彼此祝福，表达善意。节日和仪式也是群体定时进行集体自我再确认的过程。过年时，红包、春联、年夜饭、春晚这一系列文化符号，为我们提供了一个想象：千千万万个中国家庭，不论身在何方，都在此时此刻举杯欢庆，共同祝愿。这时，我们从平淡的日常中抽离出来，真切地认同了自己的文化和身份，在“中国”这个想象共同体中获得一份安心。

1973年，宛秋在上海冶炼厂度过了一个难忘的革命化的春节。厂里了解到宛秋的娘家在上海本地，本来并没打算给她排班，但是在宛秋的再三要求下，最终还是给她排了两个中班，分别是大年初一（23日）、大年初二（24日），从下午2:00到晚上10:00。

> 除此以外，还以实际行动掀起抓革命促生产的高潮，连续加班。想来上海的形势不会比北京差，大概也掀起高潮了吧！（宛秋）

“今天大年初二（24日），我是在冶炼厂宿舍写这封信的，因为援外试验工厂春节期间不能停，试验照常进行，老师们都不能休息，只能轮换休息1—2天，所以这几天人会显得少一点儿。另外由于工人师傅们、技术员都不休息，我们外单位的操作人员全部休息4天也不好，所以矿冶院和我部提出春节期间也给我们排几天班，跟着倒班，好替换师傅他们休息。”（1973年1月24日，宛秋给永浩）

大年初一下午，宛秋值班时，正碰上工作组援外负责人来厂里进行春节慰问，问了她在什么单位工作之后，对宛秋等作为外单位的人员还能在春节期间上班表示赞扬。宛秋在给永浩的信中写道：

“这样影响好一点儿，不然矿冶院参加倒班，我们一个人也没有不好，所以我也算过了一个革命化的春节。”

1973年12月28日，三室支委会给在上海冶炼厂的同事发出了一封新年慰问信：

“各行各业齐跃进，农业工业跑在前，锣鼓喧天庆胜利，鼓足干劲过新年。在这大好的形势下，我们代表三室的全体党员、全体同志，向你们长期战斗在援阿第一线的同志们致以节日的祝贺和亲切的慰问。

一年来，你们远离所室，深入现场，和工人师傅共同战斗。在战斗中，你们不辞劳苦，积极工作，认真向工人师傅学习，提高了觉悟。在捍卫毛主席革命路线，执行国际援阿的任务中，你们做出了贡献，取得了可喜的成绩。你们辛苦了，向你们学习、致敬!”

宛秋为革命集体积极工作，表现得格外突出，使全室同志、所领导都十分感动。1974年1月7日，担任科室主任的老金特意致信宛秋：“由于您的积极努力，工作都得到了安排解决，解决了不少思想和工作上的问题，我们很受感动。您是行动的榜样，我要让全所同志们向您学习。您助人为乐、严格要求自己的好思想，我在大会上讲了。同志们对您有很高的评价，今天又知小钱已探亲去了，现场只剩您一个人，这点一般人很难做到，而您做到了，我一定向您学习！关于永浩同志，他这段时间工作也是一直紧张，他是搞多层床工作的，前段身体有点儿不好，腰痛，但一直带病工作，后来又主动帮助别人。支部希望你们在新的一年中，为革命工作做出更大的贡献。”

革命化春节的提法，最早出现在1964年春节期间。在克服旧思想、旧习惯，实现革命化的社会氛围中，部分工人群众发出了“移风易俗，过革命化春节”的倡议，号召大家以主人翁的姿态“抓革命、促生产”，具体做法就是春节不休息、不返乡，尽可能地增加劳动时间，为祖国建设做贡献。这一倡议与中央引导广大人民群众树立新思想、新文化、新风俗、新习惯的精神不谋而合，于是国务院在1967年春节前发出了《关于一九六七年春节不放假的通知》。

近代以来中国社会处在一个激烈变革的时代，新中国成立后几十年，必然存在新旧习俗并存的局面，“改革陋俗、倡导新俗”是现代政权推动社会现代化进程的主要内容之一，同时更是政府巩固政权的必然举措。革命化春节正是20世纪六七十年代，在移风易俗的口号下，政府通过行政措施和舆论导向，对春节习俗进行的革命化改造，其意图在于塑造群众的集体意识、国家意识，并构建群众的社会认同感。

“移风易俗过春节，大年三十不歇脚”“春节加油干，班班都超产”，许多工厂的工人在春节期间提前进入车间开始生产，以示摒弃旧俗、破旧立新的决心，车间里一派热火朝天的生产场面。单位领导也纷纷到生产一线进行慰问，以调动广大群众的生产积极性。

“破春节旧俗，立革命新风”成为特定年代的主旋律，指导人们的日常生活，宛秋和永浩的私人通信也习惯性地将个人的工作、生活融入国家建设的宏大叙事之中。

1975年，春节期间，宛秋在给永浩的信中写道：“周总理的政府工作报告很鼓舞人心，大家都想为在本世纪内把我国建设成为现代化的社会主义强国贡献自己的力量，所里一片欢腾，各室都出了大字报或墙报诗刊，我们室出了黑板报及墙报诗刊，同时我们援阿焙烧分析组还出了特刊表决心，人人写了稿子。除此以外，还以实际行动掀起抓革命促生产的高潮，连续加班。想来上海的形势不会比北京差，大概也掀起高潮了吧！”

在这封信里，宛秋急切地询问了永浩的工作情况：“春节后的工作开展顺利吗？1∶1模型试验开始了吗？成功吗？上海现场二级扩散给光设备安上后使用畅通吗？报告修改完了吗？”密集的问题代表着当时非常普遍的生活状态——“一心扑在工作上”。

到昨天正好你已离京整整两个月，想着今年的春节我们分开过，这滋味也是不好受的。（永浩）

另一方面，传统的力量仍然强大。过节就是要全家人整整齐齐在一起，无论出于任何原因而造成一家人不能团圆，都是重大遗憾。

1973年年底，永浩得知宛秋不能回家过年了，心里很不痛快，认为是宛秋没有积极争取，于是两个人罕见地闹了别扭。单位为了照顾他们的情绪，临时决定让宛秋回京，但宛秋自己犹豫了。她在信里向永浩解释，从工作进程考虑，她应该留下：“客观事实是今天开了开车誓师动员大会，准备12月30日早上开始点大烘炉，1月3日加料，稳定几天，预计1月中旬就开始做混合实验，这是关键的实验。今年上半年主要完成混合实验，并写出实验报告。留下小钱1月初或上旬回去探亲，春节后才回来。于红1月上旬要生孩子，四室目前还未派人来，目前我是负责人，在实验正紧张的时候，有好多设备是这次改造新改动的。”

这种情况下，她离开肯定不合适，于是宛秋又跟永浩解释，支部让她春节回去的决定看来是勉强的，传出去估计影响也会不好，会认为她来上海是积极要求来的，现在又这么急着要求回去，来了不到一年就回去两次。最终，永浩还是接受现实，不再坚持让宛秋回北京。

那个春节，永浩和晓峰是怎样度过的呢？永浩在信中写道：“今天是星期六晚上，晓峰看电视去了，我洗完衣服，整理了家，拖了地，才9:00，感到屋里空空洞洞、冷冷清清，很寂寞，一个人的滋味不好受。这时非常想念你和晓岩，也不知什么时候你能回来团聚。”永浩计算着宛秋离开家的日子：“到昨天正好你已离京整整两个月，想着今年的春节我们分开过，这滋味也是不好受的。由于这种心情，就拿起笔来给你写信了，以表达自己的心情。我想今天晚上如你没回家，也一人在冶炼厂过，可能也会有同感吧！”

每逢春节，天南海北的亲人们会默契地互寄钱物，表达祝福。20世纪70年代，宛秋和永浩会在过年前一个月左右就给双方家里的老人各寄25元，以便他们提前购买年货，同时设法买些稀罕的糖果、花生以及孩子的玩具寄回去。

1973年春节，同在上海冶炼厂工作的仲礼准备回北京过年，宛秋说："（他）订上了12月29日14次车的卧铺票，于12月30日（星期日）早上9:00左右到北京。我托他带回20斤白面，另外妈妈说还要给我们家和小姐家带几斤糖与花生米过年。"

鞍山的春节供应比不得北京和上海，所以永浩和宛秋每年会给永杰家寄邮包。1973年春节，永杰收到包裹后，高兴地回信："寄来的信及邮包全收到了，大人小孩全都高兴……寄来的奶糖让小孩可高兴啦，不住地提这是她五叔从北京寄来的。每天一人只能吃一块，留着过年时让她们吃。"

1974年，宛秋让永浩去南京出差前一定要买1—2斤糖及别的（如豆子等）东西送给二哥，信中写道："也算给南京家中过年的礼物，也可给咱娘带些什么礼物（酒或烟）。你考虑吧！"

1975年1月20日，永杰在春节前出差到北京。永浩不在家，宛秋做主，给永杰买了一些年货，她告诉永浩："1斤1.3元的什锦糖，2斤白砂糖及几包红果片儿，让他带回去。他说他还要到青岛、上海，所以我也没给他买更多的东西，少带点儿意思意思。如果去上海，你可以给他买点儿好糖和点心，正好让家里过春节。"

按以往惯例，各单位为方便职工购买年货，一般会根据春节的放假时间，提前发放本月或下月的工资。1967年1月30日，中国人民银行上海市分行下发《关于停止提前发放春节期间工资的通知》，要求各单位发放工资的日期仍同原来的发放日期，一律不得提前。没有这笔钱，人们就无法大量购买年货，客观上杜绝了铺张浪费。有关革命化春节的一系列文件显示出政府通过变革传统节日习俗这种举措来打造新型民俗的决心。

在现实生活中，人们表面上不再提“守岁”“吃年夜饭”“烧香”这类“陋习”，但过节期间，鸡鸭鱼肉是少不了的，家长也会破例允许孩子们在除夕的午夜12.00燃放烟花爆竹后再去睡觉，过年期间祖先的画像或照片也会摆放在斗柜上，这都使得家族观念通过一种不扎眼的方式得以显示。

1973年春节，宛秋跟永浩细数父母家的年货：“上海家中买了5只鸡，好多鱼肉，还有蛋糕、元宵，真像过年。厂里照顾援外同志，让我们外单位的也买了些酱鸭、过油肉、松花蛋、蹄髈回去。我买了些给家里过年。”

1975年春节，永浩在上海，宛秋带着两个孩子在北京，她准备到小姐家过年。

“预备明天下午（大年初一）去，因为想大年初一上午到各家转转，拜个年，然后初一下午、初二在小姐家过年，如果小姐硬留的话，看来初三上午还得在小姐家过年。今年我买了1只母鸡

(2.56元)、3斤黄花鱼（1.5元），拿到小姐家过年，买这些排了3个小时的队。”（1975年2月10日，宛秋给永浩）

这个春节，永浩在宛秋父母家过。永浩按照宛秋的提醒，帮岳母“干点儿事，如蒸糕、馒头等”。他告诉宛秋：“春节我是在家中过的，这次吃得很好，玩得也不错，一般是在家里摸摸牌打打麻将。爸爸妈妈均参加，除小孩外，均在周围看，热闹得很。”

现代政权为构建社会秩序，推动社会进步，获取群众支持，往往会积极介入风俗变革。通过提倡革命化春节，政府引导群众打破传统的家庭观念，把向神灵祈福转变为发挥个人的主观能动性，通过个人的辛勤劳动实现改天换地的目的。群众通过放弃春节休假探亲，表达个人为国家的发展奉献全部力量的决心和意志，但这一变革显然低估了民俗的柔韧性，从永浩和宛秋的通信中可以看出，大家一方面积极参与春节的革命化，私下里仍尽量像以往那样吃吃喝喝、走亲访友、摸牌打麻将，热热闹闹过着年。

今年春节上海供应很好，只是蔬菜紧张，主要是天气寒冷所致，油菜0.35元1斤，菠菜0.6元1斤（还都质量很差），荤菜样样都有，大家都能过个快乐的春节。（刘骅）

改革开放后，传统节日的世俗化色彩与日俱增。1984年春节，宛秋的父母如此度过：

“今年春节年货供应非常充足，数年以来没这样好过，除粉丝每户供应1斤外，其他都是

敞开供应，蔬菜也很多，花色也多。”（1984年春节，父母给宛秋）

“年三十晚上，中央电视台的联欢晚会，我们都看到了凌晨2:00结束为止。虽然精神难以支持，但没有一个人舍得中途退出而去睡觉。初一晚间电视节目也很好，上海电视台的节目也不错。”（1984年2月3日，父母给宛秋）

1984年的春节联欢晚会的确令人难忘。它是第二届中央电视台春节联欢晚会，也是公认的最成功的一届。这届春晚第一次出现了港台主持人，黄阿原是台湾中华电视台的主持人，陈思思是香港影星，因主演《三笑》被内地观众所熟知。这届春晚大胆启用港台歌手，张明敏演唱的《我的中国心》、奚秀兰演唱的《阿里山的姑娘》，令人大开眼界；这届春晚第一次出现了小品——陈佩斯、朱时茂表演的《吃面条》；这届春晚创造了许多爆款节目，例如马季的《宇宙牌香烟》、殷秀梅的《幸福在哪里》、沈小岑的《请到天涯海角来》、朱明瑛的《回娘家》、于淑珍的《我们的生活充满阳光》。整场晚会以蒋大为、李谷一、于淑珍、苏平、沈小岑、朱明瑛、茅善玉、郭颂集体演唱的拜年歌《恭贺新禧》开始，以李谷一演唱的《难忘今宵》作为结束曲，这成了此后每年春晚的固定模式。多年之后，这届春晚的盛况仍被人们津津乐道，让后来的“80后”“90后”“00后”慨叹“余生也晚”。

1987年春节，收入好的单位开始给职工发钱物。

“上海春节前有的工厂、商店等单位额外发给职工两三百元，有的连钱带物甚至五六百元，其中包括羽绒服等。遗憾的是咱们家都没有份儿，当教师是有名的清苦差事，现在经过改善，虽然工资比以前增加了不少，但除了工资外，每月的奖金不过十几元，其他并无实物发给。”（1987年1月26日，父母给宛秋）

1988年的春节供应又有了显著改善。

“来信及汇款都收到，谢谢……今年上海凭票供应的有猪肉和鸡蛋，从去年11月开始，猪肉每月每人3斤（第10天1斤），鸡蛋每月大户5斤、小户3斤，这个月因为适逢春节，每户增加1.5斤。鸡蛋不够吃可以买议价蛋，每斤2元（比平价的贵0.5元，平价的1.5元1斤）。其他只有绿豆粉丝，每户用粮票买，每斤1.1元，供应1斤，旁的副食品和平日一样在市场自由购买，就是价钱贵些。这情况和北京差不多。”（1988年春节，父母给宛秋）

1992年，单位发给职工的春节大礼包内容更丰富了。

“春节他们都发了好些东西，晓巍发的最多，计橙子2箱，共20公斤，精制豆油2公斤，海蜇头1公斤，粉丝1公斤，松花蛋1公斤。剑荣发礼券50元，宛春发礼券40元，自己买东西既自由又方便，我觉得很好。晓巍今年春节放12天假，自1月31日起，他很开心。今年春节上海供应很好，只是蔬菜紧张，主要是天气寒冷所致，油菜0.35元1斤，菠菜0.6元1斤（还都质量很差），荤菜样样都有，大家都能过个快乐的春节。”（1992年2月3日，父母给宛秋）

1995年，市场上出现了包装精美的新春年礼，替代了一部分家庭的手工产品。那一年，上海出台了禁止燃放烟花爆竹的规定。

“今年春节仍免不了老一套，忙着预备了各种各样的食物菜肴，但是比往年省了点儿时间，今年春节不磨米粉，不做豆沙，都是买现成的，风糕也不做了。在春节期间，环城公路以内是不许放焰火、爆竹的，以避免火灾和防止污染。”（1995年1月23日，父母给宛秋）

以往只有大年夜才能吃到大菜，如今鸡鸭鱼肉都成了等闲事，人们开始感叹：年味变淡了。

上海的节日晚上搞得可隆重了，外滩、南京路，整个大高楼全部由灯泡给围起了，一片灯火通明。（宛秋）

1973年的五一节和国庆节，宛秋都是在上海度过的。

“上海4月30日晚上和5月1日上午一直下雨，五一下午才开始晴，但4月30日晚上，并没有因为下雨影响我们的活动。4月30日晚上，小妹、妹夫、我，带着他们的小孩坐车去外滩看灯火世界了。上海的节日晚上搞得可隆重了，外滩、南京路，整个大高楼全部由灯泡给围起了，一片灯火通明。由灯泡勾出的大楼轮廓非常漂亮，由静安寺到外滩，整个街道的商店房子均拉起了灯。晓岩可乐了……五一晚上我由家里回厂时，又在南京路外滩仔细观赏了一下节日的夜晚。”（1973年5月2日，宛秋给永浩）

宛秋眼里的五一节，灯光装饰的大楼、行人如织的南京路、热闹的外滩，营造出隆重的节日气氛。虽然下着雨，但宛秋的母亲说："要不是下雨，根本挤不上车，也到不了外滩。"

度过了如此幸福美满的五一节，想起在北京的永浩父子，宛秋心里有些不安："五一节北京热闹吗？不知五一节你们是怎么度过的？带晓峰玩去了吗？咱娘也去了吗？五一节买了些什么好吃的？鱼多吗？晓峰看电视了吗？"

写下这一连串的问题时，她一定希望所有的答案都是肯定的，但她心里清楚，缺少女主人，家里或多或少都会冷清些。所以在国庆节的前半个月，宛秋就提前为永浩和晓峰做了谋划。

"十一快来了，你们准备怎么过？我看应把炉子点着，烧点好吃的，起码得有鸡吧！听说晓峰在食堂连0.25元的菜也不买，这可不行，孩子总是孩子嘛！注意下有没有什么好东西买，如小胡桃、瓜子等，可以买给晓峰吃。我预备趁老王回去（他原先计划十一前回去，不知老金来会否变）时，再给晓峰带1斤糖回去，给小姐也带1斤吧！"（1973年9月21日，宛秋给永浩）

节后永浩给宛秋写信告诉她，10月1日他和晓峰一起去了小姐家，带去了1斤糖，正好当成一个礼物。

宛秋回信时，给永浩详细描述了自己的国庆节是怎样度过的，她讲道："我们在上海，节日过得不错。十一那天，明华等人在我家过节，中午吃的是饺子，晚上吃的是炒菜和米饭，还喝了酒。"同事们平时经常开玩笑说到宛秋家去吃一顿，宛秋和妈妈商量利用这个节日，请几位节日无处去的同志到家里来过节。"母亲特别热情，他们过得也很愉快。”宛秋告诉永浩，当天晚上，大家还一起去看了灯火，从静安寺走到外滩，一路看灯，所有的高楼周围均用大灯给勾画出来，一片灯火辉煌，夜景特别迷人。这段路太远，外滩游人拥挤，没法带孩子，宛秋的大姐和小妹领着家里的小朋友就在附近看看灯火，也特别高兴。写到最后，宛秋遗憾地说：“可惜你看不到。”

那个国庆节开销太大，事后宛秋给了母亲25元钱作为补贴。过节期间，她还去逛了商场，买了一个8W节能灯灯管，花了8.47元，打算托同事带回北京。

与春节不同，五一节、国庆节、三八节是新中国成立后由官方确定的政治节日，精心装饰的城市地标、无处不在的节日符号、特定的文艺节目，引导个体从现实生活的桎梏中解脱出来，想象自己正在与无数个“他人”共度这一神圣时刻，以此来强化自我身份认同感与集体意识。借助节日的仪式感，政府将国家意识传递给大众。在节日期间，宛秋和同事们看到了灯光璀璨的大楼，永浩收到了来自妻子的甜蜜祝福，他们和无数中国人一起体验着小家庭的幸福与安宁、国家的繁荣与进步。这样的感受如同和风细雨，悄然改变着一个古老国家的文化风貌。

话题

2

调动工作

情商这个词出现得很晚，由美国心理学家约翰·梅耶和彼得·萨洛维于1990年首先提出，1995年，《纽约时报》科学记者丹尼尔·戈尔曼出版了《情商：为什么情商比智商更重要》一书，引发了全球性的EQ研究与讨论。

在中国，虽然情商被人们普遍接受和谈论要到21世纪初，但处理人际关系一直是成人世界里最重要的能力之一。北方人说某人“会来事儿”“懂事儿”，就是指这个人八面玲珑，处事圆滑，擅长维系各种关系，运用各方资源，总是能想方设法达成目标。特别是办难办的事，最考验一个人的情商。

从读过的信件中看得出永浩的四哥永杰是一个非常生活化的人物，关注吃喝，热爱家务，宠溺小孩，上班时间经常“摸鱼”。其实在凡夫俗子的面具下，永杰可是一位如假包换的高级知识分子呢。

最近这两个月（11—12月），我们客车研究所承包了一个小客车的设计任务，完成后每人可以额外得到80元左右的外捞，这个钱也是来之不易。（永杰）

1959年，全国的大学毕业生只有区区7.1万人，永杰就是其中一位。这就注定了他偶尔会做些因为不谙世事而显得天真可爱的傻事，比如从鞍钢调到鞍山客车厂。

从北京工业学院汽车专业毕业后，他先留在北京工作，1970年由北京调往鞍钢，1984年申请调离鞍钢。从全民所有制的大型国企调到集体所有制的大集体单位，永杰的选择可谓骇世惊俗。鞍钢是什么单位？鞍钢是新中国第一个恢复建设的大型钢铁联合企业和最早建成的钢铁生产基地，被喻为“中国钢铁工业的摇篮”“共和国钢铁工业的长子”。

鞍钢有先进的企业管理制度，著名的《鞍钢宪法》诞生于1960年。鞍钢的生产技术先进，中国第一根无缝钢管、中国第一颗原子弹使用的特种钢都出自这里。这里还是新中国对外友好交往的窗口，留下了许多外国政要和国际友人的足迹。在物资紧缺的时代，鞍钢人的衣食住行基本上由企业包揽，中小学、幼儿园、医院等设施一应俱全，住着暖气楼，看电影不花钱。即便是休息时间，鞍钢人也喜欢穿着印有鞍钢标志的劳动服，以表达一种源自内心的自豪感。

1972年，永杰的侄子林熙陪奶奶到鞍山的永杰家住了一段时间。永杰带林熙参观生产车间，到职工医院做免费体检，还给他买了时髦的衣服和鞋子。

“林熙这孩子长得个头真不小，挺有劲，能吃苦耐劳，得到他姥的好评。鞍山他差不多遛遍了，我领他参观了鞍钢无缝大型、中小型薄板的几个厂，你四嫂还给他做了一套衣服，买了双球鞋，因为胃经常疼，给他在医院做了一次X光透视检查，他这个星期五坐车回济南去了。”（1972年5月14日，永杰给永浩、宛秋）

带林熙参观厂区，享受职工家属的福利待遇，是永杰对侄儿的深切爱意，他也希望借林熙之口让亲戚们知道四叔在鞍山混得相当不错。

那段时间还正赶上柬埔寨西哈努克亲王到鞍钢参观并停留了3天，在冶炼厂的11号高炉旁观看炉前出铁。为迎接远道而来的贵客，鞍山大搞环境卫生，整顿市容，永杰也跟着忙乎了好几天。

“把破烂的小房子拆掉，在房子后面又盖了起来，把鸡园子也

放到后边去。业余时间弄了10多天，真不错。”（1972年5月14日，永杰给永浩、宛秋）

1976年，全国运动会田径赛在鞍山设有一个赛区，赛区就在离永杰家不远的二一九公园旁的鞍山人民体育场。

“共4天，分8场，我已看完了两场全国马拉松赛，在鞍山公路上举行。”（1976年5月11日，永杰给永浩、宛秋）

永杰本人在单位相当受尊重。

“10月初，冶金部派了一个120多人的设备大检查团到鞍钢来检查，我被抽出参加这个检查团，陪同检查。这真是个好机会，到处看看学学，受人尊敬，到哪里去都是单位的主任、书记陪同，吃得也好，是个好差事。估计要检查两个来月，一直到旧历年。”（1975年10月31日，永杰给永浩、宛秋）

1975年6月28日，永杰给永浩、宛秋写信道：“这里工作生活没有任何变化，挺紧张也挺愉快的。”但永杰内心隐隐有些不安，他感觉这里的人目光短浅，小富即安，没有什么上进心。他说：“近来你们的工作还很忙吧？你们那里的风气和鞍山不一样，这里和我们同龄的知识界的人都有‘混’的思想，上进心都很差，上班应付一下工作，下班就是看电视和玩，在享受上不断升级。”从这封信中可以看得出永杰不满足于“混日子”，希望干出一番事业。

1970年至1984年，他先后在鞍钢机械公司总汽车队、鞍钢汽车公司、公司运输处（临时工作3年）工作过。其间，1978年，又被调到运输部运输研究室任工程师。之后还短暂地到大集体——鞍山客车厂工作，脱产学习外语一年，之后他改作铁路运输工作。频繁的岗位变动使永杰身心疲惫，而且这些岗位始终专业不对口，他在工作上颇为吃力，因此很想调回汽车公司工作，但铁路运输部的领导坚决不放他。

这一蹉跎，就到了1984年。7月，鞍山市出现了人才交流的大好形势，永杰在报纸上读到鞍山客车厂招聘技术人员的启事，觉得看到了一线生机，再次提出调动要求。人才流动已是大势所趋，运输部领导这次不得不放行。

调动成功，永杰给永浩写信："我自从调到鞍山客车厂以来，工作可紧张了，比以前能紧张几倍，由于经常搞承包任务，每个人工作都要加班加点，早上7:30到厂，晚上7:00也不能回去，星期日照常工作，尤其是天气寒冷的现在，真感到有些艰苦了。"刚开始永杰很不适应如此高强度的工作安排，毕竟已经清闲十几年了，好在永杰学习能力强，设计、画图、考虑问题、学习新东西，他很快就行了。

鞍山客车厂专搞客车的外形设计，底盘是中国第二汽车制造厂制造的。永杰在这儿加班加点干活，挣的不仅仅是死工资，还有可观的奖金。

"最近这两个月（11—12月），我们客车研究所承包了一个小客

车的设计任务，完成后每人可以额外得到80元左右的外捞，这个钱也是来之不易。”（1984年12月4日，永杰给永浩）

1984年，我国城市居民年人均可支配收入为669元，平均每个月55.75元，而永杰两个月就挣了80元奖金，月收入几乎翻了1倍。

> 对于我的工作，我确实有些后悔了，不该调出鞍钢，只怪我当时考虑得不太周到，不够冷静。（永杰）

好景不长，不到两年时间，永杰就后悔了。

1986年元旦过后不久，他在给永浩的信中说：“鞍山客车厂是一个大集体厂，生产任务、产值、利润都不可靠，受社会政策的影响很大，挣钱多就可以涨工资，有奖金，若企业亏损就有可能开不出工资来。”他将这个单位与自己调出的单位——鞍钢进行比较：“从这次调工资来看，在鞍钢和我同级的可以调到130元左右，我在鞍客厂只能调到111元，听说鞍钢将来还要往上调，看来差距越来越大，我和你四嫂商量，我打算再回鞍钢。”

鞍山客车厂是个大集体，属于集体所有制企业，是独立经营、自负盈亏的经济实体，收入由集体企业自己分配，职工多劳多得。正如永杰所说，生产任务、产值、利润都不可靠，受社会政策的影响很大。

“我想在鞍钢就是退休了也比集体厂矿好。”（1986年1月13日，

永杰给永浩、宛秋）

特别是妻子美娟的工资调到106元之后，永杰作为一家之主的尊严遭到了挑战，他写信跟永浩说："你四嫂在医院工作现在还好，她这次工资给调到106元，还算可以……对于我的工作，我确实有些后悔了，不该调出鞍钢，只怪我当时考虑得不太周到，不够冷静。工作这一年我也感到很苦恼，想来想去，还是请公司领导让我回原汽车公司工作吧，我认为我之所以走这一段弯路，主要是因为以前鞍钢在落实知识分子政策时，专业对口上做得太慢，自己又过于急躁不冷静。我现在已和鞍山客车厂的厂长谈好了，他们同意我再回鞍钢工作，这里可以暂时不安排长线工作，希望公司领导尽快给予调动为盼。"

永杰非常用心地写了一个请调报告，准备通过熟人交给公司经理。

"能不能办成，还说不上。你们若有时间，可征求一下二姐夫的意见，让他给我出出主意，指点一下迷津，应该怎么办能更好些。四哥四嫂没有能耐，也请你们给帮些忙吧。"（1986年1月13日，永杰给永浩、宛秋）

永杰信中提到的二姐夫，是宛秋的二姐宛夏的丈夫珈佩，他在冶金部任职。

“二姐夫是在劳资司人事处工作吧？叫什么我忘了，以后给你捎东西时交给他较方便。若行的话，你写清楚他的办公地点。”（1980年5月28日，永杰给永浩、宛秋）

我这里写了一个情况说明，麻烦姐夫有机会时和公司领导说说，比我直接去找作用要大得多；或托部里组织部门的人和鞍钢公司领导说说，那更好，若需要答谢人情，就是花100元咱也认可。（永杰）

冶金部是鞍钢的上级部门，不过1980年二姐夫只是部里的中层干部，更重要的是永杰在部里没有什么事情要办，在这种情况下，珈佩就只是家里一个普通的远亲，能帮忙捎点儿东西。

1986年，永杰有了调回鞍钢的想法，这也是二姐夫被提拔为司长的第四年，永杰在信中提及二姐夫，口气有了微妙的变化：“工作调动之事，来信讲已和姐夫谈了，姐夫在适合的时机能助一臂之力，那也真太感谢姐夫姐姐对我们的关怀了。”

“我和你四嫂找人参谋，到设计院也挺好，尤其是焦耐设计院更好（矿山次之），工作离家近，知识分子成堆，待遇也挺好，因咱的要求不高，不当官，只是干些具体工作，一般工作都能胜任。估计都喜欢要，只怕咱的年龄较大（已52岁），有些人不喜欢要，这些主要看人事关系。我们认为这些单位都行，焦耐院、矿山院、鞍钢，姐夫跟哪些单位的领导比较熟，在适当的场合与时机下提一提，我们再联系，估计更可靠些，省得走弯路。”（1986年2月2日，永杰给永浩、宛秋）

调动的事情一旦开始办，就如同箭在弦上，不得不发。原单位不好待了，永杰说：“客车厂太失信用，招聘时原答应给一级浮动工资，不受调资影响，现在调资后，浮动工资不加进去，反而去掉了，另一方面答应给解决住房，现在也不照顾。”

毕竟在鞍山已经生活了近20年，永杰肯定有自己的人脉资源，他写了一份请求调回鞍钢的报告：“通过你四嫂的要好同事，交给他的侄女婿孙经理。但还未交上去，听说他已下台了，至今未联系上，现在来的新经理老李、管人事的经理老陈都不熟。”没有熟人，调动基本没指望。

如今有二姐夫帮忙，永杰就敢有一些具体的想法了。

陆续托人问了几个单位，比如焦耐院、矿山院，都认为永杰别的条件全合适，只是年龄稍大些。超过50岁的人，单位不太爱要，看来只好慢慢等机会。这究竟是单位不愿接收的托词，还是单位惯例如此，就不得而知了。

调动的事接连碰壁，家里也不省心。永杰写信告诉永浩：“晓芳和晓玉整天累得够呛，却还是什么也没考上，比市内的大中专线都差七八十分，哪里也走不了，所以只好再继续补习一年。前些日子托人去了解了焦耐院办的一个补习班，他们院里也有60多人什么也没考上，为此院里组成了3个班，两个理科班和一个文科班，半年补习费85元，两人170元，现已开学两天，感到还可以。我们的想法是边补习，有合适的职业就参加社会招考。边学习边考试，这样不会分心。”

“关于调动工作的事，我已52岁了，也不想挑拣什么地方、什么专业了。有个旱涝保收的养老地方就行了。鞍钢什么地方都行，还能工作8年，咱到那个地方保证工作还拿得起来，也不是白吃饭的。听说鞍钢也是很难进的。若二姐夫找着熟人，说上话后，我再具体联系吧。”（1986年9月7日，永杰给永浩、宛秋）

永杰一方面说服自己接受现实，降低期望值；另一方面让永浩和宛秋求二姐夫找熟人帮忙说话。

孩子上了补习班，永杰观察了一个时期，不得不承认这俩孩子真的不是学习的料。这下永杰更急于回鞍钢了，在信中写道：“晓芳、晓玉学习成绩差没考上大专、中专，正在补习班学习，看来明年还是够呛。为了小孩的前途着想，我不得不急于调回鞍钢工作。鞍钢是个旱涝保收的大企业，鞍钢招工都在鞍钢职工子弟内参考，我必须得回鞍钢，干什么工作都可以。听这里人说鞍钢做主的人不多，只要公司经理点头同意就能办手续调回去，我这里写了一个情况说明，麻烦姐夫有机会时和公司领导说说，比我直接去找作用要大得多；或托部里组织部门的人和鞍钢公司领导说说，那更好，若需要答谢人情，就是花100元咱也认可。你先让姐夫合计合计怎么办更好。有好方法时给我来个信，我好再跑。”

永杰担心如果只将这么一个报告交给鞍钢领导，最后来个下落不明，不了了之就糟糕了，应有个着落。他在信中建议：“若二姐夫有机会能见到鞍钢的领导，让领导在我的报告上批复‘同意调入，办理手续’字样的话，可把我的报告寄回来，我直接去鞍钢干部处办理就更好了。”

写于1986年11月9日的信中，结尾处，永杰提到了妻子美娟说过的话：“你四嫂说二姐夫替咱帮了不少忙，费了不少心，以后咱也不会忘了，一定要买些东西表示感谢。”

自进鞍钢后，好处不少。我和你四嫂多次讲到咱不能忘了姐夫对咱的好，这个大关口若不是姐夫帮忙，这一辈子就别想了。（永杰）

有二姐夫帮忙，永杰的请调报告很快有了结果。

“沉默多时的工作调动，前天才算有了初步结果，公司经理李华忠同意我调入了。前天下午公司人事处调配科的孙科长电话通知我，公司同意了（最近研究的一批），也就是说大关过去了。这个关是最难通过的，看来没有像姐夫这样的干部说话，这一辈子就别想再进来了。”（1987年3月22日，永杰给永浩、宛秋）

过了大关，还有小关，永杰得找到一个具体的接收单位，再由接收单位的领导研究要不要这个人。永杰告诉永浩和宛秋：“离咱住的地方最近的单位是鞍钢建设公司，这个单位是过去的部队合并到鞍钢来的，经济效益比较高。这里的机械化公司全是运输车辆，坦克、吊车、推土机等一些履带车辆，也特别合乎我学的和工作过的专业。现在调配科正在联系，建设公司领导研究后再决定用不用。看来办件事处处难，据说还得1—2个月才有消息。没办法，只得等待。若没有接收单位，前功尽弃，听天由命吧！”

永杰越来越庆幸自己调离客车厂的想法无比正确。

“客车厂因经济效益不高，设计部门就更加忙起来了，先是改进，换车型，增加新品种。每天加班，星期日还经常不让休息，因我现在也快熬出头来了，心情能比别的同志好些。”（1987年3月22日，永杰给永浩、宛秋）

永杰半年多时间一直没闲着，他说：“天天在想办法找门路，请客送礼，解决我这里的一个一个问题。首先是我今年4月中调入鞍钢，找接收单位，要找一个经济效益好点儿的单位也真不容易。托人找关系，干部科、组织部、人事经理，一个个都研究同意后才进了鞍钢的二级公司——建设公司，再向下分配到三级公司来。”

1987年，五一假期后，永杰终于到新单位上班了。

“这个公司是鞍钢建设公司（二级公司）新成立的一个公司，地点距市中心较远，在郊区。我骑车上班要45分钟左右，它不在鞍钢厂区内，所以污染较大。不愿意骑车时我还可乘坐公司的通勤大客车，比较方便，还算可以吧。进鞍钢后，我的浮动工资全部去掉了，工资定为115元，偏低。公司人事科科长和公司黄经理说研究后给补点儿或涨工资时照顾点儿。我目前在公司基建办负责机电设备的安装验收工作，活动性较强，心情也较舒畅。”（1987年5月11日，永杰给永浩、宛秋）

永杰的具体工作单位是鞍钢建设公司的民用机构公司所属的混凝土搅拌站。他写信告诉永浩和宛秋：“这个搅拌站有砼罐车8台、砼泵车2台，都是新进口的日本三菱车及推土机和其他辅助用车。这个站主要是为建设公司下属的土建一、二、三公司和机械化公司、电装公司服务的。除了车外，还有1个砼搅拌机、料场（砂、碎石、水泥）。全站有140余人，是一个科级单位，有一个主任、两个副主任，都是部队转业的，大老粗……人员主要是从四川、陕西、山东来的转业兵。我的初步印象是这地方还不错，除了离家远些，灰尘大些（每月有8元保健费），还没看出不好的地方，这我也已知足了。”他继续写道：“在我这里，大女儿晓凤已经处了对象，对象今年面临毕业分配问题。晓凤即将于明年毕业，也需要考虑分配工作的问题。晓芳和晓玉因为学习不佳，我正在犹豫，是让她们补习还是干脆就业算了。这些问题解决了，我这一辈子大的心事也就差不多了……我看人活这一辈子，操心没个完，真得操一辈子的心，但人要心宽的话，就都不是什么操心的问题。我记得小时候咱姥爷在烟口袋的一个小木牌上刻着他的座右铭——‘学吃亏’，我现在回想这3个字，很有意思。学吃亏，遇事不怒，这表明了一个人的修养，这也是养身之道的重要信条。咱有时办不到，遇事不冷静。”永杰历尽艰辛，在二姐夫的帮助下，终于调动成功，心中不免一番感慨。

调回鞍钢，永杰再不用担心企业是否亏损了，工资也很快升了半级，由115元涨到123元，同时孩子也跟着沾光，晓芳和晓玉的工作有了着落。永杰信中说：“大学刚考完后，她们都感到考得不好，不到400分，中专也考不上，也不能再补了。去年这一年花了400元的补课费，算是白白浪费了，还浪费了一年的时间。家里人研究的结果是马上进鞍钢大集体就业，我又到公司的劳资部门找关系，总算同意算她们待业。7月末到8月初托人到鞍钢劳动服务公司、市劳动局和劳动服务公司，办理大集体就业手续。她们于7月30日到公司报到上班。公司对我还不错，两个孩子的工种让她们自己挑，最后决定，晓芳做样板工，按图纸画大样；晓玉做电工，维修各车间电器设备，最后她又被调到变电所工作。刚开始工作时，由于环境的改变，她们还有些不适应，闹情绪，不想干，最近已稳定了情绪，感到这些工种是不错的。半年试用后转正，现工资是每天1.3元。”

孩子工作后，家里人的心情都变好了。“因不老让孩子学习了，孩子高兴了，我们也不老生气了。”永杰的高兴劲儿表现得淋漓尽致。

调动成功后，永杰和人打交道也恢复了自信。跑了几趟劳资处，他很快就把两个孩子办成了鞍钢全民合同工。全家人都捧上了铁饭碗，永杰心里更踏实了。

永杰一家对二姐夫心存感激。

“我之所以这次能再回到鞍钢来，你四嫂也常说多亏了姐夫给使劲。不然的话，咱在这里举目无亲，两眼漆黑，哪里也动不了。”（1987年4月19日，永杰给永浩、宛秋）

“自进鞍钢后，好处不少。我和你四嫂多次讲到咱不能忘了姐夫对咱的好，这个大关口若不是姐夫帮忙，这一辈子就别想了。你四嫂说咱现在也没有什么好报答的，这里有几百斤大米捎些去，也托了不少人，有的说外地的东西不能进京，只能到市郊区。有个较要好的司机，说是得等机会，他去时，晚上进市区送，只好等机会吧。另外我想给你们寄100元，你们合计给姐夫买点儿东西送去，也表示一点儿心意怎样？”（1987年9月2日，永杰给永浩、宛秋）

除送大米、托永浩给二姐夫买东西，永杰还让永浩再打听：“有什么机会时（如小孩结婚等），来信告诉我一下，咱再表示点儿心意。亲戚也是一样，越走越亲，常不来往，还不如一个邻居。”经过办理调动的两年艰难时光，书呆子永杰成熟了。

1988年年初，永杰获得了高级工程师的职称。因本单位没有汽车高工这个岗位，按政策他可在鞍钢内部调换。永杰在1989年7月调到鞍山冶金运输学校，在汽车教研组担任实验室教学工作。这个学校在1986年前归冶金部管辖，1987年后归到鞍钢，仍然在全国范围内招生。这样一来，永杰就可趁着每年招生的机会，回山东老家看看玩玩。1990年2月2日，永杰给永浩、宛秋写信说："有了鞍钢这棵大树，真是好得很，旱涝保收。"

话题

3

林熙结婚

20世纪70年代，结婚已不仅仅是两床铺盖放在一起那么简单了，从“三大件”——手表、自行车、缝纫机，到“三十六条腿”（九件大家具）——大衣柜、平柜、五斗橱、写字台、餐桌，外加四把椅子，结婚门槛明显高了。衣柜顶上放着红色樟木箱，床上的真丝缎面被子大红大绿，随着松软的厚棉絮泛起富贵的波纹。新郎家请当地著名的厨师来家里掌勺，摆几桌席，宴请亲朋好友、同学同事。手写的礼簿上，来宾名字后面多的10元，少的3元，同班组的同事则会凑份子，买一面镜子或一个脸盆作为贺礼。婚假结束后，新人上班第一天，会带上糖和香烟作为回礼。传统的礼尚往来，浓缩在林熙简朴而热烈的婚礼当中。

1973年2月26日是永浩的侄子林熙大婚的日子。婚礼前一天，林熙结束出差，从外地乘火车回济南。他给永浩、宛秋写信："由于是夜车，外面漆黑，也没什么景致观赏，因此在车上打了几个盹，回到家后已是近8:00了。"济南的家里没有盖新房，小南屋被粉刷一新当新房。

> 厨师也是真有本事，一个一个，一共做了19样菜，到最后，这些客人都吃不了了。就这样一直闹腾到下午4:00才喝完酒，开始吃饭。（林熙）

为了林熙结婚，父母从原本就紧张的住房里腾出了一间小南屋。信中没有提及林熙一家的居住情况，那我们来看一个可以获得的资料——1978年，全国城镇居民人均居住面积3.6平方米，缺房户占城市总户数的48.5%，也就是说有一半的中国家庭都被住房问题所困扰。林熙的这一间小房，虽然没有厨房、卫生间，没有上下水，但比起电视剧《贫嘴张大民的幸福生活》里的情况已经好得太多了。当时特别困难的家庭，孩子结婚，只能在屋子里用一张布帘隔出一个相对独立的空间作为婚房。

林熙看完新房回到东屋，母亲已下出面条。他端起碗正准备吃饭，厂里下夜班的同志都来了，男的女的老的少的一大帮，都说来看新嫂子。“他们来了，饭也吃不成了，端茶递烟，他们也有说有笑，都挤在小南屋里，他们也挺会闹。别看都是四十开外的人，但闹起来却有很多花招，弄得我们很不好意思。他们走后时间不长，我们班的班长、锅炉及电器上的几个人来了，在屋里坐着吸烟喝茶。因为是一个班的，又是老师，所以他们也不好意思闹。”

第二天中午12:00，婚宴开始。来参加婚礼的有“老解（原班长，现上长白班）、老齐（原老师）、老孟（现班长）及一个学员，还有托永浩买了一口锅的电气班长”，女客有“新娘厂里的两位同志，还有桂芳，老王家小菊，前院里大婶子”。

新郎父亲以及主事人庆田在东屋里陪客。客人分两拨，男的在东屋，女的在北屋。从信中的内容看，林熙的单位是工厂，工人阶级代表先进生产力，性别平等的观念深入人心，但在婚宴上，男女客人居然是被分开招待的，这或许是山东传统“礼”文化的特色吧。

考虑到林熙一家烹饪手艺欠佳，庆田请了一位街坊来家做菜。后院小，只好在前院临时支起锅灶，看起来很有样子。“我和林宏给厨子帮小手，洗菜倒水拉火，再就是做出菜来往酒席上端。”林熙说。看来婚礼当天，新郎也没有家务豁免权，要在厨房里打下手。

林熙对庆田请来的厨师特别满意：“厨师也是真有本事，一个一个，一共做了19样菜，到最后，这些客人都吃不了了。就这样一直闹腾到下午4:00才喝完酒，开始吃饭。因为菜很丰盛，他们也没有吃多少馒头。我们这些老师都很满意，说厨子做的菜很好吃，说咱这个做法很有场面，很好。”

下午5:00多，客人陆续都走了。新郎和弟弟林宏饿了一天，这才开始和厨师一起吃饭。因为忙忙活活，也没觉得困。就这样，一天的婚事办完了，临走时，林熙给厨师拿了好烟和一包糖，作为酬谢。

在商品经济发达之前，人们对手艺人有一种特别的尊重，做衣服、修补家具、走电线、铺设水管、照相洗相，甚至家里有长期卧床的病人需要打针输液……这些服务不是靠钱能买来的。拥有一门好手艺，在社会上很吃得开。

上班时带了两盒烟，见着老师傅们给一支吸，也作为他们花钱的感谢！事情大概就是这样。（林熙）

手艺人付出劳动，获得的不仅仅是尊重，还有实际的物质回报。在物资匮乏的年代，这些人的生活水准比周围的人高出一截，林熙给厨师拿的香烟和糖果，在当时都属于稀有物资。手艺人如果能时时有这方面的进项，生活会非常舒适。香烟更特殊一些，不同版本的“末日生存手册”都建议市民囤一些香烟、烈酒，以备不时之需，在特殊时期这些东西相当于硬通货。

第二天晚上，林熙就上班了，他说：“上班时带了两盒烟，见着老师傅们给一支吸，也作为他们花钱的感谢！事情大概就是这样。”林熙没有婚假，他和新娘的婚礼是革命化的，一切都要让位于鼓足干劲、力争上游、建设社会主义强国这件大事。

话题 4

地震了

海城地震是20世纪中国科学史上的一个重要事件。1975年2月4日晚，海城、营口地震爆发前，尽管室外已滴水成冰，但在政府的号召甚至强迫下，当地居民提前从房屋内撤离。由于事先有所准备，尽管大部分工程设施和居民建筑在地震中损毁严重，伤亡人员却大大减少，同时地震的次生灾害和衍生灾害都被控制在极低的水平。国际舆论对中国此次成功预报地震给予了高度评价，承认这是人类历史上首次做出的有科学根据的、有减灾实效的地震预报，并称之为“科学的奇迹”。震后，美国、新西兰、日本等10多个国家的地震科学专家和国际学术组织的成员专门到海城考察。

这真的只是个没有缘起的偶然的奇迹吗？我们从当时的通信里能不能看出些端倪？

1975年2月4日19:36，辽宁省海城发生7.3级地震。

地震后，永杰接连写了3封信，分别寄给南京、北京、济南，向亲人们报告全家平安的消息——鞍山距离海城40千米左右，实在太近了。

这次海城、鞍山等地地震，受损不少，但四哥还挺幸运，日本木头房子结实，且倒了危险性也小，他们一直未住在外面，省得挨冻，但屋内无暖气也够呛。（宛秋）

寄到北京的信走得最快，宛秋收到后，当天晚上就给出差在外的永浩写信，转告有关鞍山的最新消息。

“这次海城、鞍山等地地震，受损不少，但四哥还挺幸运，日本木头房子结实，且倒了危险性也小，他们一直未住在外面，省得挨冻，但屋内无暖气也够呛。”（1975年2月22日，宛秋给永浩）

海城地震发生后，我国东北、华北地区发生了多次大大小小的余震，地震一时成为社会焦点话题，永浩和宛秋也不例外。除了私下的小道消息，各单位也对职工进行了地震科普教育，并承诺国家会对即将发生的地震做出预报。

永浩正在上海出差，在和宛秋的通信中，他们频繁地交换自己得到的最新地震预报。

“最近地震较多，北京将在2月底3月上旬间也出现地震，有人说地震是在北京、天津，有人说在唐山，有人说在北京东部，也有人说在西部，不过肯定会有一次地震是真的，因为科学院系统的有些所，如电子所的重要器材均托运了……2月底3月上旬间将有地震，说到那时将有详细的时间与报道及组织等。我想到时一定会有详细预报，只要听从安排，不会出事的。”（1975年2月22日，宛秋给永浩）

“鞍山的地震这样厉害，还算好，四哥处无事，听说月底北京和天津之间（廊坊）有一次大地震，是真的吗？如果那里有，对北京就会有影响。”（1975年2月23日，永浩给宛秋）

“最近传达有关地震的事，是这样讲的：‘近一两年来天津、北京、唐山、张家口、渤海湾一带要发生6级地震，但据调查，看来最近没有发生5级以上地震的迹象。’有的单位传达3月7日—10日会有5级以下地震，今天是7日，也没事。”（1975年3月7日，宛秋给永浩）

海城地震的成功预报，使群众对政府决策的科学性、权威性深信不疑。

“一定得听从领导的安排，这次营口的预报还是挺准的，预报是3日，那天解放军站岗，不让进屋，结果没震，第二天就有人不听了，结果发生了地震，房子倒塌70%—80%，当然就有死的人

了，但不听的还是少数，结果伤亡不大，但海城不听的人多，结果房子倒塌，死伤就较多。”（1975年2月25日，永浩给宛秋）

“五叔说3月7日—10日，北京和天津一带发生地震，预测为5级，不知情况如何，有没有发生事情。我想，北京是我国的首都，是党中央和毛主席住的地方，对地震的预测及预防工作会做得更好，不会有大的问题。当然领导会有具体部署，一定要听从指挥，以免发生意外，不可麻痹大意。”（1975年3月13日，林熙给宛秋）

海城地震引发了一场有关避震常识的全民科普运动。

永浩在上海出差，对留在北京的妻子和孩子格外担忧。他在信里事无巨细地把自己学到的那些或真或假的避震知识倾囊而授。

在屋内就钻到桌子下，等晃过去再下楼。在屋外就到离房子较远的地方，然后再考虑怎样对付……（永浩）

“根据鞍山的经验，感觉到地震再往外跑就来不及了，因仅有几十秒，因此，感觉到地震，赶快往桌子下边或床下钻是可行的，若房子倒塌，还有不致被砸死的希望，若往外跑是来不及的，房子倒塌就无处躲藏了。若真有地震还得做好准备，把桌下的凳子或小饭桌拿出来，以防万一，否则到时拿就来不及了。”（1975年2月23日，永浩给宛秋）

这里提到的措施包括两个要点：一是地震发生后再往外跑往往

来不及，二是要马上钻到桌子或床底下。

“上封信已经谈了些措施，我想还是要提高警惕，把桌子下的凳子放到大床下，留两个在外面，也不要放在桌子下，要把桌子空出来，以防万一，到时候可以钻到桌子下，这样可解决很大的问题。万一地裂，房子全塌也没法，那只得听天由命了。”在2月25日的信里，永浩又向宛秋强调了桌子在避震时的重要性。

地震发生时有两种情况，永浩分析说：“在屋内就钻到桌子下，等晃过去再下楼，在屋外就到离房子较远的地方，然后再考虑怎样对待……没有解除危险时，千万不要到房子中，如果是夜间无地方去，可带被子到大楼1楼去住，因大楼比较牢固。我记得大楼设计时大概是考虑到地震的因素了，不过六七楼还是不保险的。同时要告诉晓峰，如果在屋内，摇摆很厉害时，千万不要向外跑，立刻钻到桌子下，如果摇摆过去了，就赶快跑下楼，但一定要跑到离楼比较远的地方，如中关村小学操场、图书馆前的马路当中。千万不要离房子太近，也不要钻防空洞，不要在电线下。若在室外，感到摇晃时，一定不要到房下，应该跑到离四周的房子都远的地方。不要离开这座楼，却跑到了另一座楼下。”

当时正值严冬，防止震后冻伤同样重要。1975年2月25日，永浩写道：“我想应该把我和你的皮衣找出来放在小床上，以备急用时穿，你可以穿我的，晓峰可以穿你的皮大衣（在皮箱中），面子（此处应指皮大衣的独立外罩——编者注）在大衣柜上的布箱中，布箱的钥匙在收音机下的小柜中。晚上把衣服、鞋都放在固定的地方，穿起来方便。晓峰的新棉衣可以找出来，也放在小床上。衣服都用塑料布盖上，也不会弄脏，但急用时，拿起来很方便。千万不要麻痹大意，以免在千里之外的我挂念。”

永浩告诉宛秋，真正的地震时间不会太长，也就是几秒或几十秒，一定不能惊慌失措，他继续说：“地震来时，也不要慌，吓呆了。也不是那么厉害，要沉着冷静，不然也要出事的。”

宛秋在3月7日的信中告诉给永浩，所里成立了抗震办公室，各室也成立了抗震小组，并且采取了一些措施，暂时不用的器材已经装箱，单位还组织职工看了地震科普电影。紧张的气氛导致市面上出现了抢购物资的现象，宛秋讲了家里目前的情况：“家中我也做了一些准备，两个人的大衣均拿出，大镜框也取下了，缝纫机也用棉花被罩住，避免压坏，钱也带在身边，省得不让进屋……目前面包、饼干、电池已没有了。你回来吗？上海如有1号电池，买两节或四节，可放于手电筒中，因为听说地震时为了避免大火是要停电的，当我们听了传达准备买时已没有卖的了，蜡烛也无卖的了。”

“当然我是尽量盼望你能早日回来，心中踏实些。有时想想也有点儿可怕。”虽然有些担心，总的来说宛秋还是很有信心的，3月7日的信是这样写的：“领导一再强调北京是首都，是中央和毛主席的所在地，一定会有预报。到时听话，疏散是不会有问题的。”

永浩收到宛秋的来信，得知她已经接到单位通知，说3月8

日—20日可能有5级地震，因此3月8日、9日两天，已和晓峰搬到屋外睡，非常关心挂念，“不知近况如何？我看做好准备没有坏处。把大衣拿出来，并把我的棉帽子、围布也拿出来，放在一起，可给晓峰戴。还有，墙上的小镜框后面有一个变压器，你看能否把小镜框也拿下来。先把变压器的插销拔下来，切断电源，看能否拿下来。我记得能从下往上推，然后从孔中拿出来。如往上推，从大孔中将钉子头拿出来。注意一定要切断电源，我忘了变压器的一个螺丝是否与插座连成一条电线，该线是零线，没有电，可用螺丝刀将变压器板上的螺丝松开，把电源拿出来，或干脆用钳子剪断，但要注意，用那把绿钳子剪，以防我记错了，该线带电，怕你被电着。”担心自己说不清楚，永浩还在信里画了一张结构图。

“如果从钉子上拿不下来铁片，就干脆用铁剪刀把铁片剪断，把变压器拿下来，以免地震时掉下来出问题，等我回去再重新安装。反正这段时间你们也不一定用小灯，把手电筒放在床头上就行了。需要时就临时开大灯或8W小灯……我也给济南去过几封信，告诉他们关于地震的事，要提高警惕，服从指挥，不能麻痹大意。”（1975年3月11日，永浩给宛秋）

从室内到户外，从物资准备到心理建设，看得出永浩和宛秋均已掌握了相当全面的避震知识。他们对地震抱有的科学理性的态度，应当是全国科普运动的一个缩影。

据各国科学家分析，海城地震预报的成功有两方面的原因。

政府在全市指定了几十个地点放露天电影，都是新片，以此来吸引人们。咱家一点儿也没有受到损害。我每天晚饭后带小孩到马路上去看电影，已经看了十几天了。（永杰）

一是海城地震之前，一系列有利于预报成功的"异常"事件出现了，如自1974年11月中旬之后，由岫岩、丹东一带开始，继而在整个辽南地区，出现了多种"宏观异常"（包括动物异常）现象，至12月中旬，此类异常更加突出，12月22日，辽阳参窝水库发生百余次小震。1975年1月底至2月初，持续性的宏观异常集中出现在海城、营口地区。仅在2月1日至4日的3天时间里，海城地区就出现超过500次的小震。一系列异常现象引发了相关机构和民众的高度警惕，意识到辽南地区可能即将发生强烈地震——尽管后来进行的研究表明，除地震活动的增强和前震活动属于可靠的地震前兆外，其他各种异常都很难说是百分之百可信的前兆性异常，因此这次成功的预报带有不可否认的偶然性。正是因为这种偶然性，后来用几乎相同的方法，对唐山地震就没能做出成功的预报，而之后近50年，国际上再也没有重现"海城式预报"的成功。

海城地震的预报是包括了一系列虚报和不准确预测在内的一个动态的预测过程：尽管异常现象很多、幅度很大，但对震级的预报只报到6级；关于地震地点的预报，最初只能依据局部异常现象划定区域，从渤海北部到辽宁及邻近地区、辽东半岛。此后，当宏观异常现象持续集中并趋向明显，前震开始出现，“目标地震”的位置才最终明确。这个包括了一系列虚报和不准确预测的过程，通过科学与社会之间的颇为复杂的相互作用，导致了一个非常幸运的结果。这说明即使不够精确的预报信息和有限的预报能力，如果使用得当，也可以为社会的防灾减灾做出很大贡献。

二是围绕辽南地区，震前一系列基于客观依据产生的决策和部署，以及预报行动循序渐进的展开，都是十分有效的。当时政府官员果断的，甚至是大胆的决策——敢于在地震预报的研究和实验阶段就将预报付诸实践，又构成了海城地震预报成功的必然因素。

“群测群防”曾经被认为是一个非常有中国特色的经验，与今天世界上很多地方都在讨论的大众地震学非常相似。海城地震前，地震、宣传、文广等部门互相协调，密切配合，人员深入机关、农村、车站、医院等场所，开展多种形式的地震知识宣传1000余次，其中播放地震科普知识和自救互救技能的电影、幻灯100多场，制作、发放宣传材料十几万册。在宣传教育的基础上，相关部门把开展群众性的应急演练作为提高应急机制、应急疏散和救援能力的重要形式。1975年1月，辽宁省政府组织辽南地区的人们进行了大规模、多科目的综合地震应急演习，通过开展模拟防震救灾实践活动，提高了各级政府部门的组织指挥能力、救援队伍的快速反应能力和对人民群众的疏散能力。震前的防震减灾宣传教育和应急演练，对一个月之后的海城避险和救灾行动起到了积极作用。

永杰曾在信里提到过一个看似与地震不相干的信息——看电影。

“政府在全市指定了几十个地点放露天电影，都是新片，以此来吸引人们。咱家一点儿也没有受到损害。我每天晚饭后带小孩到马路上去看电影，已经看了十几天了。咱是在家吃在家住，没有在外边，因此还很幸运。”（1975年2月22日，永杰给永浩）

永杰提到的看电影这一情节，让人联想到中国地震局官方宣传材料中广为使用的一张照片——这是贴在电影院外的一个通知，通知包含3个细节：一个是“上级通知”，4个字反映的是预报发布的责任主体；一个是“近期可能发生”，6个字反映的是当时的预报能力；第三个是“电影改在露天广场放映”，10个字反映的是防灾措施。

疏散群众，甚至用看电影“引诱”群众撤离居所，在户外停留，是海城减灾措施中的重要举措，很大程度上减轻了地震次生灾害和衍生灾害带来的损失，因此有科学家认为海城地震的成功预报，是当时科技、经济、社会发展水平的近乎完美的结合。

地震既具有自然属性，又具有社会属性，防震减灾知识的普及率是衡量社会文明程度的重要标志，也是一个民族科学文化素质的具体体现。一个地方有多少人知道地震来临时会发生什么和应该做什么，将直接决定震后有多少人能够幸存下来。当我们看到永浩和宛秋的生活圈里无一人因为地震而遭受实际损失时，内心感到莫大的欣慰——为个体生命的幸运，也为国家和民族在观念和技术上的进步。

话题

5

内有照片

1844年，法国摄影师埃及尔把摄影术带到中国。大约30年后，上海、香港、北京、天津等地陆续出现了照相馆，一些富有而摩登的中国人开始通过照相来留住逝水华年中不愿忘怀的瞬间。那时对普通人来说，拍照并非易事。1936年，一位纺织女工的月薪是5块洋元，拍一张照片要花掉五分之一的月收入。

新中国成立后，照相业务归属当地手工业管理局，走上了正规化发展轨道，价格也相对亲民。普通人家逐渐习惯了在元旦、春节、孩子出生、老人寿辰这样的庄严时刻，到照相馆拍一张全家福照片。在升学、招工、参军这样的人生重大转折点，人们也都会拍照留念，并往往将照片多洗几张，给外地的亲友寄去，以慰相思。

1972年10月，宛秋到鞍山出差，顺道看望了永浩的四哥永杰一家。她回到北京后，收到一封四嫂美娟的来信："你这次来鞍山出差对我们来说意义很大。我们是分别9年之后又见面的，心情很激动，这个机会确实难得，遗憾的是没有来得及照一张全家福，只好以后有机会再补吧。"

我们是分别9年之后又见面的，心情很激动，这个机会确实难得，遗憾的是没有来得及照一张全家福，只好以后有机会再补吧。（美娟）

没来得及拍张全家福照片，对美娟和永杰来说是个很大的遗憾。

那时拍全家福照片是一件颇具仪式感的大事，每个人都得提前梳妆打扮，该扎蝴蝶结的扎蝴蝶结，该吹头发的吹头发，大家都要穿上最隆重的礼服，当然那时没有什么礼服的概念，那就穿上最好的衣服，男士中山装，女士花罩衣，孩子白衬衣红领巾，大家非常有仪式感地去照相馆拍一张全家福照片。

照相馆为顾客准备了不同的背景和道具，有亭台楼阁，有假山，有儿童自行车，有充气动物，有摩登家庭才配备的落地灯和电话机。摄影师很清楚，这样的全家福会按家庭人口的数量，至少一家放大一张，或者被镶进相框，或者被压在玻璃板下，或者被相角固定在影集里，作为传家宝长久留存，因此要确保每个拍摄对象的动作和表情都恰如其分：正襟危坐，不宜过分随意，也不能过分拘谨，面部露出节制的微笑，最重要的是每个人都要睁大眼睛。除了高超的技术，摄影师还得懂人情世故，那时候四世同堂并不罕见，一家几十口人的座次都有讲究。有的摄影师以能把小孩子团弄好而著称，擅长在宝宝凝神的一刹那按下快门。总之，全家福一定要完美，要照出家里每个人最好的样子。

作为家庭照片中最重要的门类，全家福照片成为影视剧作品、美术作品中的隐喻。2022年春节期间的爆款电视剧《人世间》就是以周家拍全家福的情景拉开序幕，片尾也出现了相似的一幕作为呼应。照片记录的是一瞬间，却能引发人们去想象照片里每个人的一生。

> 现在天气逐渐凉快了，到公园去玩也比较舒服，我们附近的静安公园也开门了，妈妈也能去玩，大伙一块照相留念挺好，机会难得。（宛秋）

照相曾经是由专业人士使用专业设备来完成的一项专业工作，拥有照相技能的人仅限于照相馆的师傅、新闻摄影记者、单位的宣传干事，以及极少数出身富裕家庭的公子哥。

1956年，中国第一台真正意义上的国产相机在天津诞生。“打开黄色的皮盒按一下镜箱上的开关钮，黑亮的皮腔嘟的一声就打开了。电镀的精密的机件闪闪发光。”新华社向国内外发出了这条国产照相机试制成功的消息，人们奔走相告：“我们今后可以用祖国自己生产的照相机，把我们的和平幸福生活以及建设祖国的史实拍下来了！”

1967年，被称为“国民相机”的海鸥4A双镜头120相机在上海诞生。在很长一段时间内，这款相机成为中国相机的主流机型。1974年前后，中国的照相机厂如雨后春笋般纷纷冒出头来，丹东、杭州、哈尔滨、常州、武汉、青岛、福州、苏州、无锡等地都推出了自己的品牌，军工系列的光学仪器厂也纷纷加盟照相机的生产行列，照相机的产量稳定上升。这一时期是普通人接触相机的开端，人们本来习惯于用“三转一响”来概括小康之家，这时又加上了“一咔嚓”，“一咔嚓”就是照相机。

宛秋和在上海工作的同事们都对老王的小舅子很有好感，他有一台相机，而且十分慷慨，肯借给大家在离开上海之前拍些照片。宛秋去买了一个胶卷，花了1.8元。

“正好赶上老金来了，大家一高兴说星期日都去玩玩，拍拍照片，这样老王又去买了一卷胶卷，大伙连集体连个人都拍了几张，我们拍得最多。晓岩的照片有几张还不错，尤其是坐在人民公园地上的那张，特别自然。我们还在外面吃了一顿呢。”（1973年10月25日，宛秋给永浩）

永浩家里，在南京工作的三哥是最早买照相机的，但这台相机并不总在主人手里，而是在各地的亲人间频繁流转，使用率颇高。

1973年9月的一天，宛秋给永浩写信："不为别的，有件事要和你商量，是否托维荣或比他早来的人把你哥哥那个照相机带来？我想这次出差去上海的机会难得，好不容易回来一次，而且以后也不一定再会来上海，趁这次机会，给孩子们及全家人照相留念。"

写信时，宛秋的脑海中浮现出这样一幅画面："现在天气逐渐凉快了，到公园去玩也比较舒服，我们附近的静安公园也开门了，妈妈也能去玩，大伙一块照相留念挺好，机会难得。妈妈及家中人知道你哥哥的照相机在北京，也都觉得带来照相挺好挺方便的。"

她很后悔自己没能早点儿想起这个主意，说："如果我上次回北京时想着带来，则这次苏州、无锡风光、南京长江大桥均能照下留念，多好。另外据老王的意思，我这些日子可能还会去杭州等地一次，这样杭州附近的景色也能照下。"

照相机很金贵，所以宛秋专门提醒永浩不要声张带来相机这件事，她嘱咐："你可以不告诉他们带的是照相机，但我想，如果知道是照相机，同志们也不会借，因为他们这儿没家，也没这么大劲道。"

9月21日，宛秋得到了一个好差事，要去杭州、衢州参观学习，并参观新安江水电站。

马上就要出差，还能顺便旅游，但宛秋要的相机还没到，9月

21日，她写信向永浩告急："这样我更希望有个照相机了，可把杭州的风景拍一拍，上次苏州、无锡没拍照还挺遗憾。"

1973年9月27日，宛秋终于收到了同事李继荣帮忙带来的照相机、毛帽子和袜子。细心的永浩除了给她捎了相机说明书，还自己手写了一份使用方法附上。10月2日，自认为掌握了照相机使用要领的宛秋，心情愉快地带着妹妹、父亲和3个孩子到中山公园去拍照留念。

120相机的胶卷，每卷能照36张，装卷技术好的话，还能再多照2张。宛秋不舍得一次把整个胶卷照完，留下10张，预备给大姐的两个孩子拍照。

使用120相机拍照是一门需要系统学习、反复实践方能掌握的技能，不仅需要调整光圈、快门速度等参数，装胶卷本身也是技术活儿，装不好会导致跑光，或者整个一卷都报废了。宛秋正在为这件事头疼时，发现上海照相馆居然有免费帮顾客装胶卷、取胶卷的业务，这可太让人惊喜了。她写信告永浩："所以就省事了，省得自己搞不好。这样我们就不预备自己卸装了，可以由照相馆代取及装，省得装不好把相机搞坏了。"

没想到最终还是出了问题，她沮丧地告诉永浩："照片已洗出，但没想到这么糟糕。整卷才洗了4张，晓岩拍得也不好，其他均不能洗，连你拍的照片也都不行。"

她把相机及胶卷、照片拿去修理部，修相机的师傅看了以后说，由于相机的光盘松动，影响了曝光，快门也不灵了，需要修理，修理费2—3元。宛秋没别的办法，只好送去修理。

可惜的是，胶卷里永浩先前在北京给晓峰照的照片也全没了。她把底片寄给永浩，让他看看是什么原因导致的，是胶卷的问题，是拍照技术的问题，还是相机的问题？“不知是否你买处理胶卷的原因？如是照相技术的问题，则你的技术也这么差吗？”宛秋说话一向婉转，这几句批评却相当直率，或许是整卷照片全部拍坏，内心焦虑到无法掩饰。

永浩果然没有回信。1973年10月18日，宛秋取回了修好的相机，又给永浩写了封信，告诉他照相机已经修好了：“主要是曝光盘松动和快门有点儿问题，看来是曝光不准。刚取回来，还未用，只花了1元钱。坏得不厉害，不贵。”

照相机修好后一直挺好用的，宛秋和同事去杭州出差，拍了两卷胶卷，她在给永浩的信中说道：“一卷1.47元，另外一卷仅0.87元（36张），均照好了……照片均清楚，就是在晒台上的花盆旁边拍的。有的墙上掉了一块土，也拍上了，有一点儿不好看，人倒挺好。其中我和晓岩拍的那张，可能是太阳光太强了，我们没睁开眼。”经过一次实践就彻底掌握了拍照技术，工科女生的动手能力果真不容置疑。

在照相馆里冲洗120相机拍出的照片，标准尺寸是6厘米见方。刚学拍照的人往往容易犯一个共同的错误，就是把风景当主体，把人拍得太小。宛秋也不例外，信中道：“去杭州照的相，在家中与复兴公园照的底片均照好了，当然取景不太好。杭州的注意了风景，但人太小了。”

> 我考虑在店里放大太贵，正好你说可以在暗室放，所以我挑了10张，你看看情况放吧。（宛秋）

她把底片给永浩寄回去。“你不是说可以放大吗？不知你放大是偷偷摸摸地放大，还是可公开放大？我想如自己买放大纸，买药水，那用机器问题不大，最好自己备纸，要不让别人说多不好。”看来研究所有暗房，有整套的放大设备，所以永浩只需要准备好相纸和药水就可以了。这种情况在单位十分常见，只要不影响正常工作，别人就不好说什么。

这封信超重了，宛秋足足贴了3张邮票。信里装着各种底片和照片，其中有在“杭州拍的15张底片及135照片”，她说：“人及风景均不好的，单独放于一处，也寄回你看看。”还有不少给孩子们拍的照片：“能否把三个孩子的、两个孩子的及一个人的照片，给放大一点儿。妈妈想把三个人、两个人及一个人的放大几张。”

为什么要让永浩用单位的机器放大照片？“我考虑在店里放大太贵，正好你说可以在暗室放，所以我挑了10张，你看看情况放吧。”宛秋这样解释。

永浩利用下班后的业余时间，在宛秋寄来的底片中，挑照得比较好的放大，不过随着冬季的到来，这项工作暂停了一段时间，他对宛秋说：“小孩的照片还未放大，因我们屋太冷了，伸不开手，同时温度低，显影定影温度都不够，同时身体不佳，情绪不高，懒得动，等过几天再说吧。”

天气暖和后，永浩把照片放大出来了，宛秋从中挑选出晓岩的3张照片，告诉永浩：“预备给济南他奶奶寄去看看，我也给四哥家、北京小姐寄去了1份。”

1981年，永浩和宛秋家的影集里开始出现彩色照片。当然不是永浩自己洗的，当时国内还没有彩照冲扩设备。借着在美国留学一年的机会，永浩一家实现了彩照梦。

当时国内市场上刚出现彩色胶卷不久，基本上都是进口的，以柯达和富士为主，还有一部分是国产的乐凯胶卷。宛秋在国内用彩色胶卷拍照后，托出国的同事把胶卷给永浩捎过去，在那儿才能洗出来。永浩在信中这样回复：“托人带来的二信收到，胶卷也收到。Kodak Color（美国）及Fuji Color（日本）胶卷在美国能冲，其余的牌号就不给冲，因这种冲洗都是用自动机器冲的，药水是固定配方，如果一定要冲其他牌号的，很难找到。我问了好多地方，晓巍那盒国产胶卷都不给冲，因不知冲洗配方。柯达那卷冲出来，照得不够理想，可能还是采光不足，且拍时手动了，因此很多是模糊的。”

照片洗出来，永浩还要想方设法请人带回国。“上封信讲到，可能有人回去给个箱子回去，现在已不行了，人家不愿意给带。最近有个机会，即曼君有个熟人来这里工作一个月，要托他带回一个箱子，还不错，也让我放进去不少东西，因为不是我找的人，也不好意思放得太多。”托人带回来的东西包括一包照片，有宛秋和孩子在天安门、紫竹院、天文馆等地方拍的，有在杭州会议上拍的，有宛秋大姐家的孩子晓巍拍的，以及同事老严拍的；还包括老严照片的底片和晓巍用的未冲洗的国产胶卷。“这样东西体积和重量都不小。这个人在上海下飞机，过一天，元旦后去北京，我未让他把东西送到上海，我让他回北京时给你带去。”

1983年，宛秋把父母接到北京游玩。回到上海后，8月17日，父亲给宛秋写来一封信：“汇来50元今晨收妥，上次寄来的照片、两函亦已收到。除了在上海拍的因胶卷老化颜色变异不太好外，其他在北京拍的都很满意，勿念。见信后再把没冲洗的马上寄来，大姐说打算在上海洗洗看，恐怕有时间性，太晚了怕有问题。”

宛秋寄给父母的照片是在北京洗的，还有一部分没洗出来，宛秋的大姐打算在上海洗。看来，至少在1983年，北京和上海的市场上已经出现了成熟的彩色照片冲扩服务。

写此信是为了对你校武锡刚同学拾金不昧的行为表示感谢！并感谢贵校培养出这样一位精神文明、道德高尚的好学生。（永浩）

1988年，永浩和宛秋终于有了自己的照相机。不幸的是，永浩居然把它弄丢了。

“大约在2月12日晚上，本人不慎在中关村路上丢失一个包。包内装有日本原装照相机一个，不仅价值比较昂贵，而且在未冲洗的胶卷中记录着澳大利亚留学生在我的实验室工作学习的宝贵资料。快到家时才发现丢失，包括相机，心里非常着急。”（1988年3月8日，永浩给烹饪二班）

他抱着试试看的心情立即去中关村的派出所询问，没想到，连包带相机均已被人送到了派出所。没想到相机会这么快就失而复得，永浩当时的心情真是既高兴又感激。

捡到相机的人叫武锡刚，是一名在技校学习烹饪技术的年轻人。第二天晚上，永浩去武锡刚的家里向家长道谢，感谢他们教育出这么个好孩子。当时正值寒假，假期一结束，永浩马上给学校写去一封正式的感谢信，信中说道：“我写此信是为了对你校武锡刚同学拾金不昧的行为表示感谢！并感谢贵校培养出这样一位精神文明、道德高尚的好学生。”

永浩是个正义感很强的人，对教育孩子有一套自己的方法，无意中成为“及时表扬”理论的执行者。对于武锡刚，这封表扬信会影响学校领导对他的评价，或许会在开学典礼上被朗读，或许他会因此被评为优秀学生……总之，及时的、正向的反馈，会给一个年轻人带来各种向好的可能性。

1990年，永杰家也买了一台照相机："这里的小孩对照相也都挺感兴趣，我只好买一个便宜的相机，让他们练练手。"这是一台青岛6型半自动照相机，在鞍山市面上售价290.4元。永杰路子广，托人按出厂价买了一台，花了225元，再加上5元税钱。他还顺便买了一个24张的彩色胶卷，一共花了不到240元。

相机一拿到手，他就在家里用闪光灯照了十几张。他打算五一节再到公园拍照，把胶卷用完，然后把照片冲洗出来，看看质量如何，若有毛病可再调换一个相机。好不容易等来五一节，却天公不作美，1日和2日连续下雨，相片一直没有照成。十多天后，他才把这一个胶卷照完。

"加洗出来一看，照相机的质量还不错，清晰度还可以，一般照照生活照还可以满足要求。"（1990年6月18日，永杰给永浩、宛秋）

20世纪80年代末，来自日本的傻瓜照相机通过各种或明或暗的渠道出现在广州中英街上，售价80元，操作简便，会按快门就会照相，性价比特别高，因此迅速风靡全国。进入90年代，相机和胶卷的选择更多了，同时人们的收入也增加了，购买照相机的费用进入更多中国家庭的预算。照相机的普及与1995年开始实行的双休日制度叠加在一起，这个时期的家庭相册里增加了大量轻松欢乐的笑脸。

寄来的照片收到了，照得不错，可作为终生的回忆。（永杰）

那时候，每年都有数不清的照片通过邮局寄出，过年过节给亲友寄全家福，毕业季给同学寄纪念照，给会议上结识的同行寄合影……为了提醒邮递员轻拿轻放，寄信人往往会在信封背面写上“内有照片，勿折”。收信人看到这几个字，信还没拆开，就已经心花怒放。

1973年6月3日，星期天，宛秋和晓岩一起去取改好的大衣，路过外滩时花1元照了张相片。不久前，永浩写信让宛秋带晓岩去拍照片：“弄两张好的放大一下，给我寄来看看，不用寄太多，2—3张即可。”

所以在外滩拍的这张照片肯定是要寄给永浩的。

“10天后取回给你们寄去看看。估计我照得不会好，但意思意思，家中想念时可看看。”（1973年6月5日，宛秋给永浩）

在照相机普及之前，各大城市的火车站、中心广场、公园都有类似的照相服务。毫不夸张地说，上海外滩自诞生起就是中国最知名的旅游目的地之一，照相服务点的生意一直都很好。在景点拍照之后，并不能立等可取。摄影师要把一个整卷都拍完之后才取出来，然后在暗房的红色灯光下冲洗底片，放大照片，这些都需要时间。顾客当时能拿到手的是一张取照片的凭据。如果是外地游客，则需要额外付一份邮资，摄影师会将照片洗好后寄出。宛秋生活在上海本地，10天后她再次来到外滩，取回照片。

一拿到照片，宛秋马上托同事小陆将照片带给永浩。6月15日，宛秋写信解释："由于那天太阳太大，可能照得晓岩皱起了眉头。"照片拍得似乎不太理想，但她的心情十分愉快："你看我和晓岩都胖了吧？晓岩的头发长了点儿，如果理了发再照会更显胖点儿。我和晓岩来这儿后，确实身体都比在家时好点儿了。我的神经衰弱好多了，头也不疼不胀，觉也睡得熟。由于来回走路，饭量也大了些，主要是这儿生活有规律，家务事也不重。另外，工作上确实压力不如所内大。晓岩在这儿生活也挺愉快，每天特别高兴，现在每天喝半磅奶一点儿也不剩，都能喝完，基本上每天还吃个鸡蛋，饭量还可以。妈妈像填鸭一样地填，反正每顿要吃上多半碗饭，吃到后来就得妈妈喂。我还是坚持给他买多酶片吃，这种药看来见效。现在天气热了，他们经常在外面玩，比如去公园，在室外踢球。"

她提示永浩注意照片中晓岩穿的黑色的灯芯绒背心："拍照显得很好看，是吗？"

半个月后，永浩收到宛秋托人带回的包裹。

"小陆带回的中山服及长袖衬衣收到了，照片也收到了。从照片上看晓岩确实比在家中时好多了，胖多了，看来晓岩在那里还可以，不过就是爸爸妈妈太累了。从照片上看不出你有什么变化。信中知道你的身体比以前好多了，神经衰弱减轻了，这是值得高兴的，看来还得注意身体，还得吃得好一点儿。”（1973年6月30日，永浩给宛秋）

这张拍摄于外滩的照片辗转近一个月，从上海到达北京，记录了孩子成长过程中的一段经历，连接起分居两地的一家人。

宛秋想念晓峰，她让永浩给孩子拍几张照片。

“晓峰好吗？很想念他……星期日带他出去玩或在大操场拍些照片，洗后给我寄来，让我看看他是胖了还是瘦了。”（1973年6月19日，宛秋给永浩）

在宛秋和永浩两地分居期间，两个人经常互寄照片。“照片已洗好了，重捡了几张放大，连从前拍的和在上海小孩拍的照片，均放大几张，5日取，取后捡几张最近的给你寄去。想念时可看看。我想以后我可以再往本上贴，有空时看看挺有意思呢。”

收到照片后，永浩多数时候回复得很简单：“已收到，非常想念你们。”有时候会交流自己看到照片后的感受，如上文所示，“从照片上看不出你有什么变化。信中知道你的身体比以前好多了，神经衰弱减轻了，这是值得高兴的，看来还得注意身体，还得吃得好一点儿。”

通过照片，永浩在千里之外看到“晓岩最近长得不错，比夏天回去时胖了点儿”“长得挺好，饭量很好，长了一些肉”等情况。

那时候交通不发达，老人出门尤其不方便，宛秋经常把孩子们的照片给老人寄回去，以慰他们相思之苦。收到照片后，老人看得特别仔细，在信中写道："给爸爸的信收到了，照片也收到了。晓岩还和在上海时一样，看不出瘦。晓峰长得很大，样子真像永浩。"

1974年，宛秋带晓岩回到北京之后，知道上海的外公外婆十分惦念两个孩子，专门拍了照片寄回去。宛秋的姐姐宛春代父母回信，同时把父母在家拍的照片给宛秋寄过去，信中道："前些日子妈总在嘀咕，你好久没来信了。上次在家里拍的照片因为不太好，所以一直没给你寄去，现在把洗出来的各寄一张给你。妈说不好也行，反正你喜欢照片。"

那时交通不发达，老人出门尤其不方便，宛秋经常把孩子们的照片给老人寄回去，以慰老人相思之苦。多数时候，宛秋的父亲会亲自写回信。

"近来的两封信及50元钱和照片都收到，谢谢！"（1986年2月5日，父母给宛秋）

"汇来50元今晨收妥，上次寄来的照片、两函亦已收到。"（1983年8月17日，父母给宛秋）

"接连二函、照片及钱都收到，谢谢，勿念。看到照片，他们都说你的摄影技术相当好，又清晰，取景又好。相片收到后光顾开心与高兴，竟把回信给忘了，见谅。"（1992年2月3日，父母给宛秋）

永浩的母亲平时在济南跟侄子一起生活。1982年5月8日，林熙给永浩、宛秋写信汇报家中近况，说："这里家中一切都挺好，奶奶身体很壮实，不过腿现在还不太好，走路较困难。我父母身体很健康，父亲还在平阴一中工作，现还未退休。我们兄妹工作、身体各方面都挺好！请放心。每月寄来的钱都收到了。"林熙随信寄去儿子的百日照片，并转告奶奶的话："奶奶问晓峰、晓岩现在长多高了，以后寄张照片来。"老人不能亲眼见到孩子们一天天长大，能经常看看他们的照片是很大的安慰。

永杰和永浩一家交好，经常互寄照片。

"寄来的照片收到了。"（1986年2月2日，永杰给永浩、宛秋）

"给你们寄去的信及照片不知收没收到，一直没有接到回信，估计是能收到的。"（1986年12月10日，永杰给永浩、宛秋）

"今年咱娘92岁寿日，照了一次相，是自己照的，也是自己放大的，因拍照是在晚饭前进行的，光线较暗，所以不太理想，随信寄去一张，以作留念。"（1989年5月1日，永杰给永浩）

"寄来的照片收到了，照得不错，可作为终生的回忆。"（1990年6月18日，永杰给永浩、宛秋）

"今年我过生日时照了几张相，加洗了几张，给你寄去两张，照片收到时回信吧。"（1995年8月25日，永杰给永浩、宛秋）

按照20世纪中国家庭的习惯，重要节庆、纪念日、聚会、旅行的时候，人们都会按下快门。最初那些照片出自职业摄影师之手，画面考究，主体清晰，意义重大，人物表情却难免千篇一律；

照相机普及后，每个人都成了摄影师，他们兴高采烈地拍下了数不清的“坏”照片，有些没有主体，有些画面倾斜，有些甚至严重失焦，但正是这些照片记录了许多之前不会进入镜头的非重要时刻——日常生活。这些照片存储着中国城市变迁过程中的市民生活图景与惟妙惟肖的时代风貌，它们的价值远远超出了家庭档案的范畴。

法国收藏家、艺术家托马斯·苏文在北京花了10年时间从垃圾、回收站收集旧胶卷。这些旧胶卷加起来超过100万张，都是1985年至2005年这20年间普通中国人的生活照。他把这组藏品命名为“北京银矿”，由于这些底片因含有硝酸银才被回收。

天安门广场、坐在椅子上的麦当劳叔叔、玛丽莲·梦露海报、石景山游乐园、喜宴、烫发头、蛤蟆镜、红嘴唇、花裙子……托马斯在接受采访时说：“这些底片关于出生、死亡、爱，也关于工作和闲暇。这也是为什么人们得以在这些画面之中确认自己的身份。反过来，一个国家的变迁在每个人的生活中展现得如此具体而鲜活，也令人感慨。”

1994年，静止的家庭照片动起来了。“放相机终于借到了。7月27日放了一盒，28日放了另一盒，大家都高兴极了，异口同声地叫喊：‘真棒，你们上电视了！’”

宛秋的父亲在信里描述全家人一起看录像带的情景：“真像刘姥姥进大观园，可开眼了，加上各个旅游景点都是世界有名的旅游胜地，就等于到世界各地旅游了一次。他们说真有亲身参加游览、美不胜收之感。你妈看着晓峰、晓岩兄弟俩长得一样高，同样潇洒英俊，尤其是他俩长大后，你妈是初次看到他们，因此非常高兴。他们都说看了录像，等于我们亲自参加了团聚。”

如果老人家知道有一天那些天南海北的人可以随时通过视频进行交流，会是怎样一种心情呢？

第五辑

有滋有味

话题

1

赶时髦

新中国成立后，上海成为纺织基地和服装生产中心。进入20世纪六七十年代，受到社会整体氛围影响以及商品限量供应等政策限制，上海服饰的流行速度大大放缓，但“上海制造”依旧无可争议地代表着中国服装生产的最高水平。上海人的穿着打扮一直是全国人民争相效仿的对象。同样的绿、蓝、黑、灰，穿在上海人身上，却显得时髦、优雅。在相同收入的情况下，上海人仿佛会施魔法，衣领总是白的，餐桌上总是有鱼有肉，甚至偶尔有咖啡喝。再平常不过的吃穿用度，一经上海人的手便镀上了一层炫目光彩。在同事和亲友的眼中，家在上海的宛秋自然也成了流行风向标的不二担当。

很多同事求宛秋帮忙从上海带假领子。

“这次老郭回来……带了6个假领片，0.3元，均写在包的纸上……原先克原要两个；月娥要连身的，但她要的领子，要求上面部分是的确良、下面部分是府绸，没有。你可把克原、月娥召集在一块，让她们一块挑。有两个一种颜色的，我想她们最好一人一个。克原本来就要两个假领片，我估计她会要的；如月娥不要就算了，也不能勉强，可留着给小姐或我自己留下，也可再问问其他人要否。”（1973年4月19日，宛秋给永浩）

据说上海有卖节约领图样的，是黄浦区出的，在南京路上的商店就有卖的，是0.08元1张。（月娥）

假领子是海派文化的标准产物，同时顾及了钱包与体面。假领子名曰“假”，其实是真领子，还带有前襟、后片、扣子、扣眼，准确地讲，应该是省去袖子的半截衬衫。套在毛衣或棉衣里，领子翻在外面，其装饰效果与衬衣完全相同。相比衬衫，买一块打折处理的零布头做假领子，花费大大降低，所以上海人又把假领子叫“节约领”。

假领子可以翻出许多花头。女式假领子的领型千变万化，有小方领、小圆领、小角领、牙边领，颜色除了最常见的白色，还出现了柔美的粉色、米色，条纹、格子也十分出挑。男士穿上绿军装或中山装，露一点又白又净的假领子，再将扣子一扣，别提多讲究，可谓“春色满园关不住，一个领头露出来”。

假领子的面料以的确良为主，也有少量用棉布制成，但挺括和结实程度肯定不如前者。像信中提到的月娥要的连身领，材质更特殊，领子部分是的确良，下面是府绸，既保持了外观的美感，还兼顾了贴身穿着的舒适度。还有人尝试着在假领子里垫纸壳、废旧胶片，使假领子更加挺括。

买假领子需要花的布票及棉花券均很少，宛秋说：“仅0.1尺及0.05尺1个。”所以她告诉永浩不必问同事要布票和棉花券，“只要算钱就行了。”

我们提到过，当时成衣的价格总是要比自己动手缝制贵一倍左右，假领子不贵，但自己做可以更便宜。

“据说上海有卖节约领图样的，是黄蒲区出的，在南京路上的商店就有卖的，是0.08元1张。办事组的小寇要1张，我要1张，所以请你买2张，等有人回来时带给我们就行。听说小李、老吴要到上海出差，你看谁带方便，就求他们带一下好了。”（1973年4月11日，月娥给宛秋）

很快宛秋就如月娥所愿，托人带回3张男女假领子样子，“0.08元1张，月娥要1张，小寇要1张，另一张我想干脆给小姐好了。

如果你看好想要的话，以后我再买1张。”买回假领纸样自己做，做到了性价比的极致。

与假领子同时进入20世纪70年代流行榜单的，是中西式罩衣。中西式罩衣多套在棉袄或毛衣外面，天气暖和后也可以单穿，可谓四季皆宜，迅速取代了无性别的灰色、蓝色春秋两用衫。所谓中西式，即中式立领，西式绱袖，面料为单色平纹布、格子线呢，颜色以灰蓝绿等色居多，70年代末随着的确良布料的普及，中西式罩衣出现了多种花色。

宛秋对流行趋势非常敏感，在中西式罩衣刚刚露面时就注意到了。

“一定要注意花色，不能太花，要素点儿的。另外我希望做中西式的，所以要多买点儿料子，你看着买吧，尽量买便宜点儿的。”（1970年3月21日，宛秋给永浩）

看到宛秋的新款时装，同事桂芬艳羡不已，马上托她从上海捎同款。

“麻烦你为我买衣服，跑了很多地方，主要是明华写信写错了，害得你费了不少事，表示感谢。上次杨伟写信，不知写清楚没有，我要的样子很普通，中式领子，西式袖子，颜色就按我上次寄的布样买，差不多就行，大小就按你的买。”（1973年12月27日，桂芬给宛秋）

桂芬的新罩衣被惠兰看到后，1974年1月9日，惠兰写信给宛秋：“听说你春节前后可能要回京，正巧我这里还有6尺全国通用布票，所以我特地写信，想托你给我买件棉衣罩衫。我已看到你替桂芬买的罩衣了，我感到很满意，所以你就照那个样子给我买一件，大小是20乘32。”

时髦的中西式罩衣在研究所引发了连锁反应，宛秋很快又接到月娥的信，“我尚有几尺通用布票，想请你协助买件像桂芬、惠兰那样的接袖上衣，尺寸顺便寄去，布票即寄。关于款式，我是交给永浩，还是寄去？请来信告之。我是给我弟媳妇买的，身材大约像青玲、小施那样，瘦高个子……关于买衣服一事，可能布票不多，暂借你几寸，以后即还通用布票。”

20世纪70年代，一个单位的同事会出于获得集体荣誉、有人调动工作、有人被推荐上大学等不同原因，到照相馆拍集体照留作纪念。在那一时期的老照片里，有时候能看到同框的女士们全都穿着立领绱袖的同款罩衣，只是颜色和印花稍有不同，这种现象形成了新款时装发布会才有的视觉冲击力。

我想买一双皮鞋，就像小姐那样的，如有牛皮就买牛皮的，没有就买猪皮的，等下个月再买一双高筒的。（宛秋）

生活必需品不但是维持生活必不可少的商品，还是按照当时习俗少了就会让人感觉有伤体面的那些东西。20世纪六七十年代，人们普遍穿塑料底布面鞋，条件差的还在穿家里老人手工做的布鞋，而像宛秋和永浩这样需要经常外出参观学习、指导工作的高级知识分子，皮鞋已经成了必需品。

1973年春天，宛秋给小姐买了一双黑皮鞋，4月18日，宛秋给永浩写信："是猪皮的，但样子很好，好多人抢着买，每双7.9元，我看挺好的，也便宜，就给她买了一双，因为正好有这么多人回来，托他们带东西也较方便。不知小姐要猪皮的皮鞋吗？也不知道大小合适不，是36码的，我穿了刚合适，估计她穿也差不多，如垫一双鞋垫，估计正好。牛皮的要12元，但根本买不上，如果小姐不喜欢猪皮的，或者鞋不合适，我就留下也行，也不贵，样子也挺合适，你可以星期天给小姐送去，因为现在正好是穿皮鞋的时候。她如留下，估计会给你钱的，你就收下，因为我们的钱也不是很富余。"

如此物美价廉的皮鞋，小姐自然留下了，这让宛秋突然感觉自己好像也缺一双皮鞋。

"我想买一双皮鞋，就像小姐那样的，如有牛皮就买牛皮的，没有就买猪皮的，等下个月再买一双高筒的。不知还该给你买些什么，男同志的皮鞋倒也不少，牛皮的12—13元，猪皮的仅7—8元，不知你要吗？我看你也没双鞋，要不买双猪皮的。"（1973年9月21日，宛秋给永浩）

宛秋提到的猪皮鞋是"磨光猪皮模压底皮鞋"的简称，在20

世纪70年代风靡一时，售价为7.65元，故被人们称为“765皮鞋”。

因为价格低廉，条件好的人家，连孩子也有了穿皮鞋的机会。

“求你办件事，替我买双小女孩穿的鞋，黑色丁字鞋，猪皮的，22码，6元左右。”（1973年12月27日，桂芬给宛秋）

“同事托买小男孩的鞋，如果没有17码、18码的黑猪皮棉鞋，可买双17码或18码的黑猪皮面、底子随便（轮胎底或塑料底均行）的单鞋。”（1974年4月21日，宛秋给永浩）

“一分价钱一分货”，人们很快发现猪皮鞋的弊端——穿的时间稍长会严重变形。它不仅没有为穿着者带来体面，反而时常暴露出穿着者捉襟见肘的尴尬，因此很快退出市场。

跟着“发展体育运动，增强人民体质”口号的传播，新的流行出现了。1973年，宛秋看到上海的年轻人都穿网球鞋，便写信给永浩：“不知晓峰的脚尺寸是多少码？我想给他买双白网鞋，因为红小兵有时候需要穿白鞋、白衣、蓝裤。”

同事巧华迅速跟风，请宛秋帮忙在上海买蓝色、白色网球鞋各一双。

时髦嘛，就是要争取在第一时间赶上。蓝色的网球鞋很快买到，宛秋匆忙托老李捎回北京。1973年4月3日，宛秋写信告诉永浩，在同一个包裹里有“巧华的皮鞋1双10.4元，网球鞋1双5.27元，皮手套1双1.85元，共17.52元”。

巧华收到鞋，感到非常满意。她写信给宛秋，表示感谢：“请你代购的东西，由永浩同志转交给我了；同时从你的来信中，我才知道当前上海的鞋是那样不好买，实在太麻烦你了，我真过意不去，衷心地向你致谢！”

接下来该买白色网球鞋了，1973年4月27日，宛秋跟永浩说：“你问问巧华，41码白色的青年鞋要不要？目前一直没有白色网球鞋，店里的人说青年鞋和网球鞋是一样的，只是由不同的厂家生产，谁知是真是假。我也不知道有什么不一样，若巧华说要，我就给她买了算了，若不要只好再等等看。若实在没有白色网球鞋，我就给她退钱吧。”

看来白色网球鞋太不好买了，宛秋已经计划好买双白色的青年鞋替代，没想到巧华的运气特别好。

“五一前一天，我回家路过中百公司，给巧华买上那双白色网球鞋了，不是青年鞋、自由鞋或田径鞋，是二等品，4.74元，买的人很多，一会儿就卖光了，这样巧华托买的东西我也全部买了。上次她尚剩下12.55元，这次买了鞋以后，还剩7.81元，不过这次不能托人带了，只好下次有人回时再带去。不过你应当和她说一声，已经给她买上了白色网球鞋，让她别再想法在北京买了。”（1973年5月2日，宛秋给永浩）

王永浩把买到白色网球鞋的消息告诉了巧华，说鞋子要下次有人去上海才能捎回来。巧华听到宛秋为买白色网球鞋如此费心，非常感动。同年5月12日，她给宛秋写信道：“前几天永浩同志告诉我，下班以后，你又利用宝贵的休息时间买到了白色网球鞋，实在太谢谢你了，特再次向你致以谢意，并请将此鞋交给明华同志带回吧!”

那天早上西单商场卖，共卖800双，但起码有300人排队，且限量，叫单丝袜。（永洁）

说到20世纪70年代的流行单品，人造革手提包一定榜上有名。黑色的人造革，革面柔软细腻，右下角印着金色的斜体字——“上海”或者“北京”，有时候还会加上火车站、天安门、白塔等图案。

人造革是皮革的替代品，与石油工业的发展密切相关。中国自1958年开始研制并生产人造革，因此人造革制造业属于中国塑料工业中发展较早的行业，到20世纪70年代，人造革制品开始被逐步应用到家居用品、服饰的生产之中，但一个人造革手提包高达6元的售价，仍然使它居于奢侈品之列。

上司老吕请宛秋在上海代买一个手提包，但她没见过实物，只有一个笼统的概念，这让宛秋很犯愁，她问：“包到底要不要？若要，究竟是什么样子的？量个尺寸画个图也不难，到底是要又能背又能拎（有背的带子与拎的带子）的包，还是就只要可以背的包？另外旁边还有没口袋的包。”

宛秋看到既能背又能拎的包，价格都是6元左右，没有现货，可以预订，需要预付5—7元，而老吕指定要5元以下的，宛秋不敢买，就写信跟永浩说："5元多的特小，老吕又没给钱，又抠得紧，到时候买了又不要。你这次一定要问问老吕到底要不要，要什么样子、什么尺寸。画个草图说明，若不说明，也不理，我就不买了。"

老吕当然是想要人造革包的，她在给宛秋的信里承认："我见的太少，只能大概提点儿供你参考吧！我希望要全黑色的泡沫塑料两用包（不要带白边的），形状要长方形的（正拉锁、侧拉锁），不要那种方形包，包的大小，希望比5.8元的小点儿，比3.8元的大点儿，单用包样式可比5.8元的好点儿，这像个旅行袋，价钱不超过7元钱即可。不要太高级的，不知我说明白没有。"

老吕"既要……又要……"的要求显然不合理，直到第二年冬天，符合这种条件的手提包都没有买到。

"关于老吕要的背包，现在缺货，无背带的，有的话也是花色的，即黑包上面有白熊猫花，不知她要吗，可问问她。"（1974年12月31日，宛秋给永浩）

中国制造的人造革手提包迅速受到国际市场的认可。1974年12月9日，大姐宛春写信给宛秋，说晓巍想要一个永浩现在用的那种咖啡色人造革书包，道："不知北京还有卖的吗？听永浩说是阿尔巴尼亚转内销的。永浩说时，晓巍没想到要买，等想要时，永浩又不在家，所以写信给你，如果有的话，就顺便给买一个，如卖完就算了。"

人造革手提包应该算是名牌包袋的雏形了，虽然当时人们的脑中还没形成品牌的概念。

就在同一时期，化工产品以各种形式出现在人们的日常生活中。“这是一种肉色、很薄的短袜，穿在脚上就像没穿一样，每双可能是2.35元。上海人都说北京有卖的。”1973年5月22日，宛秋给永浩写信，让他在北京留意这种玻璃丝袜：“我们的女师傅也让我问有没有，有就给买两双……如有的话，可给小妹买两双，给她同事。她提了好久，我一直忘记此事，不过我在北京时从未见过这种玻璃丝袜。”

永浩四处打听，终于有一天早上得知西单商场有售，就赶紧去排队。“那种袜子也非常难买。那天早上西单商场卖，共卖800双，但起码有300人排队，且限量，叫单丝袜。大部分是上海人在排队，一个人只能买1盒或0.5盒，每双2.5元，咖啡色，可能就是你说的那种袜子。”永浩看了现场销售的盛况，得出的结论是自己排队也不可能买到，只得悻悻而返。

宛秋倒是在上海给永浩抢到了一件抢手货——腈纶毛衣。“今天老赵来冶炼厂了，因此我就托他把我最近买的一件毛衣给你带回去了。他们大概5月1日后就会到，估计北京天气会挺热，也穿不上，但放在家里好点儿。听他们说这种腈纶、锦纶毛衣，且打的是元宝针，洗了以后会越变越大的，这样看来，买95号的就比较合适。”毕竟是新产品，宛秋对它的特性还不了解，只能根据别人的经验，试着买一件。她叮嘱永浩：“别在组内拿你的毛衣，大家看到如认为好，又要托我买了。”那时候人们对于新兴的“化学”产品充满热情，追随着科技带来的进步。

从15万年前古人类用海蜗牛壳制作项链开始，对特定服饰的追求就成了人类生活的一部分，人们用服饰来体现身份地位，表达审美愉悦之情。不同时代的流行风尚是政治、经济、民俗、伦理、价值观、心理等社会信息的综合载体，构成了社会生活领域中最为直观的物质文化现象。1974年，宛秋在为同事老吕代购人造革手提包时提到了一个流行图案——白熊猫花，准确地说，应该是白色的大熊猫图案。当时流行一款由上海皮件十厂生产的人造革包，包的左下角印着一对白色的大熊猫，一个在吃竹子，一个在玩皮球，憨态可掬，十分经典。从1972年起，大熊猫成为全球喜闻乐见的图案。那一年，美国总统尼克松访华，周恩来总理宣布赠送美国人民隆重的国礼——来自四川宝兴的大熊猫玲玲和兴兴。同一年，大熊猫康康和兰兰作为中日邦交正常化的和平使者，被送往东京的上野动物园，由此在全球掀起了一股大熊猫热。作为中国文化的重量级IP，大熊猫被印到了各种商品上，于是宛秋有机会在商店里遇到这样一款印着“白熊猫花”的人造革手提包。

宛秋和永浩在信中虽然从未提及“时髦”二字，但大到的确良衬衫、中西式罩衣、人造革包、皮鞋、白色网球鞋，小到假领子，无不流露出那个时代流行文化的独特影迹，耐人寻味。

话题

2

的确良衣服

20世纪70年代之前，国内最普遍的面料是纯棉布，以1969年为例，全国居民人均棉布消费量只有21尺6寸——做个衬衫加棉衣都不够。对于普通家庭来说，添件衣服是了不得的开支。顺口溜“新三年旧三年，缝缝补补又三年”构成了一代人的成长记忆。

20世纪60年代初，上海成功试制出的确良布料。当时中国还没有从石油到化纤的生产能力，最初是直接进口涤纶纤维，60年代末，开始进口聚酯切片来制造涤纶纤维。相比棉布，的确良布料有着做的衣服有版有型、耐磨、不易起褶、不缩水、色彩鲜艳持久等诸多优点，而且购买时用布票少，省下的布票可以用来买棉布、棉花，做棉袄、棉裤、棉被。如此完美的面料天生就具有成为紧俏商品的潜质。

上海是宛秋的家。1973—1974年间，单位派她长驻这里，一方面让她完成研究所的工作，另一方面也体现出单位对她的照顾。她喜欢并享受着上海的繁华与丰富，上班、逛商店、回家，每一天都过得兴致勃勃。

上海布及的确良布料又好看又便宜，完全可以在这儿买了布回去做。（宛秋）

1973年4月，宛秋在给永浩的信中写道：“上海布及的确良布料又好看又便宜，完全可以在这儿买了布回去做。我已用了5尺布票买了件长袖衬衫，料子仅2.75元，由大姐给我做。”“这里的的确良面料颜色比较好，如小格子的，或颜色比较正的，如浅蓝、白色、肉色的等均要纺织券，1尺要3寸布票。颜色差一点儿的，如花色的，鲜艳一点儿的，或浅灰色、米色的等都可以用布票买，也是1尺用3寸布票。所以你用的衬衫料子，米色或浅灰色（颜色实际像浅灰蓝色）的可以用布票买。我原先想给你买件米色或浅灰蓝色的料子，在上海做成长袖衬衫。白的不行，要纺织券。要不先做一件，以后再在北京买件现成的白色的吧？或者先做件长袖，再做件短袖。反正你短袖只有一件，也该再做一件。”

信里透露出两个信息，一是上海的的确良布料供应相对充足，而且花色丰富，价格合理；一是上海人对审美有很高的要求，这就导致花色漂亮的的确良布料格外抢手，必须要用纺织券才能购买，而花色普通的的确良布料只需要普通布票，1尺的确良布料要3寸布票。

永浩有两件长袖衬衣，均已坏了，设法补了，但不确定能否坚持到穿短袖衬衣的季节，他想让宛秋在上海买些的确良料子，够做一两件衬衣。他对宛秋说："颜色我看你就选吧。如果买两件，一件最好是白的；另一件大方点儿的，如米色或其他色，由你定。"

上海的的确良面料市场果然繁荣，半个月后宛秋就买到了永浩想要的料子，她回信给永浩："共6尺，花了1.8尺票，7.86元。我准备本星期回家给你做，大概2.5元至3元手工费，共11元左右，还不算贵吧。""上海好多的确良面料（浅色或有点儿花的）均需用布票买，而且1尺只要3寸布票。我想给你买件长袖的浅色（米色或浅灰）的确良料子，大概仅1.3元1尺，5.8尺即可，所以料子钱不到8元，再加上手工钱2元，也只要10元左右即可，比北京便宜多了。你看要不要买件短袖的?"

的确良布料每尺要布票3寸，现金1.31元；买棉布每尺要布票1尺，现金0.5元至0.7元。的确良布料要贵一些，但买过布的人知道，布的价格不能只看每尺的单价，还要考虑幅宽。的确良布料幅宽2.7尺，棉布幅宽2.4尺，相比较还是买的确良布料更合算。

其实在北京也偶尔能遇到物美价廉的的确良布料，"前些时桂芬给我买了块出口省下的本色的确良布头，2.05米，宽3—6尺，我已裁好了。我做件长袖衬衣，晓峰做件短袖衬衣，倒是挺合算的。

这样两件加起来才6.11元，实在太合算了”。1974年4月6日，永浩在给宛秋的这封信中，提到了一个很重要的词——出口省下的。当时，这种商品有个专门的名字，被称之为“出口转内销”。出口转内销的商品意味着设计洋气、质量好，哪儿有出口转内销的东西，柜台外面马上能排起长龙，有的商店甚至发生过人们为买出口转内销的的确良布料而挤碎柜台的事故。

改革开放后，中国成为服装出口大国，大量出口转内销的商品支撑起实体店、网店，这时它们有了更具商业色彩的名字——外贸服装。

宛秋和永浩夫妇不仅注重打造良好的自我形象，还时刻惦记着家里的孩子和老人。宛秋曾连续两天晚上给晓峰赶制白衬衣：“晓峰于星期二才讲，他们星期四下午要开全校大会，向雷锋学习的人会，要求红小兵一律穿白衬衣蓝裤子……晓峰穿上白衬衣、戴上红领巾挺好看的，显得挺精神的。”

宛秋在上海期间，永浩与晓峰在北京，永浩把母亲接了过来，3个人相互照应。宛秋对婆婆的付出很感激，真诚地提出：“这次咱娘走之前，一定要给她做一件的确良衣服，她来这儿也够累的了。”

你就一块托小陆带来吧！可千万别自己做，省这3元钱干吗！（宛秋）

除了的确良衬衫，20世纪70年代还流行用的确良卡其布（的确良卡其布是的确良布料的一种，本意是指浅褐色偏浅绿的布料，质地紧密，手感厚实，纹路明显。在20世纪六七十年代，人们会把的确良质地的卡其布称为的确良卡其布，简称涤卡——编者按）做外套。涤卡面料紧密，手感厚实，挺括耐穿，而且易洗快干，适合用来制作当时流行的中山装或干部装，也常用于制作女式春秋两用衫。

1973年4月19日，宛秋和大姐去缝纫店给永浩做衬衣时，看到店里做的衣服，不管衬衫或外套，样子都很好看，且工钱合理，就想给永浩做件外套，她跟永浩说："这里做的确良衬衫，工钱仅2.7元（还是硬领子），估计外套也贵不了多少。店里的人说你的身材及尺寸不特殊，人不在也不会做不好。我的意思也是既然已买了布，就拿上海来做，工钱便宜，样子也不比北京差。你就一块托小陆带来吧！可千万别自己做，省这3元钱干吗！自己做的肯定不好，别自找麻烦。"

听宛秋话中的意思，永浩本来是打算买回布料自己在家做的——20世纪六七十年代，裁剪、缝纫是人们的生活必备技能。作为一名理工男，永浩很特别，会关注到生活中的许多小细节，这或许是受到上海太太的影响吧。1970年1月20日，他在同事老李家看到一本上海市服装鞋帽公司编的书《服装裁剪》，当即买了一本回来，于是学会了裁剪纸衣样。过程大致是这样的：在书上选择样式，按比例在图纸上放大，剪好，然后连布料和纸样一起寄到上海，请裁缝按纸样裁好，轧一下。这样半自助的服务最为经济。

宛秋的大姐擅长缝纫，所以宛秋的衣服基本上都在家里做，而永浩的衣服就要送到缝纫店里做。为什么要在北京买涤卡，在上海做衣服？1973年3月28日，宛秋在给永浩的信里比较了在上海、北京两地买布料和做衣服的优劣，“上海的的确良卡其布需较多专用券，毛线也如此，我们这儿好几个人，老李、小陆、小钱等均托继伟从北京买的确良卡其布到上海做，因为上海的样子好且省料子，尤其套裁更省。”

套裁是什么？想裁两条裤子，如果不套裁，两条裤子必须要买足4个裤长。比如裤长1.05米，做一条裤子就得买2.1米的布料，做两条裤子则需要4.2米。要是两条一起套裁，买3.15米的布料就够了，可以节省出1.05米的布料。

用的确良卡其布做件上衣，我看可以，我准备做一件。（永浩）

当时的成衣市场不发达，首先是缺少需求，同样一件衣服，自己做要比买成衣便宜近一半。1973年5月28日，宛秋买了一件的确良棉袄罩衫，不要纺织券，11.7元，而自己买料子送到外面做，只需6元，所以人们少买成衣；另外商店里的成衣样式单一，赶不上流行趋势。

买回料子自己做或者请别人做，固然省钱，但不省心。1973年5月10日，永浩把买来的涤卡上衣料子托小陆给宛秋带到上海去做。有件事他拿不准，问宛秋：“这块布还没下水，问问妈妈需要不需要下水。忘记买口袋布了，你在那儿买吧，最好结实点儿的。”

永浩正在写信的时候，他的母亲说起家里有这么多做衣服剩下的布头，做口袋布正好，没必要再买，因此他又找出了两块灰色平纹布，“我看做4个口袋正好，因为此布缩水较多，所以一定要下下水。颜色也较好，不留脏”。

永浩在信里详细描述了衣服的式样：“这件上衣的样子是4个口袋，按照解放军军服那样做，上面2个小口袋，下面2个大口袋。尺寸依然和以前的一样。为避免差错，我再写一遍如下：前身长22.2寸，胸围33寸，领围12.3寸，肩宽14寸，袖长18.5寸，袖口5.1寸。”涤卡中山装挺括，版型好，显气质，有一种简朴之美，所以在20世纪70年代，从小朋友到老大爷，中国男性普遍被包裹在涤卡中山装里，颜色或蓝或灰，以致一些外国人看了报刊上摄影师镜头下的中国人，居然简单粗暴地用“蓝蚂蚁”“灰蚂蚁”来概括当时的中国人。

果然，永浩告诉宛秋，他就是想要灰色的涤卡中山装：“用的确良卡其布做件上衣，我看可以，我准备做一件。做正灰色，像给林熙买的那件的颜色，不知你的意见如何？如果要买，你这次回家后就落实下来。我好早点儿买好料子，免得以后再不好买了。”

10天后，宛秋收到永浩寄来的包裹，惊讶地发现丈夫每米花6.78元买来的涤卡布还挺好，宛秋说：“不贵。这次老卢也买了一块的确良卡其布料子，每米7.88元，不知为何这样贵？而你的这么便宜，可能是零布头的原因吧。”宛秋对涤卡的特性还不熟悉，隐约感觉“可能不要下水，回去我再问问。上次的衬衣，妈妈就说不能下水”，和涤卡料子一起寄来的还有口袋布，纯棉的，所以要提前下水。她自觉经验不足，所以要去问问妈妈及店里的人，看这种口袋布好不好，如不好就去买点儿白布，如可以，就尽量用这块灰布，宛秋道："我预备这个星期日回家就给你去做，到南京路找一家好的店，小钱、老王他们都是在南京路做的，工钱约3.4元，约一个半月才能取……式样反正是中山装，就比照上海的式样做吧。"

上海和北京流行的中山装式样稍有不同，主要体现在口袋上。永浩在给宛秋回信时强调："我的上衣就按那个尺寸做，口袋要暗的，口袋布用灰色好，白色易脏。"

宛秋把永浩的涤卡中山装拿到南京东路第一百货公司对门的一家西服店去做，样子是中山服，即4个明口袋，非暗口袋。"现在上海流行明口袋，不论年轻人、老年人，均穿这种式样，老王、老金用、继伟做的均是这种样子，我父亲买的做好的涤卡衣服也是这种式样。据店里的人说这种式样比较庄严，且口袋不易坏，一般好料子均做这种式样，估计你不会不喜欢吧。"宛秋把自己知道的流行趋势告诉了永浩。

永浩赞成宛秋对流行的判断，在回信中再次提到涤卡上衣的口袋样式，他说："我的中山服就按上海的式样做吧，不要暗兜了。"

那时的涤卡如做男装，一般是中山装式样，有4个明口袋。如果是暗口袋，则被称为干部服，或者军便服。长期以来，中山装作为正式礼服，中国男性可以穿着出席开会、领奖、婚礼、聚会等多种场合；出国也如此。

宛秋一直想给父亲做这样一件上衣，她计划让永浩买料子，拿到上海做，但父母亲不要，理由是这样手工钱更贵，且做的时间长，但宛秋猜测道："他们大概不想用我们的工业券。"没几天，父亲自己从商场买回一件成衣，深灰色，18元多，样子挺好。宛秋觉得成衣的价格好像也没有预想中那么高不可攀，就有些动心。她问永浩："这样的话，你看你的上衣是拿上海做，还是在北京买一件现成的？我怕你人不在，也买不好尺寸，做不好；另外时间也太长，价钱也贵。如北京有现成的衣服，颜色、样子均好，在北京买一件现成的也行。就是买的时候，你骑车进城至大店里买，样子好些，别在海淀、五道口买，小店做的样子不好，你考虑吧！"这是的确良最后一次出现在永浩和宛秋的通信中，虽然信的落款处没有写具体时间，但根据其中提到的有关地震的事，可以判断这封信写于1976年。

自20世纪60年代登陆中国，的确良布料引发了近30年的流行热潮，从大城市到偏僻乡村的广大地区，它都占据大受追捧的时装榜第一名。普通人在重要场合，比如走亲访友、相亲、参加婚礼，都会为穿上一件的确良衣服而感到自豪。颜色鲜艳是的确良布料的一大特色，所以当时年轻女性买衬衣时首选粉色，年长一些的会选苹果绿、浅蓝等，而男式的确良衬衣，大多是米色、灰色和深灰色，雪白的的确良衬衫是那时婚礼上新郎的标配，涤卡面料的女式中西式罩衣、男式中山装和军便服成了一代人芳华的见证。

的确良布料在北京、上海已经普及时，在鞍山这样的二线城市仍然属于梦寐以求的奢侈品，想买一块理想的的确良布料，往往需要碰运气，再加上排数小时的队，或者请在大城市生活的亲朋好友捎买。1972年10月10日，永浩的四哥永杰之妻美娟写信给永浩和宛秋，请他们帮忙买的确良衬衣：“最好是深灰色的。我穿38.5的号码，40的稍大点儿，但也行。”而到了1973年10月3日，永杰在给永浩的信里说：“关于买的确良的事儿，暂时先不买吧，这里已买到一块。”一年时间，的确良衬衣在鞍山不属于稀缺资源了。

在这一年，中国发生了什么？1972年，中国以2.7亿美元的投入，向法国、日本等国采购化纤设备，目的是将的确良布料的产量总数达到19亿尺，以满足城乡人民对的确良布料的需求。为了这笔大单，时任法国总统的蓬皮杜还亲自参与了谈判。随着这笔大单的敲定，到了20世纪70年代末，中国化纤工业的全产业链逐步建成，的确良布料的供应量日益增加。街头出现了越来越多的穿着一身的确良衣服的年轻人。从1983年起，全国各地的确良布料的价格大幅下调，曾经的奢侈品逐渐变成了千家万户的日常消费品。这一年，通行了29年的布票，也在1983年正式退出了历史舞台。

如今，中国的纺织业与当年已不可同日而语。2020年，中国的棉花产量约595万吨，占全世界的1/5，化纤产量更是占全世界的2/3以上。40多年前还苦于纺织品不足，需要咬牙用外汇买设备、学技术的中国，如今已是世界级的纺织大国。的确良布料从火热到衰落的过程，对于今天的年轻人来说或许格外陌生，但它却浓缩了一代国人的生活，是中国改革开放、走上富强之路的难忘缩影。

话题

3

茉莉花

人们对日常生活的期待是稳定、实用、一团和气，无论这样的生活节奏对人类多么有用且必要，我们都不得不承认，它难以点燃人内心的热情。这时候，就需要给生活加那么一点儿催化剂，让小火苗燃烧起来。这一点，无论是作为知识分子的永浩、宛秋，以及宛秋的父亲，还是普通市民如永浩的母亲，都极为赞同，并身体力行。

农业社会中，大多数人作为农民居住于乡村，自然之美随处可见，活动场所也十分广阔，靠山吃山、靠海吃海的生活才是常态，并不需要特意修建花园等人造场所。进入工业化社会，越来越多的人聚集于狭小的城镇，大量增加的工作岗位使父母忙于工作，孩童无人看管，致使青少年犯罪等严重的社会问题随之产生。为解决这些问题，政府开始在城市中修建公园，建造绿化带，一方面起到净化空气、缓解城市居民健康危机的作用；另一方面为居民提供休闲娱乐的场所，为结束工作的人们提供放松身心的去处，也让青少年有消磨时光的地点。有识之士认同公园在提振市民精神面貌、身体素质方面的功能，同时也称赞它强化国民意识、传承文化的作用。梁启超曾说："一日不到公园，则精神浑浊，理想污下。"

> 今天天气较好，他们老让我带他们到公园玩，今天我就带他们到动物园去玩了一天。（宪秋）

新中国成立后，国家经济逐渐复苏并发展，园林绿化事业也步入了新纪元。自20世纪50年代开始，中国许多城市出现了"公园"这一公共休闲空间，它们被普遍冠以"人民公园"的名字，之后国家又陆续建起了儿童公园、动物园等不同主题的公园。这些公园不仅是人民群众休闲娱乐的场所，更是精神的寄托，逛公园成为人们休闲生活的重要内容。

宛秋的父亲很喜欢带着孩子们逛公园。“晓岩在外面的时间很多。只要不下雨父亲就带他们出去玩。中山公园很近，有时溜达到静安寺玩，我们还到外滩坐了大船，到浦东公园玩。”在宛秋给永浩的信中，这短短的3句话，就涉及上海的3个公园，即中山公园、静安寺公园和浦东公园。

在上海，除了逛公园，还可以带孩子们去动物园。

“上星期日，父亲、大姐、我带着3个孩子到西部公园玩（即动物园），从早上6:30出门，赶到晚上5:30回家。来回路上即用去3.5小时，主要是去的人特多，等了十几辆车才上去，可是真好玩，不亚于北京动物园，动物没比北京少几种，但风景特优美，晓岩高兴得了不得。”（1973年4月25日，宛秋给永浩）

宛秋建议永浩也带晓峰去北京动物园、颐和园玩玩，1973年4月27日，宛秋给永浩写信道：“咱娘愿去也可以一块去，活动活动有好处。”作为中国最早建成开放的动物园，北京动物园陪伴着无数孩子成长，晓峰和晓岩都是在这里认识了图画书上的长颈鹿、老虎和熊猫，逗弄孔雀开出华丽的屏。1976年3月7日，永浩出差，两个孩子又一次央求母亲带他们去逛公园，宛秋答应了。

“今天天气较好，他们老让我带他们到公园玩，今天我就带他们到动物园去玩了一天。回来时，又给晓岩买了布鞋和绿色军帽。”

（1976年3月7日，宛秋给永浩）

1974年，晓岩随奶奶到了南京，最爱的活动还是逛公园。1974年12月17日，三哥告诉永浩：“母亲大人身体很壮实，天气好时经常带晓岩出去玩。晓岩聪明、活泼，记忆力强，喜欢讲故事，也爱听故事。晓岩来南京后到玄武湖去玩，他说儿童乐园比北京好。”

晓岩成为小学生后，每年六一，班级都会组织同学们去逛颐和园，晓峰的班级则组织同学们到北海公园划船。那时，每逢五一、十一，各地公园都会组织游园会，放露天电影。

“今年十一，这里放假3天。十一那天有游园活动，晚上有露天电影。”（1973年10月3日，永杰给永浩）

到20世纪90年代，逛公园仍然是中国人最为重要的家庭活动之一。在游逛、划船之外，人们还增加了许多新内容，赏花就是其中之一。

“爸爸身体很好，就是耳朵不好（助听器已修好），精神也很好，剑荣已退休，现在暂时还没出去做事。前几天我们3个人去植物园看郁金花展和盆景展，爸爸很高兴。”（1996年4月22日，宛春给宛秋）

每座城市都有那么一两座著名的公园，成为外地人出差、开会、探亲访友时必去的打卡地。

苏州、无锡，你都没去过，估计你三四月回来，正值春天，是风景正好的时候，何不趁机观赏一下风景呢？以后还不知何时才有机会呢！（宛秋）

中国的读书人特别信奉“读万卷书，行万里路”，20世纪六七十年代，人们还没有旅行、度假的概念，只能趁着出差的机会，去看看风景名胜，留下一张“到此一游”的纪念照。

“上有天堂，下有苏杭”，江南的知名景点很多，宛秋在外派上海工作期间，出差机会多，几乎每次都要创造机会到附近游玩一番。

“这次赴沪，我们组织了两批人外出参观学习，去杭州、衢州、衡山等地10天，还在苏州、南京、无锡等地玩了玩。”（1973年9月6日，宛秋给永浩）

“老王前几天说，在我和小姚的实验结束后，同意我们3个人去杭州、衢州参观学习，并参观新安江水电站，这样我更希望有个照相机了，可以把杭州的风景拍一拍，上次没拍苏州、无锡，很是遗憾。”（1973年9月21日，宛秋给永浩）

1975年，轮到永浩外派到上海工作，1月25日，宛秋提醒他：“到上海出差是个机会，应抽空到一些单位跑跑，参观参观，增长点儿知识。另外，这次你从上海出差回来时，可以在苏州、无锡停一停，玩一玩，无锡可住一天，这个机会难得。你手中尽量少带东西，把东西均托运回来，然后再去南京。苏州、无锡，你都没去过，估计你三四月回来，正值春天，是风景正好的时候，何不趁机观赏一下风景呢？以后还不知何时才有机会呢！”

旅行的乐趣，不仅仅在于去到陌生的目的地，旅途上火车、轮船的汽笛声，沿途小商贩售卖土特产的叫卖声，都构成了一种异域风情，给平淡的生活带来有益的刺激，甚至那些简陋的小旅馆也别具情趣，令人回味。

1975年，国民经济有所恢复，单位的差旅条件也略为改善。宛秋第一次坐上了飞机。“今天我第一次坐飞机。我们乘上飞机后，10:30起飞，中午12:00到达上海虹桥机场，然后有班车把我们送至延安路头机票处，我们再乘车到达上海大厦，顺利报到，住进酒店，后又吃上了午饭。在飞机上，只有起飞和下降时稍感不适，就像坐电梯启动时的感觉。下降时，耳膜有点儿不适，在飞行过程中倒是一点儿感觉都没有。飞机最高飞了9000多米。另外飞机经常飞在云层中，我们就什么也看不见了。”宛秋这样描述。

这次出差的住宿条件也很好。

“目前我住在上海大厦，一人一间屋，房间里的设备太好了，洗澡有澡盆，有淋浴，每间房内均一样，太方便了，可以每天洗澡，就是打电话太贵了。我一个人住每天得付7.5元，如两个人住才付9.5元，但是连上今天，我住了两天，还是没有人来，看来就得我一个人住到底了。如每天7.5元，住8天就是60元，太贵了，我也向领导反映了，但他没让我住回家里，那肯定能报销。”（1975

年4月11日，宛秋给永浩）

永杰很羡慕永浩和宛秋常有出差和旅行的机会。

“经常不出差也感到闷得慌，我们这里出差的机会就太少了，有机会去北京、济南多好。”（1977年5月2日，永杰给永浩、宛秋）

到1980年，生产企业、科研院所活跃起来，人们频繁外出，参加订货会、展销会、技术交流会等，永杰也得到了一个去南方的好差事。

“我这次出去，到郑州、宝鸡、成都、重庆、贵阳、昆明、广州、上海、南京、济南跑了一大圈，用了一个半月的时间，见识不少，开了眼界。遗憾的是在南京没有见到咱三哥，他去株洲出差了。在咱三嫂处住了两天，挺亲热的，比以前好多了；在济南住了4天，参加了林宏的婚礼……这次我在昆明住了5天，在广州住了4天，在上海住了5天，都是单位派的小旅行社陪着我们玩儿，看了不少名胜古迹。在上海，上钢一厂还派车让我们逛了黄浦江大隧道。”（1980年5月28日，永杰给永浩、宛秋）

20世纪80年代中期，不少单位有了“小金库”，手头宽裕了，就开始组织职工外出旅行。

“爸爸最近参加了邮局为退休职工组织的苏州一日游，游了5个地方，拙政园、西园、寒山寺、灵隐山和虎丘，晚上6∶00到家。这5个地方你大概都去过，苏州园林风景优美，小桥流水，置身其中，顿觉心旷神怡，可惜时间太短，不得不走马观花。费用自己出

了3元，局里补贴5元。”（1984年4月29日，父母给宛秋）

1985年，单位派宛秋到南斯拉夫考察，2月6日，父亲写信跟宛秋说：“这真是个好机会，可以学到人家的好经验、先进的科学。”老人家还把这次考察的意义上升到了“了解人家的生活和物质文明”的高度。

1988年夏天，永杰得到了去青岛疗养的机会，在海边住了半个月。

1992年，旅行的内容更丰富了。宛秋和永浩到山东休养，去了威海刘公岛。宛秋的父亲半开玩笑地表示自己羡慕极了，又说：“甲午战争中国海军根据地，现在存有历史文物，蓬莱是全国有名的旅游景点之一，烟台和养马岛都是旅游胜地。”

同一年，宛秋的父亲也出去旅游了一次，他告诉宛秋：“是随剑荣学校的教师集体去的，一共走了6天，住宿在宁波东钱湖上海总工会东钱湖休养院，每天乘着旅游车去一两个景点，晚上回来吃饭。休养院内设备考究，每个房间都有彩电、空调，室内和楼道都铺有绿色地毯，建筑也很别致，从湖中看去这里很像西藏的布达拉宫，坐山面湖，风景优美。东钱湖为浙江最大的湖，有4个西湖大，游了几个景点，普陀山、奉化溪口、报国寺、天童寺、阿育王寺等。”

孩子们逐渐长大，成为出差旅行的主力军。1995年的国庆节放4天假，10月19日，宛秋的小姐宛夏告诉宛秋：“晓辰喜欢去远的地方，新疆已经去了两次，去年冬天去了一次，今年夏天又去了一次，而且到了中国和哈萨克交界的霍城。他有一位同学在乌鲁木齐开店，住宿方便。”

1994年冬天，晓岩出差到哈尔滨，外公得知后感慨万千。

“哈尔滨冬天的景色胜过夏天，对年轻人来说肯定兴趣浓厚，不要说参观世界第一流的冰灯，就连马路上的爬犁也够饱眼福的了。如果再带上冰鞋，在松花江的冰面上滑一次冰，那身临其境的感觉就更好了，爸爸现在仍然想念那个地方。”（1994年1月28日，父母给宛秋）

“少购物，多体验”，唯有体验是一个人可以终身拥有的财富。一次美好的旅行可以让亲历者多年以后仍然心潮起伏、回味无穷，可谓是平淡生活里最劲道的调味品。

林宏养的茉莉开了很多花，清香扑鼻，冲茶极好，今寄上几朵，给五叔尝一尝，味道不错啊！（林熙）

提起浪漫，人们往往会想到逛公园、到遥远的地方去旅行，这种浪漫是被精心设计出来的，参与者从始至终都能够明确意识到自己正身处这样一种情境当中。还有一种浪漫是无意中发生的，即本人在经历这一幕时，只道是日常生活里的寻常时刻，而在旁观者看来，却有一种惊心动魄的美感。

1973年盛夏，在济南生活的侄子林熙给永浩写信说：“来信收到了，信中说奶奶近期将要回济南，我们听了都很高兴。奶奶从去年五一前夕去鞍山，到现在已一年有余了，家里我母亲弟妹都挺想念，涛涛也时常提起奶奶，希望奶奶早点儿回来。在北京住市郊，又在四楼，行动不便，一上班，家里就没人了，奶奶真是有些寂寞，回来后她会感觉比在北京热闹得多。一些老街坊邻居，每每打听奶奶什么时候回来，像吕主任他们也很想念奶奶。如果五叔到上海出差和奶奶一块回来，那就真的太好了，这样路上可以照料一下，同时五叔以及晓峰可来济南玩几天，逛逛泉城风光。"

沉迷细节或许是永浩家族的性格基因，林熙把奶奶回来的每个环节都考虑得明明白白："若是自己回来，上车前先让她吃一片晕车药，预防晕车，并准备些水果等，另外在车上不要紧张，更不要向外看，渴了喝点儿水，下车时慢慢走，不要慌，到时候我或林宏一定会去接站。"

正事说完，林熙不经意间提起弟弟林宏养的茉莉花。

"林宏养的茉莉开了很多花，清香扑鼻，冲茶极好，今寄上几朵，给五叔尝一尝，味道不错啊！"（1973 年 7 月 12 日，林熙给永浩）

林熙给永浩寄几朵茉莉花，本意出于实用——用来冲茶，此刻却神奇地使时间慢了下来，我们眼前仿佛出现了茉莉花在水中缓缓开放的蒙太奇画面。

说到茉莉花，最著名的莫过于那首《茉莉花》了，它可以说是最能代表中国形象的歌曲之一。有趣的是茉莉花并非中国本土植物，它原产于印度和巴基斯坦，经波斯传入中国，从宋代开始就入茶了，受到北方人特别是北京人的欢迎。喝茶讲究“八分水，二分茶”，北方地区的水质多苦涩，需以茉莉花的香浓味道掩盖。再加上古代物流不发达，北方人无福喝到新鲜绿茶，可借茉莉花的香味遮盖其陈腐味儿。久而久之，北方人就养成了好喝茉莉花茶的习惯。新中国成立后，各国营单位顺势将茉莉花茶纳入夏季福利，使之成为国民饮品。茉莉花的香气和夏天无缝对接，绘制出几代人的夏季味道记忆地图。

这类没有明确意图的罗曼蒂克镜头在宛秋和永浩的家庭通信中偶尔闪现，为家长里短的日子赋予了诗意。一部分人似乎天生具有一种智慧，能够在日复一日的庸常生活中捕捉到微弱的光彩——用现在的网络语言说，就是把寻常日子过成了诗，全天候为其精神世界带来滋养。

上海的冬天阴冷凄清，宛秋居住在有暖气的北京，担心永浩一个人难挨江南又阴又冷的冬夜，她写信道：“你若知道有人出差来北京，就告诉我，可托他们给你把棉袄棉帽带去，别冻坏了。尤其是你的腰如受凉更糟糕。你若冷时是否把棉背心穿在里边，外边再穿棉袄。”宛秋托人把保暖的衣服和暖水袋捎给永浩并建议：“晚上看书可以坐在床上盖着被子，再放一个汤婆子在脚下才舒服呢。”原本冷得伸不出手的长夜，经过宛秋的想象，成了一幅静谧的冬夜读书图。

出差帮人带东西，原本是一件容易吃力不讨好的事，宛秋却也能从中得到乐趣。1975年，宛秋到苏州出差，顺便游玩了当地的名胜古迹。“我于早上7:40就到了苏州，一路参观了六七个名胜古迹。苏州的风景还是很优美的，还看了五百罗汉，总之收获不小。问了不少地方，大姐的扇子面均没有配到，他们说好久没有卖檀香扇的了，配扇面更没有听到了。问他们扇子厂在哪儿，也不知道，此任务没有完成。”宛秋为什么这样写呢?

原来，知道她要去苏州，大姐请她帮忙买一样当地特产——檀香扇。扇子是一种非常实用的纳凉工具，但檀香扇是一个奇妙的存在，因为镂空，无法生风，起不到扇子的作用，却因为材质是檀香木，轻轻扇动便满室生香，因而具有了审美价值。宛秋的大姐也许想要一把檀香扇，也许想为一把旧檀香扇换个新扇面，但新扇子买不到，因为换扇面的手艺人在苏州也不好找。宛秋甚至想到去拜访生产檀香扇的厂家，结果没人知道这样的存在。从一把用旧的檀香扇，到四处找扇子，再到找人补扇子，最后想去生产扇子的厂子，整个过程充满文人雅士的情趣。

永杰很擅长在吃穿用度中体会生活乐趣，1975年5月26日，他给永浩、宛秋写信道：“我基本上不吸烟，只想喝点儿啤酒，且啤酒不好买，得碰，如果好买时，打算每天喝一瓶，能健胃助消化，对身体大有好处，比吃药强多了。”

说起喝啤酒这件俗事，永杰兴致盎然，平淡的日子因为有了对啤酒的渴望而有了盼头。

“浪漫”这个词来自西方，由romantic这个英文单词音译演变而成。书信中的浪漫细节可能不是很隆重，也不是多感人，它只是对于生活中分分秒秒的珍惜。一瞬间心底最柔软的那一地带被触动了，释放出难以言说的复杂感受。

永浩的浪漫是下棋。到上海后他让宛秋找出家里的棋谱，在1975年元旦的信中，他道：“你看家中我买的那本《中国象棋谱》是第几集？这里第一、二集出来了，我准备买全一套，没事时看着玩。”

他对浪漫的想象还在于让晓峰学一门乐器。

“给晓峰买个初学者使用的二胡（大约3—4元，在五道口商场我看到过），可以让他学着拉二胡。学点儿乐器，他会一辈子感到快乐。我记得我买过一本关于拉二胡的书，初学一定很困难，要慢慢坚持练习，等能拉出一支歌时，就会感到有兴趣了。若学二胡，可让楼上老汪指点一下，不一定经常找他，找几次就行了。”（1982年年底，永浩给宛秋）

宛秋的浪漫是去上海展览馆参观，买20张0.08元的纪念邮票。她告诉永浩：“寄回去后，把信封保存好，或让晓岩把纪念邮票剪下，放进集邮册里。”

她的浪漫是在百货大楼花2元给晓峰买几套航空模型——还有

比向往星空更浪漫的情怀吗?

在今天看来，永浩和宛秋的浪漫或许是简陋甚至是寒酸的，然而，这却对塑造整个家庭文化产生了潜移默化的影响。晓峰和晓岩一直保持着对生活的敏锐感受，构建起丰富的精神世界，以浪漫拓展了生命的宽度，在打拼之外还能找到许多方法安顿生活。潜藏在他们浪漫精神之下的，是对现实世界的不满足，是对未来的期望和追求。

生活不仅仅是生存，还需要一些照亮庸常日子的瞬间。

参考资料

金大陆：《非常与正常：上海“文革”时期的社会生活（上、下）》，上海辞书出版社，2011年

黄定康、舒克勤：《中国的工资调整与改革（1949—1991）》，四川人民出版社，1991年

田毅鹏：《“单位共同体”的变迁与城市社区重建》，中央编译出版社，2014年

［美］本尼迪克特·安德森著，吴叡人译：《想象的共同体：民族主义的起源与散布》，上海人民出版社，2011年

谢忠强：《反哺与责任：解放以来上海支援全国研究》，中国社会科学出版社出版，2017年

中华人民共和国国家统计局编：《新中国65年》，中国统计出版社，2014年

陈煜编著：《中国生活记忆——建国65周年民生往事》，中国轻工业出版社，2014年

陈煜编著：《中国生活记忆——建国60周年民生往事》，中国轻工业出版社，2009年

房维中：《中华人民共和国经济大事记（1949—1980年）》，中国社会科学出版社，1984年

汤水清：《上海粮食计划供应与市民生活》，上海辞书出版社，2008年

张曙光主编：《中国制度变迁的案例研究》，上海人民出版社，1996年

［日］松村史穗：《中国计划经济时期粮食供应政策的演进过程》，《社会经济史学》2009年11月第75卷第4号

忻平、赵凤欣：《革命化春节：政治视野下的春节习俗变革——以上海为中心的研究》，《中共党史研究》2014年第8期

田锡全：《上海粮票证制度的创建及其演变（1954—1993）》，《史林》2020年第2期

金大陆：《关于“票证时代”的集体记忆》，《社会科学》2009年第8期

张学兵：《二十世纪八十年代粮票交易现象探析》，《中共党史研究》2009年第7期

张静：《1949—1966年人民日报对新中国女性媒介形象的建构探析》，《新闻研究导刊》2021年5月第12卷第9期

汤锐：《审美与政治：20世纪50年代城市女性流行服饰探析》，

《中华女子学院学报》2017年8月第4期

胡蝶：《从清末民初公园论看近代中国“公共”意识的建立（1870—1920）》，《巢湖学院学报》2022年第4期

张南：《新中国成立以来城市居民日常生活变迁研究——以衣食住行为中心的考察》，中央党校（国家行政学院）博士学位论文，2020年

郑艳：《新中国初期城市居民的物质生活变迁（1949—1957）》，四川大学历史文化学院硕士学位论文，2005年

郑丽霞：《女性服饰问题研究——以北京地区为例（1966—1976）》，首都师范大学中国近现代史硕士学位论文，2012年

王书吟：《近代中国牛奶的知识、产业和消费转型——以城市乳业为中心的考察》，华东师范大学思勉人文高等研究院博士学位论文，2019年

刘婷：《“文化大革命”时期上海粮食计划供应制度研究》，华东师范大学政治学系硕士学位论文，2016年